스타트업 투자유치

창업자 출신 VC가 알려주는
스타트업 펀딩 가이드

추천의 글

추천의 글 | 에이티넘인베스트먼트 김제욱 부사장

  창업 초기에 스타트업이 가진 아이디어나 기술이 오랜 시간을 거쳐 글로벌 제품으로 성장하기까지는 스타트업의 성장 단계별 모험 자본의 투자가 필수라고 생각한다. 스마트한 창업자는 이러한 자본을 잘 레버리지하여 기업의 리스크를 줄이고 성장을 가속화할 수 있다. 성공적인 투자 유치를 위해서는 창업자 스스로가 투자자의 언어, 문법, 동기, 사업구조 등을 이해해야 하는데, 그런 측면에서 바로 이 책은 투자자와 투자회사의 프로세스를 알기 쉽게 설명하여 창업자의 실수를 줄일 수 있는 나침반 역할을 한다. 동시대 투자자로서, 평소 스타트업의 초기 성장 지원을 아끼지 않은 저자에게 감사의 인사를 드린다.

추천의 글 | 더핑크퐁컴퍼니 이승규 CFO

투자 유치에 매진하던 시기에 이 책을 읽었더라면, 나는 과거와 다른 선택을 적어도 세 가지는 했을 것 같다. 왜 투자가 필요한지, 지금 시점이 맞는지, 투자자는 어떤 생각을 하는지, 그리고 실제 투자 유치 과정이 어떻게 흘러가는지에 관해 '슬램 덩크'의 안경 선배처럼 옆에서 조곤조곤 설명해주는 멘토가 있으면 최상이겠지만, 없더라도 안도하고 바로 열어볼 수 있는 책이 드디어 나왔다.

추천의 글 | SBVA 이준표 대표

투자 유치를 준비하는 창업자들이 반드시 읽어야 하는 필독서!
누구나 처음으로 창업한 회사에 투자를 유치하는 과정은 막막하고 큰 두려움으로 다가온다. 이 책을 읽어보면 투자 유치를 위해서 꼭 알아야 하는 것들과 어디서 시작하면 좋을지, 또 그 과정을 어떻게 준비하면 좋을지를 자세히 알 수 있다. 이 책은 창업을 했거나 준비하는 창업자들에게 큰 도움을 주는 길잡이가 될 것이다.

추천의 글 | 코리아스타트업포럼 최성진 초대 대표

스타트업을 위한 상세하고 친절한 투자 가이드북!
"투자자가 스타트업을 공부하는 만큼 스타트업도 투자자들에 관해 공부해야 한다"는 저자의 평소 생각과 경험이 상세하고 친절한 가이드북으로 완성되었다. 투자 유치에 성공한 창업자들도 의외로 투자에 문외한이었다가 우여곡절을 겪은 사연을 많이 듣곤 한다. 빠른 실행과 시행착오를 통한 성장이 스타트업의 방식이지만, 많은 투자자와 선배 창업자의 경험과 사례를 정리한 가이드를 두고 시행착오를 선택할 이유는 없다. 투자를 고민하는 스타트업이 꼭 알아야 하고, 두고두고 참고할 만한 교양서이자 참고서다.

추천의 글 | 스타일쉐어 윤자영 창업자

스물셋 대학생 시절 아무 경험 없이 창업했을 때, 운 좋게 저자를 첫 엔젤투자자로 만났다. 이후 회사를 키워오며 여러 차례 투자 유치를 통해 회사를 성장시켜왔다. 절실했던 각 펀딩 라운드마다 어떻게 해야 할지 막막했던 순간을 돌파할 수 있었던 것은 그때마다 함께한 저자의 조언 덕분이었다. 이 책은 그렇게 내가 창업 후 9년간 조각조각 구한 조언을 모은 교본이다. 창업했을 때 이 책이 먼저 있었더라면!

추천의 글 | 직방 안성우 대표

투자를 유치하는 것은 그 과정 자체가 미래의 나침반과 같다. 이 책은 투자 유치라는 어려운 과정을 더 이상 막연하지 않고 즐겁게 바라볼 수 있게 도와줄 것이다. 스타트업 창업자들이 성공으로 향하는 길에 투자라는 값진 기회를 만나 또 다른 시작과 성장을 해 나가길 바란다.

추천의 글 | 루닛 백승욱 의장

　스타트업 투자 유치 역시 비즈니스 파트너십의 일부이고 그 목적은 회사 가치의 극대화에 있다. 이 목적을 달성하기 위해서 창업자들은 투자자에 대해 잘 이해하고 핏이 잘 맞는 곳과 함께해야 한다. 하지만 투자자에 대한 공개된 자료가 많지 않아 창업자들은 실전을 통해 경험을 쌓는 경우가 많았다. 수많은 실제 사례들로 채워진 이 자료는 한국의 창업자들이 겪어야 했던 정보 비대칭을 크게 줄여주어 생태계 전체의 효율을 한 단계 더 진일보시켜 줄 것이라고 확신한다.

프롤로그

프롤로그 | 매쉬업벤처스

'다음(Daum)'에 재직 시 생각했던 것 중 하나가 "향후에 여력이 된다면 후배 창업자들을 돕는 일을 하고 싶다"였습니다. 이후 초기 투자자의 길을 가기로 결심한 뒤, 만 16년이 넘게 수천 개의 초기 스타트업을 만나며 그중 다양한 초기 스타트업에 투자를 진행했고, 조언을 하고 사업에 대해 함께 고민했습니다. 그 과정에서 저 역시 스타트업을 통해 많은 배움을 경험했습니다.

투자자로서 처음 초기 스타트업을 만났을 때, "이 정도는 당연히 알고 있겠지"라고 생각했던 부분을 의외로 창업자들이 잘 모른다는 사실에 적잖이 놀랐습니다. 하지만 다시 생각해보니 저 역시 '다음(Daum)' 초창기 시절에는 잘 알지 못했던 부분이었고, 창업 과정에서 다양한 경험을 통해 조금씩 배웠다는 점을 떠올리게 되었습니다.

특히 스타트업 상당수가 투자 유치에 큰 어려움을 겪는다는 것을 알게 되었는데, 창업은 본질적으로 힘든 과정이지만 투자 유치는 투자 절차 등 일부 공식이 있음에도 불구하고 불필요한 시행착오를 겪는 경우를 많이 보았습니다.

투자 유치에 대해 반복되는 질문과 조언을 모아 정리해 보면서, 투자 유치 관련해 시행착오를 어느 정도 줄일 수 있지 않을까 하는 생각이 들었습니다. 팀과 비즈니스 모델이 매력적임에도 불구하고 투자 유치 과정에 미숙한 스타트업에게는 이러한 조언이 도움이 될 수 있습니다.

이 책은 제가 여러 스타트업에 직접 초기 투자하고 포트폴리오사 혹은 지인 스타트업이 후속 투자 유치 시 조언한 실제 경험, 그리고 다른 투자자들의 자문을 바탕으로 집필했습니다. 초기 스타트업을 위해 가급적 다양한 국내 사례들을 상세하면서도 쉽게 담으려고 노력했습니다.

2025년 현재 국내 스타트업 투자 환경에 맞추어 작성되었으며, 관련 법규나 투자 환경은 향후에 바뀔 여지도 있습니다. 따라서 이 책을 참고로 하되, 투자 유치를 계획하는 시점에서 각 투자자와 상황에 맞게 최신 정보를 구하고 그에 기반해 스스로 판단해야만 합니다.

이 책을 쓰기 시작하게 된 것은, 2019년 말에 '한국벤처투자(KVIC)'와 '스타트업얼라이언스'로부터 각각 비슷하게 공익적 목적으로 '초기 스타트업을 위한 투자자와 투자 유치 과정에 대해 이해도를 높일 수 있는 투자 유치 입문서' 제작을 요청받으면서부터입니다. 저 또한 매번 반복하는 투자 유치 조언을 제대로 정리하면 의미가 크겠다는 생각이 들어서, 2020년 봄부터 공동으로 제작을 진행했습니다. 제가 기존에 '아웃스탠딩'에서 연재한 글을 기본으로 제 블로그 글과 강의 내용의 일부를 추가하여 원고를 재구성하였고, 여러 자문 주신분들의 의견도 반영해 최종적으로 편집했습니다.

원래 공익적 목적으로 제작된 책이다 보니 초기엔 비매품으로만 제작되었습니다. 관련 기관들로부터 100권 이상 단위로 주문을 받아 한 번에 2,000~3,000권씩 5쇄까지 인쇄하여 배포하고 또한 온라인에 무료 PDF 파일까지 올려두었지만, 여전히 많은 창업자 분들이 비매품을 구하지 못해 PDF 파일을 인쇄한 뒤 제본하여 책을 보시는 경우가 많았습니다. 이에 저희 공동 제작자들이 협의하여 저희는 수익을 받지 않고, 출판사에서 저렴한 가격에 유통하는 형태로 이번에 개정 증보판을 정식 출판하게 되었습니다. 이 책이 성공적인 투자 유치에 대해 명쾌한 해답을 줄 수는 없지만, 투자 유치에 힘들어하는 초기 스타트업에게 수많은 시행착오를 조금이라도 덜어주는 도움이 되었으면 하는 바람입니다.

이 책을 공동으로 제작하면서 물심양면으로 도와주신 '한국벤처투자(KVIC)'와 '스타트업얼라이언스'의 관계자 분들과 편집과 출판을 도와주신 '나무'와 '해더일'의 관계자 분들께 모두 감사의 말씀을 드립니다. 그리고 흔쾌히 인터뷰에 응해 주시고 아낌없는 자문을 주신 여러 투자자 분들과 스타트업 대표님들께도 감사드립니다. 마지막으로 이 책을 쓰는 동안 가정에 상대적으로 소홀했던 저를 옆에서 응원해 준 아내의 도움으로 이 책이 나올 수 있어 감사를 보냅니다.

2025년 5월 매쉬업벤처스 대표 이택경

프롤로그 | 한국벤처투자(KVIC)

올해로 '한국벤처투자'는 20주년을 맞이했습니다. 지난 20년 동안 저희는 모태펀드를 통해 시장에 안정적인 자금을 공급하고, 유망한 벤처기업들이 성장할 수 있는 투자 기반을 만들어오고자 노력해왔습니다. 이러한 노력의 결과 '한국벤처투자'는 IT산업 육성, 유니콘 기업 탄생 등 많은 성과를 달성하였습니다. 불확실한 창업 초기 환경 속에서 새로운 가능성을 찾아내고, 민간 자본과의 연결을 통해 혁신이 현실이 될 수 있도록 조력하는 것이 저희의 역할이었습니다.

'한국벤처투자'의 역할은 지금과 같은 시기에 더욱 중요한 의미를 가집니다. 현재 우리 경제는 세계적인 고금리 기조와 경기 둔화, 기술 패권 경쟁, 산업 구조의 변화 등 여러 복합적인 요인이 맞물리며, 침체와 반등 사이 중요한 변곡점에 놓여있습니다. 이런 흐름 속에서 반등으로 가는 길을 만들어낼 수 있는 존재는 다름 아닌 혁신 스타트업입니다. 빠르게 변화하는 환경에 적응하고, 과감한 시도로 시장에 활력을 불어넣는 혁신 스타트업의 등장은 지금 우리 경제가 가장 필요로 하는 동력입니다.

이 책은 그러한 혁신 스타트업들에게 실질적인 도움을 드리기 위해 기존 내용을 보완하고 다시 펴내는 개정판입니다. 초기 창업자들이 실제 투자 유치 과정에서 마주치는 다양한 질문과 고민들을 중심으로, 현실적인 조언과 투자자의 시선을 담고자 했던 첫 발간의 취지를 유지하면서도, 최근의 시장 환경 변화와 생태계 흐름을 반영해 보다 입체적인 내용으로 새롭게 구성했습니다.

특히 이번 개정판은 '한국벤처투자'뿐 아니라, 스타트업 투자 생태계를 누구보다 잘 이해하고 있는 매쉬업벤처스와 스타트업얼라이언스가 함께 힘을 모아 만들어낸 결과물입니다. 실전 경험이 풍부한 전문가들의 인사이트가 담긴 이 책은 창업자들이 실제 투자 유치 과정에서 마주하는 질문들에 대한 현실적인 답변을 제공할 것입니다. 공동 저술에 참여해 주신 매쉬업벤처스, 스타트업얼라이언스의 모든 관계자분들께 진심으로 감사드립니다. 앞으로도 '한국벤처투자'는 정부와 민간의 투자참여를 효과적으로 연계하고 벤처투자 산업과 혁신 스타트업의 성장을 체계적으로 지원하겠습니다.

창업과 투자 유치의 길은 여전히 쉽지 않습니다. 그러나 방향을 잘 잡고 준비를 철저히 한다면, 그 길은 충분히 열려 있습니다. 이 책이 창업자 여러분에게 작지만 실질적인 나침반이 되어, 투자자와의 연결을 한층 수월하게 하고, 인재가 창업하기 좋은 환경을 조성하는데 기여할 수 있기를 바랍니다.

2025년 5월 한국벤처투자 대표 이대희

프롤로그 | 스타트업얼라이언스

'스타트업 투자유치 전략'의 초판에 이어 이번 개정 증보판도 함께 할 수 있어 기쁩니다. 기억을 더듬기 위해 슬랙에 들어가 예전 기록을 살펴보았습니다. '코로나19'로 다들 약간 쫄아 있던 2020년 2월, '투자유치 가이드북'의 공동 출간을 위한 슬랙 채널이 처음 열렸네요. 집필은 '매쉬업벤처스'의 이택경 대표님께서 맡아 주셨고, 대한민국 공공펀드의 본산이라 할 '한국벤처투자' 그리고 '스타트업얼라이언스'가 함께 협약서를 체결한 것이 4월이었습니다.

6월에는 책의 세부 목차가 완성되었고, 스타트업들이 궁금해할 내용을 빠짐없이 담기 위해 '투자유치 가이드북' 사전 설문조사도 창업자 대상으로 진행되었네요. 이후 슬랙 채널은 긴 침묵에 들어갑니다. 그해 여름과 가을, 택경 대표님은 집필에 몰두하고 계셨던 듯합니다.

12월이 되자 슬랙은 다시 깨어나, 책 제목을 정하기 위한 투표가 진행됩니다. 저는 제시된 보기 대신 '우주를 여행하는 창업자를 위한 투자 안내서'라는 짝퉁스러운 제목을 제안했고 겨우 한 표 받았네요. 그리고 2021년 1월, 마침내 책이 세상에 나왔습니다. 우리나라 최초의 인터넷 기업이라 할 '다음(Daum)'의 공동창업자이자, 2010년부터

십수 년간 투자에 전념해 온 베테랑이 집필한 책이라 세간의 화제가 됩니다. 당시 저희는 더 많은 사람이 쉽게 접할 수 있도록 비매품으로 제작하였습니다. 무료로 전자책도 배포했고요. 수익을 목적으로 한 책이 아니었기에 가능했던 아름다운 시도였지만, 베스트셀러가 될 책에게는 족쇄로 작용했습니다.

전자책은 무료라고 설명드려도 여전히 종이책을 원하는 분들이 많았습니다. 주문을 받아 인쇄소에 대량 발주하고 배송하는 일이 스얼 매니저님들께 추가 부담이 되었습니다. 좋은 책을 내놓고도 마음껏 알리지 못한 아쉬움이 남았습니다. 처음부터 정식 출판을 했으면 더 좋았겠지만, 이제라도 원하는 분들이 손쉽게 책을 구할 수 있게 되어 정말 다행입니다. 긴 여정을 함께해 준 세 기관의 담당자들께 감사드립니다.

2025년 5월 스타트업얼라이언스 센터장 이기대

이 책을 읽는 방법

 이 책은 원래 투자 유치를 진행하려는 스타트업의 창업자와 경영진을 위해 제작되었습니다. 그러나 투자사의 주니어 심사역도 투자자와 투자에 대한 기본적인 내용, 실제 투자 절차, 투자 계약서의 주요 항목, 그리고 투자를 유치하는 스타트업 입장에 대한 이해 측면에서 이 책을 읽어 볼 것을 권해드립니다.

 스타트업의 창업자와 경영진이 이 책을 효과적으로 읽기 위한 다음과 같은 방법을 제안합니다.

1. 이 책에서는 가급적 국내 스타트업 투자의 일반적인 상황에 대해 설명하고, 다양한 실제 사례를 소개하려고 노력하였습니다. **하지만 이 책의 내용은 결코 정답이 아니며, 실제 상황은 훨씬 더 다양하다는 것을 고려해야 합니다.**

2. 이 책은 투자 유치 이전부터 투자 유치 이후까지 시간 순서에 따라 쓰였습니다. I장부터 IV장까지의 내용을 빠르게 읽고 전체적인 내용을 파악한 뒤, 필요한 부분을 정독할 것을 권장합니다.

3. 투자 유치 전이라면

투자 유치를 계획하고 있다면 본격적으로 진행하기 전부터 꾸준히 관심을 가지고 정보를 수집해야 하며, 아래 내용을 숙지할 필요가 있습니다.

- I장 – 저는 투자 유치가 처음인데요
- II장 – 1. 투자자, 이렇게 나뉜다
- II장 – 2. 투자자, 이런 역할을 해요
- III장 – 1. 투자 유치 준비물, 무엇이 있을까?
- III장 – 2. 투자자의 투자 절차, 큰 그림으로 이해하기
- IV장 – 투자 유치 시, 반드시 읽어야 할 팁들

4. 투자 유치를 진행 중이라면

실제 투자 유치를 진행 중일 때에는 아래 부분을 핸드북처럼 필요할 때마다 읽어볼 것을 권장합니다.

- II장 – 투자자는 투자할 때 어떤 생각을 할까?
- III장 – 투자 유치, 실제로는 이렇게 진행돼요
- IV장 – 투자 유치 시, 반드시 읽어야 할 팁들
- 인터뷰/부록/별지/각주

5. 투자 유치 이후

투자 유치 이후에는 아래 내용을 정독할 것을 권장합니다.

- V장 – 투자 유치 이후 유의할 점
- 인터뷰

목차

추천의 글 4
프롤로그 9
이 책을 읽는 방법 16
인터뷰 | 국내 창업자 10명에게 물어보았다 22

I 저는 투자 유치가 처음인데요

1. 왜 투자를 받아야 할까요? 32
손익분기점을 넘어 성장동력을 갖추어야 한다 33 | 공격적인 시장 선점을 위한 리소스가 필요하다 34 | 투자자의 자금과 조력으로 성공 가능성과 성장 속도를 더욱 높일 수 있다 36

2. 투자 유치, 필수인가? 37
자영업처럼 천천히 성장해도 괜찮다면 38 | 투자 유치 없이도 급성장이 가능하다면 38

3. 투자 유치 전, 반드시 확인해야 할 것들 39
스타트업이라면, J커브형 성장이 필요하다 40 | 대출과 투자 유치 중 무엇이 우리에게 맞을까? 41 | 투자 유치 이전에 필요한 마음가짐 42

★ 스타트업 인터뷰 | 유디임팩트 김정헌 대표 44

II 투자자는 투자할 때 어떤 생각을 할까?

1. 투자자, 이렇게 나뉜다 52
투자자의 유형 53 | 투자 계약 주체의 유형 60 | 단계별 투자자 분류 62

2. 투자자, 이런 역할을 해요 71
투자자는 '투자'만 할까?(투자자의 조력) 72 | 투자자의 펀드 운용 구조 77

3. 투자자는 대박? 쪽박? 83
투자 성공, 그 다음에는? 투자금의 회수(Exit) 방법 84 | 포트폴리오 구성과 희망 수익 배수 89 | 하이리스크 하이리턴(High-Risk, High-Return) vs 로우리스크 로우리턴

(Low-Risk, Low-Return) 94

4. Pick me up! 투자자는 이런 스타트업에 투자한다 98
투자자가 고려하는 것 99 | 투자자는 이런 팀을 좋아한다 101 | 투자자는 시장과 관련해 이런 점들을 고려한다 106

★ **스타트업 인터뷰** | 마이리얼트립 이동건 대표 114
★ **투자자 인터뷰** | 알토스벤처스 Han Kim 대표 122

III 투자 유치, 실제로는 이렇게 진행돼요

1. 투자 유치 준비물, 무엇이 있을까? 130
투자 유치 준비물 목록 131 | 현 단계의 투자 유치 요건을 충족시키는지 점검해보기 132 | 회계/세무/법무적으로 정비하기 133 | 투자 유치를 시작할 시점을 계산해 보기 134 | 투자 유치 계획 수립하기 134

2. 투자자의 투자 절차, 큰 그림으로 이해하기 135
투자자의 투자 절차 136 | 투자 절차 일정 139

3. 두근두근, 투자자와 첫 미팅 142
어떤 투자자에게 투자를 받아야 할까? 143 | 투자자, 어떻게 찾고 어떻게 연락할까? 149 | 투자자와의 첫 미팅 166

4. 멋지기보다는 '핵심을 찌르는 IR 피칭' 171
IR 자료의 의미 172 | IR 자료를 만드는 '십계명' 173 | IR 자료, 작성 팁 여덟 가지 184 | IR 피칭, 이렇게 준비해보자 190

5. 우리 회사의 적정 기업가치는 얼마일까? 193
일반적인 기업가치 평가 방법 194 | 투자자의 스타트업 기업가치 고려 요소 196 | 적정 투자 금액과 지분 희석 199 | 기업가치 협상하기 202

6. 마침내 우리 회사가 평가를 받는 순간, 투자심의위원회 207
투심위, 이렇게 준비해요 208 | 실사 210 | 마침내 투심위다! 212

7. 투자 계약서 쓰기, 너무 어렵다고요? 216

단언컨대 중요한, 주요 투자 조건들 217 | 계약 시, 이 부분은 꼭 조심하자 222

8. 드디어 투자 유치다! 계약 체결과 투자금 납입 230
투자 유치 성공! 어떻게 돈을 받을까요? 231 | 전체 투자 절차와 소요 기간 232

★ **스타트업 인터뷰** | 텀블벅 염재승 대표 234
★ **투자자 인터뷰** | sopoong 한상엽 대표 240
★ **스타트업 인터뷰** | 소셜빈 김학수 대표 244

Ⅳ 투자 유치 시, 반드시 읽어야 할 팁들

1. 투자 유치도 '본업'의 일부이다 250

2. 사업처럼, 투자 유치도 쉽지 않다 252

3. 첫 단추가 중요하다 254
'블랙 투자자'를 주의해야 한다 255 | 합이 맞아야 결과도 좋다 255 | 해외 투자 유치는 조금 더 신중하게 257

4. 공동 투자 시 고려할 점 259
클럽딜과 멀티클로징 260 | 리드 투자자가 중요하다 262

5. 투자 유치 시 중요한 커뮤니케이션 264
명확한 커뮤니케이션 265 | 적극적인 커뮤니케이션 266

★ **스타트업 인터뷰** | 센드버드 김동신 대표 268
★ **스타트업 인터뷰** | 버킷플레이스 이승재 대표 274
★ **투자자 인터뷰** | 매쉬업벤처스 이택경 대표 280

Ⅴ 투자 유치 이후 유의할 점

1. 투자 유치가 사업의 성공을 의미하는 것은 아니다 288

2. 투자 유치 이후 더 중요한 현금 흐름 290

3. 투자 유치 이후 더 중요한 커뮤니케이션 292

이사회, 주주총회, 경영간담회 293 | 경영 보고와 사전 동의 및 협의 293 | 투자자의 조언 295

4. 투자자 간 합과 경영 의사 결정 구조 297

5. 사업은 결국 본인의 몫이다 299

★ 스타트업 인터뷰 | 리멤버앤컴퍼니 최재호 대표 302
★ 투자자 인터뷰 | 네이버/LINE 308
인터뷰 | 국내 투자자 10명에게 물어보았다 312

부록

1. 투자 유치 이외의 자금 확보 방법 322

2. 국내 주요 투자자 유형 326

3. 투자 관련 정보 332

4. 정책자금 사례 – 한국모태펀드 337

5. 투자자의 실제 사례 1 – 매쉬업벤처스 341

6. 투자자의 실제 사례 2 – 에이티넘인베스트먼트 352

별지

스타트업이 알아야 할 투자 계약서의 주요 항목 363

발행 주식/채권의 종류 365 | 신주의 발행과 인수 조건, 기업가치 재조정 370 | 선행조건, 진술과 보장 371 | 배당과 청산 시 우선권 372 | 전환권과 상환권 374 | 지분 관련 항목들 375 | 경영상 보고/동의/협의 379 | 주식매수 청구권 381 | 주주 간 합의서 재작성 382

국내 창업자 10명에게 물어보았다

Q. 투자 유치 진행 과정에서 가장 어려운 점은 무엇인가요?

- IR 과정, 자료 준비, 투자자와의 관계 만들기 등 모든 것이 다 어려워요.
- 단계별로 어떤 투자자를 만나야 하는지, 무엇을 준비해야 하는지 등에 대한 정보가 너무 부족해요.
- 투자자 중에서 우리 회사에 관심 있는 담당자를 바로 만나기가 어려워요.
- 창업자의 비전과 경쟁력에 공감하고 능동적으로 검토하는 리드 투자자가 많지 않아요.
- 익숙하지 못한 용어 때문에 투자자들이 말하는 조건들이 회사에 유익한지 아닌지 잘 판단하지 못할 때가 많아요.
- 기업 가치를 정하는 기준과 투자자들과 조정하는 과정이 어려웠어요.
- 기업 가치에 대해 국내 투자자들의 근시안적 접근이 아쉽고, 낮은 기업가치에 싸게 투자하자는 것을 단일의 목표로 생각하는 것 같아 아쉬웠어요.
- 투자사들의 내부 투심위 통과를 위한 자료를 만드는 과정이 힘들었어요.

Q. 투자 유치 과정 중에서 개선되었으면 하는 부분과 그 이유는 무엇인가요?

- 미팅 후 진행되는 프로세스와 결과에 대한 정보가 부족해요.
- 명확하게 커뮤니케이션을 하는 경우가 드물며, 미팅 후 관심이 있는지 없는지, 투자사 내부에서 어떤 의사 결정의 과정에 와있는지 알 수가 없어요.
- 일부 투자 심사역은 스타트업에게 돈을 주고 베푼다고 착각하는 것 같아요. 이런 이유로 투자 레퍼런스와 회사 네임밸류로 투자자를 결정할 때가 많아요.

🙂 싸게 투자하는 것에 집중하는 것보다, 장기적으로 회사의 성장을 위해 투자와 지분을 어떻게 구성하고 활용할 것인지 등 주주 입장에서 계획을 세우는 자세가 필요한 것 같아요.

🙂 독립적으로 의사 결정을 하는 투자자가 너무 적은 것 같아요. 투자자들 중 클럽딜 형태로 남이 만든 딜에 따라가는 경우가 많은데, 투자자들이 자기만의 기준과 주관을 강하게 만들어 투자를 결정할 때 다른 곳에 의존하지 않는 변화도 중요하지 않을까 싶어요.

🙂 딱딱하고 경청하지 않는 분위기 속에서 IR을 진행할 때가 있는데, 스타트업이 진솔하고 담백하게 IR을 진행할 수 있는 분위기를 만들어주는 투자자들이 많아졌으면 좋겠어요.

🙂 각 투자사별 요구로 나눠서 했던 회계 실사를 한 번으로 통일해서 진행하면 좋겠어요.

🙂 투자 계약서를 보면 너무 많은 부분의 동의를 필요로 하거나, 투자자에게 지나치게 유리한 계약서로 만들어졌어요.

🙂 계약서 작성 후, 납입일 이전까지 처리해야 할 것들에 대한 사전 정보가 없어서 고생했어요.(예를 들어 기존 투자자 사전 동의, 정관변경을 위한 임시 주총과 기간단축동의서 등…)

🙂 투자자들의 자료 관리에 대한 가이드가 필요해 보여요. IR 자료 등은 스타트업 입장에서는 중요한 자료인데 쉽게 공유되고 노출되는 것 같아요.

Q. 투자 유치를 진행하면서 투자자와 가장 의견 차이가 많이 났던 부분과 의견 조율이 어려웠던 부분은 무엇인가요?

[1순위] 🙂 기업가치 조정

[2순위] 🙂 투자 계약 조건
텀시트에 없던 독소 조항이 투자 계약서에 기입되는 경우가 있어요. 특히 경영권 침해의 소지가 있는 조항의 경우는 더 민감한데, 스타트업 입장에서는 이 독소 조항을 빼고 싶지만 투자자 입장에서는 리스크 관리 차원에서 넣으려고 하는 경우가 있어요.

🙂 시장 크기, 경쟁 환경 등 시장 현황에 대한 분석에서 의견 차이가 있었어요.

🙂 투자자마다 보는 관점에 따라 다양한 의견을 피력하는데, 한 투자자는 강하게 어필하며 본인의 의견이 유일한 대안이라고 주장할 때도 있었어요.

Q. 투자 유치 과정을 완료하고 나서 가장 후회했던 것은 무엇인가요?

공통 답변

🙂 투자 계약서를 꼼꼼하게 검토하지 않은 부분이요.
> 투자 계약 과정을 너무 급하게 진행한 것 같아요. 투자 유치를 끝낸다는 것에 너무 급급한 나머지 몇 가지 협상할 수 있는 것들에 대해 깊이 생각하지 않고 투자자의 요구(특정 포지션의 채용, 사업 모델 전략 등)를 다 들어준 경우가 있어요. 향후 이런 것들이 부메랑으로 돌아와 발목을 잡는 경우가 있어요.

🙂 투자를 받기 전까지 투자자의 상황과 입장을 잘못 이해해 시간을 낭비했어요.

🙂 펀드레이징 기간이 너무 길어져 조직 내부 운영에 소홀했던 것이 후회돼요.

🙂 담당 심사역의 투자 성공 사례, 커뮤니케이션 방법 등 레퍼런스 체크를 하지 않은 것이요.

🙂 좀 더 많은 투자자를 한꺼번에 만나서 협상 과정을 단축하고 싶어요.

Q. 투자 유치 미팅 때, 투자자가 이 정도는 미리 알고 왔으면 좋겠다고 생각한 부분이 있다면 어떤 점인가요?

🙂 IR 미팅을 하다 보면 생각보다 검토하는 회사에 대해 스터디가 안되어 있는 경우가 많은데, B2C인지, B2B인지, 타겟 시장, 업계 트렌드 정도는 미리 알고 미팅을 했으면 좋겠어요.

🙂 앱을 설치하지도 않았다거나, 우리 회사의 서비스에 대한 이해와 정보가 거의 없던 투자자들도 있었어요.

🙂 담당 심사역이 아니더라도 IR 자리에 참여하는 분들이라면, 서비스에 대한 기본 정보는 이해하고 미팅을 했으면 좋겠어요.

Q. 투자 유치 후 투자자에게 자금적인 부분 외 어떤 부분을 도움 받았나요?

인력 채용, 비즈니스 네트워킹(제휴/협업 파트너 소개), 스타트업 간 네트워킹, 창업자 멘탈 케어, 후속 투자 유치 연결, 경영 관련 조언(마케팅, 전략, 회계, 노무 등)

Q. 투자 유치 미팅에서 가장 많이 들어본 질문은 무엇인가요?

- 경쟁사 대비 차별점은 무엇인가요?
- 다른 회사들의 카피캣(copycat)에는 어떻게 대응할 것인가요?
- 해외 진출이 불가능한 아이템이 아닌가요?
- 법률적인 문제는 없나요?
- 성장 전략은 무엇인가요?
- 소셜 벤처가 돈을 벌 수 있나요?
- 시장을 선택한 기준과 이유는 무엇인가요?
- 그 서비스가 왜 아직도 한국에서 성공하지 못했을까요? 해외에서 성공했다고 한국에서 성공할 수 있을까요?
- 얼마만큼 성장할 수 있다고 생각하나요? 엑싯(exit) 플랜이 있다면 무엇이죠?
- 매출/이익에 대한 계획은 어떤 것인가요?

Q. 투자 유치 미팅에서 들어본 가장 당황스러운 질문은 무엇인가요?

- 5년 이상의 재무 계획은 무엇이죠?
  변화가 많은 스타트업에게 5년 후를 예상한다는 것은 무리라고 생각했어요.
- 기업가치는 계속 깎으면서, 경영진 지분율이 낮아지면 나중에 상장할 때 어떻게 할 것인지에 대한 대안이 있냐는 모순된 질문을 했을 때 당황스러웠어요.
- 초기 투자 단계에서 엑싯(exit) 플랜에 대한 질문을 하셨을 때 당황스러웠어요.
- 대표님이 임신을 하게 되면 회사는 어떻게 되나요?
- 질문의 의도를 파악할 수 없는 당황스러운 질문을 했을 때 난감했어요.

Q. 젠더 이슈와 관련해 투자 유치 미팅에서 특별한 경험이 있었나요?

- 스타트업 대표는 의례 결혼을 하지 않고 자녀가 없을 것이라고 생각해요. 특히 여자 대표에게는 그런 편견이 더 심한 것 같아요.

- 여성 대표라 아이를 키우며 사업하기 힘들지 않냐는 질문을 들었을 때가 있었어요.

- 6~10년 전에는 여성 스타트업 대표들이 많지 않아 젠더 관련 질문을 많이 받았는데, 최근에는 없는 것 같아요.

Q. 투자 유치를 진행할 때 투자사 또는 심사역에 대한 평판 조회를 했다면, 누구에게 했나요? 또 향후 평판 조회를 한다면 누구에게 하겠습니까? 그 이유는 무엇인가요?

[1순위] 타 스타트업 대표
> 투자 성향, 투자 이후 성향 등 직접 경험한 대표가 가장 정확하다고 생각해요.
> 투자사의 의사 결정 과정과 성향에 대한 디테일한 정보를 얻을 수 있어요.
> 실제 투자를 받았던 스타트업 대표들이 투자사들의 투자 후 스타일을 잘 알 것 같아요.
> 스타트업 입장에서 가장 신뢰있는 레퍼런스 체크를 해 줄 것 같아요.

[2순위] 타 투자사(기존 투자사)
> 기존 투자사 심사역을 통해 레퍼런스 체크를 하는 경우도 있는데, 그 이유는 회사의 주주로서 신뢰도 있는 정보를 줄 것이라는 믿음이 크기 때문이에요.
> 미처 파악하지 못한 정보를 기존 투자사들을 통해 파악할 수 있어요.
 (펀드 구성 완료가 안된 상황에서 투자 대상을 미리 확보해 두려는 투자사인지, 투자 심사역의 성향은 어떠한지, 투자 미팅 후 Follow-up하는 과정에서 어느 정도 확신을 가지고 있는지 등)
> 투자자의 실제 모습은 다른 투자사 심사역들이 잘 알고 있는 경우도 있어서요.
> 업계 평판이 제일 정확한 것 같아요.

Q. (투자 성사 여부와 상관 없이) 투자 유치를 진행하면서 가장 인상 깊었던 심사역 또는 투자사가 있다면 누구입니까? 그 이유는 무엇인가요?

- 국내 초기 투자사 A – 사업에 대한 이해와 회사의 비전을 믿어 줬어요.

- 국내 중기 투자사 B – 사업에 대해 분석적 의견을 제시해 줬어요.

- 국내 초기 투자사 C의 ㅈ 수석 팀장 – 비록 투자로 이어지진 않았지만, 적극적이면서 스타트업을 배려하며 커뮤니케이션하셨던 것이 기억에 많이 남아요.

- 국내 중기 투자사 D의 ㅇ 팀장 – 정말 꼼꼼하고 기계적인 분석력을 가지고 있는 분이라 회사 프로젝션에 대해 정말 많은 인사이트를 받을 수 있었어요.

- 국내 중기 투자사 E의 ㄱ 팀장 – 에너지와 시장에 대한 이해도가 매우 높아 큰 감흥을 받았고, 투자 성사 여부와 상관없이 좋은 투자 기관을 소개해주는 열정을 보여주셨어요.

- 국내 중기 투자사 F의 ㅇ 책임 – 회사의 입장에서 시장을 바라보려고 노력하는 모습과 진심으로 회사를 도와주려고 하는 마음에 고마움을 느껴요.

- 국내 초기 투자사 G – 창업자 출신의 투자사답게 초기 스타트업에게 실질적인 도움과 조언을 줄 수 있는 곳이에요. 대표 이하 파트너 분들과 심사역 분들의 팀워크가 너무 훌륭하며, 투자사지만 배울 점이 많은 곳입니다.

- 국내 중기 투자사 H ㅅ 이사, 국내 초기 투자사 I의 ㅊ 등 – 사업 전략에 높은 관심과 열정이 있어요.

- 국내 중기/후기 투자사 J, K, L – 창업팀에 대한 존중과 애정이 느껴졌어요.

- 국내 중기 투자사 M사의 ㅁ 심사역 – 밀당이 없고 명확하고 빠른 실시간 커뮤니케이션을 했고, 정확한 코멘트와 약속 이행으로 신뢰가 높아지는 계기가 되었어요.

- 국내 중기 투자사 N사의 ㅂ 파트너 – 우리 서비스를 너무나 많이 쓰고 있었고, 이미 깊게 이해하고 있어서 깊이 있고 정확한 대화를 할 수 있었어요.

Q. 이런 투자자가 신뢰가 간다! 라고 생각하는 유형이 있다면?

- 대표의 투자 철학과 스타트업 선정 기준이 뚜렷하며 그에 맞는 행보를 하는 투자사
- 창업자의 비전에 공감하고 함께 문제를 해결해 가는 투자자
- IR을 할 때 지속 가능한 전략, 회사의 미션과 비전을 질문하는 투자자
- 우리 서비스를 이미 잘 사용하고 있는 투자자
- 창업팀에 대한 존경과 지지를 아낌없이 보내주는 투자자

Q. 스타트업이 말하는 "이런 투자자는 가급적 피하세요!"

- 투자 단계가 맞지 않는 투자자
- 평판이 좋지 않은 투자자
- 회사나 해당 사업에 대한 기본적인 지식 배경이 없거나 간만 보는 투자자
- 시장에 대해서 어설프게 알고 있음에도 불구하고 회사의 이야기는 듣지도 않고, 듣고 싶은대로 듣고 질문하는 투자자
- 초기 서비스인데 서비스가 어떻게 될거라고 단정 지어서 평가하는 투자자
- 스타트업 입장이 아니라 투자자 입장에서만 의사 결정을 하는 투자자
- 단기적인 시각으로 결과를 지나치게 요구하는 투자자
- 포트폴리오사와 상의 없이 경쟁사에 투자하는 기존 투자자
- 왜 상장을 해야 하는지 설득하려 하는 투자자

Q. 투자 유치를 새롭게 시작하는 스타트업에게 꼭 해주고 싶은 말이 있다면 무엇인가요? (To. 투자 유치를 계획 중인 스타트업 대표님들께)

🙂 먼저 투자 유치 과정을 겪은 대표를 꼭 찾아가셨으면 좋겠어요. 사업마다 투자자마다 다르겠지만, 어떤 것을 어떻게 준비해야 하는지 조언을 들을 수 있다면 투자 유치 과정에 큰 도움이 될 것이라고 생각해요.

🙂 내가 어떤 돈을 받는지가 스타트업에게는 매우 중요하고, 투자 유치를 한다면 경영의 시행착오를 얼마나 줄일 수 있는지와 자금 외적으로 도움을 받을 수 있는 것들이 무엇인지를 따져봐야 합니다. 그렇기 때문에 투자사 선택은 신중해야 하고 담당 심사역과 좋은 관계를 만드는 것이 좋습니다.

🙂 펀드 규모나 투자자의 레퍼런스 및 히스토리를 잘 살펴보세요. 파이팅!

🙂 투자를 받는 것은 결혼과 같은 것 같습니다. 한 번 투자를 받고 헤어지면 엄청난 상처뿐만 아니라 다양한 증거가 남습니다. 많이 신중하게 받는 것이 좋고, 어느 집안과 결혼하는 것보다 누구와 결혼하느냐가 중요하듯이, 담당 심사역이 너무나 중요합니다. 엑싯(exit)을 하기 전까지 그 심사역과 계속 만나야 하니까요. 급하다고 또는 투자사가 유명하다고 빠르게 투자를 결정하지는 않기를 바랍니다.

🙂 투자자에게 너무 휘둘리지 말고, 자신감을 가지고 투자 유치를 진행하세요.

🙂 자신감을 가지고 장점을 잘 어필하고, 시장에 대한 분석을 잘 해서 IR을 하면 더 좋을 것 같아요.

🙂 미리 배울수는 없을테고 하다보면 겪다보면 저절로 알게 되는 것 같아요. 넘어지지 않고 걸을 수 없듯이 경험하면서 알게 되지만, 미리 무언가를 듣고 알았다고 더 잘하기도 쉽지는 않은 것 같아요.

🙂 신중해야 하고 명확해야 하는 것이 투자 유치 과정인 것 같아요. 부디 좋은 결과가 있기를 바랍니다.

저는 투자 유치가 처음인데요

투자 유치가 처음인 경우 모든 것이 생소하고 어렵기 마련입니다. 투자 유치에 대해 기본적인 것부터 하나씩 알아보도록 하겠습니다.

I. 저는 투자 유치가 처음인데요

1.
왜 투자를
받아야 할까요?

많은 스타트업들이 투자 유치를 진행하는데,
그러면 왜 투자를 받는 것일까요?

손익분기점을 넘어 성장동력을 갖추어야 한다

사람이 생명을 유지하고 움직이기 위해서는 기본적으로 혈액이 순환해야 하듯이, 기업이나 조직이 지속되고 운영되기 위해서는 자금이 필요합니다. 비영리단체일지라도 운영에 필요한 경비를 충당하기 위해서는 기부금이나 지원금이 요구되죠.

정상적으로 운영되는 기업은 매출이 비용보다 많아 지속적으로 이익이 발생합니다. 그러나 초기 스타트업은 이익이 발생하는 시점까지 도달하기 위해 여러 단계를 거쳐야 하며, 마치 징검다리처럼 외부로부터 자금을 조달 받을 필요가 있습니다.

case

예를 들어 '메타'와 같은 B2C 온라인 서비스 사업은 초기에 서비스 지표[1]가 급격하게 성장하더라도, 수익 모델이 활성화되기까지는 시간이 걸려 매출은 뒤늦게 오르는 경우가 많습니다. 그리고 장기간의 R&D가 필요한 바이오나 AI 업종의 딥테크(Deep Tech: 기저 기술) 스타트업은 첫 매출이 발생하기까지 더욱 긴 시간이 필요하기도 합니다.

스타트업은 이렇게 손익분기점(BEP: Break-Even Point)에 도달하기 위해서 자금이 필요합니다. 그러므로 스타트업 입장에서는 자금이 떨어지면 "돈이 떨어져서 큰일 났습니다. 어서 투자해주세요!"라고 외치고 싶은 상황일 겁니다.

하지만 수익이 필요한 투자자 입장에서는 스타트업이 단순히 손익

---

[1] 사용자 수, 방문자 수, 재방문율 등과 같이 직접적으로 수익과 연결되지 않는 지표

분기점에 도달하는 것만으로는 의미가 없고, 더 나아가 큰 성장을 하여 투자자에게 수익을 안겨줘야 의미가 있습니다. 따라서 다음과 같이 이야기하는 스타트업에 투자하고 싶을 겁니다.

"현 단계의 가설을 이렇게 검증하였습니다. 손익분기점에는 아직 도달하지 못했지만, 추가 자금이 있으면 손익분기점 도달뿐만 아니라 향후에 급성장해 기업가치가 더욱 올라갈 것입니다. 그러면 투자자도 큰 수익을 얻을 수 있습니다."

스타트업이 자력으로 손익분기점을 넘기 전까지는 마치 엔진이 없는 글라이더처럼 상승기류(투자 유치)를 타고 올라갔다가, 이후 다시 하강하게(자금 소진) 되는 과정을 반복합니다. 그러나 손익분기점을 넘기고 본격적인 이익이 나게 되면 그때부터는 엔진(성장동력)을 갖춘 진짜 비행기가 됩니다. **따라서 스타트업의 장기적인 목표는 1차 목표인 단순한 생존이 아니라, 고객에게 제대로 된 가치를 주면서 크게 성장할 수 있어야 합니다. 이를 위해 투자 유치를 하는 것이죠.**

공격적인 시장 선점을 위한 리소스가 필요하다

'피터 틸'은 그의 저서 '제로 투 원'에서 "경쟁하지 말고 독점하라"라고 합니다.[2] 고객은 기업 간 경쟁을 원하지만, 기업가는 독점 혹은 과점(담합에 의한 불법적 독점/과점이 아닌 혁신에 의한 자연적 독점/과점)을 꿈꾸죠.

---

2 출처: Peter Thiel, Blake Masters, 「Zero to One(제로 투 원)」, 이지연 역(한국경제신문, 2014)

공격적으로 해당 영역 시장을 선점하기 위해서는 혁신뿐만 아니라 많은 리소스가 필요합니다. 후발 경쟁자와의 격차를 압도적으로 벌리거나 또는 선두주자를 따라잡기 위한 중요한 리소스 중 하나가 바로 자금입니다. 자금이 있으면 뛰어난 인재 영입에 유리하고 R&D를 통해 기술 우위에 서며 마케팅도 공격적으로 진행이 가능하기에, 때로는 엇비슷한 경쟁자 중 자금을 보다 많이 가진 자가 승기를 잡기도 합니다.

case

'카카오'는 네트워크 효과[3]를 통해 모바일 메신저라는 큰 플랫폼을 선점하였는데, 이는 초기에 수익모델이 없는 상태에서도 미래를 위해 장기적으로 서비스에 리소스를 투자하였기에 가능했습니다. 그리고 시장 확장을 위해 M&A(Mergers & Acquisitions)가 필요한 경우도 있습니다. 커뮤니티 기반 패션 커머스 플랫폼인 '스타일쉐어'는 주 고객을 10~20대에서 20~30대로 확대하기 위하여 '29CM'를 인수하였는데, 이를 위한 자금 확보 차원에서 시리즈 C 투자 유치를 하였습니다.

시장 선점을 위해서는, 이미 이익이 나고 있는 상태에서도 고객 확대를 위한 충분한 자금 확보를 목적으로 투자 유치가 필요할 수도 있습니다.

---

3 어떤 고객의 수요가 다른 고객의 수요에 의해 영향을 받는 효과. 예를 들어, 메신저 서비스는 메일 서비스와 달리 동일한 메신저 서비스를 이용하는 사용자 간 대화만 가능함

투자자의 자금과 조력으로 성공 가능성과 성장 속도를 더욱 높일 수 있다

스타트업 입장에서 투자자의 간섭이 싫을 수도 있지만, 적극적인 투자자는 자금을 조달해주는 것 외에도 다른 의미가 있습니다. 투자자는 후속 투자 유치나 M&A, 상장을 지원하는 것 외에도, 비즈니스 네트워킹/구인에 도움을 주거나 전문성을 보유하고 있을 시 경영 관련 도움을 줄 수도 있습니다.

> **case**
> '다음(Daum)'이 초기에 자금 여력이 있는 상황에서도 굳이 '데이콤'[4]으로부터 투자를 유치한 배경에는, 자금 외에 전략적 협업 관계에 대한 고려가 있었기 때문입니다.

물론 투자 유치 없이도 지인인 투자자의 조언을 가끔 얻을 수 있겠지만, 대다수 투자자는 무척 바쁘므로 투자를 통해 서로 이해관계자가 되지 않으면 포트폴리오사에 비해 우선순위에서 밀릴 수밖에 없습니다. 투자자에게 지분을 내어주는 것이 아깝다고 생각할 수도 있지만, '투자금 + 투자자의 조력'으로 성공 가능성을 더 높일 수 있거나 또는 더 크고 빠르게 성장할 수 있다면, 함께 파이를 키워가는 것이 유리하기에 투자 유치를 고려해 봐도 좋습니다.

---

4   1982년에 설립된 국내 기간통신사업자로서, 공중정보통신망/PC통신 서비스인 '천리안'과 인터넷 전화 등을 서비스함. 2010년에 'LG텔레콤'으로 합병됨

I. 저는 투자 유치가 처음인데요

2.
투자 유치, 필수인가?
이런 기업은 투자 유치하지 않아도 돼요!

그러면 투자 유치는 항상 필요한 것일까요?
투자 유치가 필요한 경우가 많지만, 모두가 그런 것은 아닙니다.
다음과 같은 경우에는 투자 유치를 하지 않아도 괜찮습니다.

자영업처럼 천천히 성장해도 괜찮다면

일반 자영업은 성장 속도는 느릴지라도 자본금과 초기 매출만으로도 손익분기점에 도달하기까지의 비용을 감당할 수 있다면, 서서히 성장하여 이익을 내기도 합니다. 스타트업도 때로는 경쟁이 치열하지 않은 상황에서 성장 속도보다 손익분기점 도달에 더 초점을 두고, 비용을 최소화하면서 매출을 올려 외부자금 조달 없이 자력으로 서서히 성장하는 게 가능하기도 합니다.

투자 유치 없이도 급성장이 가능하다면

투자 유치 없이도 최근에 많이 저렴해진 IT 인프라를 효율적으로 활용해, 단기간에 급격한 성장과 함께 손익분기점을 돌파하는 예외적인 경우도 있습니다.

case

예를 들어 No.1 건강관리 앱인 '캐시워크'는 2016년 설립 이후 외부의 투자 유치 없이도 서비스 출시 10개월 만에 500만 다운로드를 돌파하며 영업이익도 크게 발생했습니다. 투자자로부터 투자 희망에 대한 문의가 많았지만, 충분한 자금 여력(2022년 영업이익 100억 원 돌파)으로 인해 별도의 투자 유치를 진행하지 않았습니다. 그러다가 2023년에서야 상장 준비를 시작하면서 M&A와 사업 확대 그리고 글로벌 시장 진출을 위해, 법인 설립 이후 300억 원 규모의 첫 투자 유치를 진행하였습니다.

I. 저는 투자 유치가 처음인데요

3.
투자 유치 전,
반드시 확인해야 할 것들

투자 유치를 고려한다면,
먼저 확인해야 할 것들이 무엇이 있을까요?

스타트업이라면, J커브형 성장이 필요하다

'스타트업이란 무엇인가'부터 한번 생각해보죠. '에릭 리스'와 함께 '린 스타트업'을 창시한 '스티브 블랭크'는 스타트업[5]을 "반복 가능하고 확장 가능한 비즈니스 모델을 찾아내기 위해 구성된 조직"이라고 정의하고 있습니다.[6]

스타트업은 소수의 인력과 소규모 자금으로 시작한다는 측면에서는 기존의 일반 기업과는 다르고 대신 자영업과 비슷해 보이기도 합니다. **하지만 혁신을 통해 'J커브' 형태의 급성장을 동반한다는 측면에서는 일반 자영업과는 차이가 있습니다.** 스타트업을 로켓에 종종 비유하는 것도 바로 이 급성장 때문이죠.

case

'다음(Daum)'의 경우 '한메일' 서비스 출시 후 4년 만에 가입자 수가 3,000만 명까지 성장하였습니다. 그리고 이런 급성장에 기반하여 1995년 창업 후 만 5년이 되기 전인 1999년에 코스닥에 상장할 수 있었습니다. 이외에 다른 유명한 국내외 스타트업을 보더라도 모두 급성장했다는 공통점이 있습니다.

벤처 투자자는 일반 자영업이나 기타 초기 기업보다는 급성장이 가능한 '스타트업'에 투자하는 경우가 대부분입니다. 모험 자본의 속성상 기본적으로 하이리스크 하이리턴을 추구하기 때문이죠. 따라서 투

---

5   국내에서는 '벤처기업'이란 용어가 '스타트업'과 거의 같은 의미로 사용되고 있으며, 법적 용어로는 '벤처인증'을 통해 중소벤처기업부로부터 공인받은 벤처기업을 뜻함

6   "A startup is an organization formed to search for a repeatable and scalable business model."
출처: https://steveblank.com/2010/01/25/whats-a-startup-first-principles/

자 유치를 위해서는 먼저 우리가 J커브의 성장 잠재력을 가진 스타트업인지부터 스스로 점검해 봐야 합니다.

J커브형 성장 사례 – Daum의 가입자 수 증가[7]

대출과 투자 유치 중 무엇이 우리에게 맞을까?

투자 유치 대신에 대출을 통해 기업 운영에 필요한 자금을 외부로부터 조달하는 방법도 있습니다. 대출은 이자와 원금을 기한 내에 차질 없이 갚을 수 있다면, 지분을 나눌 필요가 없다는 장점이 있습니다. 그리고 채권자는 투자자에 비해 경영간섭이 거의 없습니다.

7 출처: 이택경, "대규모 포털 서비스 시스템, 이렇게 구축하고 운영한다", COMDEX Korea 2001 Conference

하지만 이미 큰 매출을 올리고 있거나 충분한 담보가 있는 중견기업/대기업이 아닌 초기 스타트업이라면, 일반 금융권으로부터 충분한 자금을 확보하는 것이 사실상 불가능합니다. 일반적으로 스타트업/중소기업 관련 기관의 보증이 있어야만 충분한 자금 확보가 가능하죠. 그리고 만약 제때 이자나 원금을 상환하지 못하면 기업이 파산에 이를 수도 있으며, 상황이 더 나쁘면 연대보증으로 인해 창업자 개인의 자산이 가압류되거나 개인 신용등급이 하락할 수도 있습니다. **그러므로 대출은 이러한 리스크를 감안하여 신중하게 결정해야 합니다.**

투자 유치 이전에 필요한 마음가짐

"남들도 투자를 받으니 나도 투자를 받아야겠다"라는 식으로 충분히 고민해보지 않고 투자 유치에 나서거나, "내 돈 넣기엔 리스크가 있으니 남의 돈으로 사업하자" 같은 무책임한 생각으로 투자 유치를 진행하면 곤란합니다. 물론 투자자가 재무적 리스크를 분담하는 것은 사실입니다. 하지만 창업자가 투자자에게 리스크를 떠넘기려고 하는 것은 모럴 해저드(Moral Hazard)에 해당되며, 그러한 창업자가 험난한 창업과정을 제대로 견뎌내는 사례도 드뭅니다.

투자 유치 이후 창업자 입장에서는 새로운 주주이자 파트너인 투자자에 대한 책임이 추가로 생기게 됩니다. 그리고 투자 유치가 비록 법적인 측면에서 빚은 아닐지라도, 일종의 도의적인 측면에서의 빚이 되죠.

투자 유치를 진행하기 전에, 먼저 비즈니스 모델에 대해 본인은 얼마나 확신이 있는지, 공동창업자들의 역량은 어떤지, 투자자를 파트너로 인정하고 협력해 나아갈 준비가 되어 있는지 등을 스스로 신중하게 고려해 보아야 할 필요가 있습니다.

★ 스타트업 인터뷰 | 유디임팩트 김정헌 대표

UD IMPACT

"투자 유치는 '자기 객관화'의 계기…
ESG 기업의 첫 IPO 꿈꾼다"

유디임팩트(구 언더독스) 김정헌 대표

유디임팩트(구 언더독스)는 2015년 설립된 사회적 기업으로, 지난 10년간 꾸준히 성장하며 현재는 'ESG(Environment, Social, Governance: 환경, 사회, 거버넌스 등 사회적 가치를 부르는 말) 기반 종합 솔루션 기업'으로 자리매김하고 있다. 설립 초기에는 사회적 기업가를 양성하는 창업 교육 기관으로 출발했으나, 현재는 창업 및 AI 기반 취업 교육, 지역사회 활성화, ESG 측정·평가, 글로벌 진출까지 사업 영역을 다변화하며 종합 임팩트 기업으로 확장되었다. 2024년 기준 연 매출 약 200억 원, 2025년에는 약 350억 원을 목표로 성장 중이다.

2025년 5월, 상장 준비와 글로벌 사업 확장을 고려해 사명을 유디임팩트(UD IMPACT, Unite Diversity for Impact)로 변경했고, '언더독스'는 이제 그 산하의 브랜드명으로 사용되고 있다. 유디임팩트는 ▲ 언더독스(창업 교육) ▲ 한국사회가치평가(ESG 측정 솔루션) ▲ F-Lab(AI 기반 온라인 교육 플랫폼)이라는 세 개의 브랜드를 운영하고 있다.

회사의 비즈니스 모델은 창업자가 무상으로 교육받는 구조를 바탕으로 한다. 교육비는 주로 정부, 지자체, 대기업 등에서 ESG 자금 형태로 조달되며, 교육 수혜자는 비용 없이 창업 교육에 참여할 수 있다. 창업 교육뿐 아니라, 공간, 마케팅, 개발, 직무 교육, ESG 평가 등 창업자가 필요로 하는 다양한 서비스가 통합적으로 제공된다. 이런 구조 속에서 유디임팩트는 창업 생태계 전체를 아우르는 임팩트 플랫폼으로 진화해 왔다.

이와 같은 독특한 비즈니스 모델은 한국이라는 특수한 정책 환경 덕분에 가능했다. 아시아 국가 중에서도 특히 한국은 정부 주도의 창업 지원 정책(TIPS, LIPS, 기보/신보 대출 연계 등)이 잘 정비돼 있으며, 대기업 또한 일자리 창출과 사회적 기업 지원에 적극적으로 참여하고 있다. 반면, 일본은 아직 창업 활성화 단계에 진입하지 못했으며, 대학 중심의 창업 교육은 실효성이 떨어지는 경우가 많다. 인도는 ESG 자금이 법적으로 의무화되어 있어 새로운 시장으로서 잠재력이 크다. 유디임팩트는 이같은 배경 속에서 아시아 시장 중심의 해외 진출을 모색하고 있다.

눈에 띄는 점은 유디임팩트가 지난 9년간 자의반, 타의반으로 외부 투자 유치 없이 자생적으로 성장했다는 점이다. 창업 초기, 오프라인 중심 교육이라는 비즈니스 모델은 투자자들에게 시장성이 없어 매력적이지 않다는 혹평을 들었다. 당시 온라인 교육 플랫폼이 부상하던 시기였던 만큼, 임팩트 투자자조차도 "오프라인은 구시대적이며 확장성이 없다"는 이유로 관심을 보이지 않았다.

이에 김정헌 대표는 "투자 유치는 시간을 단축해 주는 도구일 뿐, 본질적인 성장은 내부 역량에서 비롯된다"는 판단 하에, 초기에는 투자 유치 대신 스스로 수익을 창출하며 운영하는 길을 택했다. 그는 극도로 제한된 자금 환경 속에서도 밤에는 전략 컨설팅 아르바이트로 자금을 마련하며 직원들의 급여를 지급했고, 마이너스 통장을 활용해 유동성을 확보하면서 버텨냈다. 이런 경험은 조직 전체에 강력한 재무 통제와 운영 효율성을 내재화하는 계기가 되었다. 유디임팩트는 현금 흐름과 재무제표를 철저히 관리하며 경영 기반을 다졌고, 이는 높은 수익성과 지속 가능한 성장으로 이어졌다. 2024년에는 무려 16%의 영업 이익률을 기록하며, 업계 평균을 크게 웃도는 성과를 냈다.

유디임팩트는 3년 전부터 IPO 준비에 돌입했고, 이 와중인 2024년 말 처음으로 프리 IPO 투자를 유치했다. 미래에셋을 주관사로 선정한 뒤 진행된 이번 라운드에서는 5개 투자사 중 4곳으로부터 투자를 받으며 성공적으로 마무리됐다. 이 과정이 쉽지는 않았다. "최초로 IPO를 추진하는 ESG 기업이다 보니 투자사들도 생소해했고, 비즈니스 모델에 수반되는 시장의 성장성, 수익성 등의 개념을 설명하는 일이 쉽지는 않았다."

이는 단순한 자금 유입 이상의 긍정적인 의미를 지녔다. 우선 투자 자금을 통해 우수 인재를 빠르게 영입하고, 내부의 인적 자원을 질적으로 크게 강화할 수 있었다. 투자 유치 이후 조직의 한계를 보완하기 위해 상장 경력 있는 재무 전문가를 CFO로 영입하고, 더 나아가 CSO를 포함한 운영팀, 재무팀, 인사팀 등을 영입하며 회사의 구조가 조금 더 탄탄해졌다. "무엇보다 그동안에는 사회적 기업, CSR(Corporate Social Responsibility: 기업의 사회적 책임)에 관심 있는 인재들이 팀에 주로 합류했다면, 이제는 '상장을 앞둔 스타트업'이라는 관점으로 보다 다양한 인재를 흡수할 수 있게 됐다." 후술할 'F-Lab' 인수도 투자 유치 자금으로 이뤄낸 성과였다.

첫 투자 유치가 유디임팩트의 초기 멤버들에게 어떤 의미였을까. 김 대표는 "투자 유치는 단순한 돈의 문제가 아니라, 5개의 투자사를 포함한 외부의 다양한 관점을 통해 우리 회사를 입체적으로 점검해볼 수 있는 기회였다"고 설명했다. 가장 큰 영향을 끼친 투자자의 시선은 크게 두 가지였다.

외부의 시선 중 하나는 유디임팩트 자체가 에이전시(Agency)에 가까웠던 만큼 이 비즈니스 모델이 영속할 수 있냐는 질문이었다. 이에 유디임팩트는 최대한 AI에 기반한 자동화를 구축하고, 고용의 수보다는 질을 늘리는 방향으로 양적 확장과 질적 성장의 두 마리 토끼를 잡고자 했다. 'F-Lab'의 인수도 이를 위한 행보였다.

또 다른 외부의 시선은 유디임팩트가 ESG나 CSR 자금을 유치해 위탁 운용하는 일종의 중개업체인 만큼 수익성의 한계가 있지 않냐는 질문이었다. 김 대표는 유디임팩트가 여전히 ESG 기업이긴 하지만 NPO(Non-Profit Organization: 비영리기구)나 NGO(Non-Governmental Organization: 비정부기구)와 혼동되고 있다는 점을 느꼈고, 이에 단순한 ESG 자금 집행의 통로나 채널이 아니라 부가 가치가 있는 전문적인 기업이라는 점을 강조하는 방향으로 회사 세일즈를 바꾸었다.

투자 유치는 책임도 수반했다. 외부 자금 수혈 자체는 긍정적이지만, 그만큼 체질 개선을 필요로 한다. "상장을 결심한 순간부터 내적인 기준이 높아졌으며, 이제는 공인의 책임감을 갖고 조직을 운영해야 한다고 생각한다." 이해관계자들이 많아지다 보니 소통해야 할 주체가 많아졌고, 내부적으로도 의사 결정 과정이 조금 더 길어지게 됐다. 상장에 맞추어 내부 컴플라이언스도 점검해야 하지만, 김 대표는 이를 '사회적 기업의 가능성을 증명하는 과정'으로 여기고 있다. 또한, "IPO 도전이 더 많은 사회적 기업에게 가능성과 희망을 줄 수 있다면, 그것만으로도 의미 있다"고 전한다.

최근 유디임팩트는 생성형 AI와 자동화를 도입, 창업 교육 시스템을 혁신 중이다. 기존에는 사람 중심의 코칭 교육을 제공했지만, AI 전문기업 'F-Lab'을 인수한 후 'AI 동반 창업 교육'으로 서비스를 바꾸어 나가고 있다.

김 대표는 창업 초기 투자 유치를 고민하는 예비 창업자에게는 "내 비즈니스 모델이 정말 투자 유치가 필요한 구조인지 냉정하게 판단하는 것이 먼저"라며, 무분별한 투자 유치보다 실행 중심의 성과 확보가 우선돼야 한다고 강조한다. 또한, "회사 방향성에 대한 명확한 로드맵을 수립하고, 이를 팀원과 공유하며 함께 나아가는 것이 지속 성장의 열쇠"라고 조언했다.

투자자는 투자할 때 어떤 생각을 할까?

스타트업과 투자자의 관계를 보면 '화성에서 온 남자 금성에서 온 여자'가 떠오르기도 합니다. 스타트업은 투자자에 대해 기본적인 것조차 모를 때가 많아, 투자 유치 과정에 서툴고 투자자와의 의사소통이 원활하지 못하기도 합니다. 그리고 투자자는 스타트업에 대해 알고 있긴 하지만, 배려가 부족하면 스타트업이 상처를 받기도 합니다.[1] 따라서 스타트업 입장에서는 원활한 투자 유치를 위해 먼저 투자자에 대한 기본적인 이해가 필요합니다.

---

1 투자자는 매일 스타트업을 만나는 것이 업무이기에 매번 같은 설명을 반복해서 해야 하는 반면에, 스타트업은 새로운 투자자를 만나는 빈도가 낮기에 투자자에 대한 기본 사항을 미리 파악해야 시행착오를 줄일 수 있음

II. 투자자는 투자할 때 어떤 생각을 할까?

1.
투자자,
이렇게 나뉜다

투자자는 투자자 유형별, 투자 계약 주체의 유형별,
그리고 단계별로 나뉠 수 있으며, 각각에 대해 알아보겠습니다.

투자자의 유형

다음에 나오는 도표는 일반적으로 접하는 국내의 주요 투자자 유형을 관련 법규에 따라 정리한 것입니다. **이 표를 보면 스타트업 입장에서는 "이렇게 복잡한 투자자 유형을 하나씩 정확하게 인지해야 하나?"라는 걱정이 들 수가 있습니다. 하지만 그럴 필요까지는 없으니 안심하고, 분류에 따른 대략적인 특성만 알고 있으면 됩니다.** 예를 들어 프랑스 와인을 구분할 때 원산지나 등급별로 구분하면 무척 복잡하지만, 이와 달리 레드/화이트/로제와 같은 와인의 기본 종류나 까베르네 소비뇽/쉬라즈/멜롯과 같은 포도의 품종별로만 구분하여도 해당 와인의 대략적인 속성을 예상할 수 있듯이 말이죠.

실제 포트폴리오사가 후속 투자를 유치할 때 간혹 저도 해당 투자자가 벤투사(벤처투자회사)인지 LLC(유한책임회사)인지 아니면 신기사(신기술사업금융전문회사)인지가 헷갈릴 때도 있습니다. 그러나 예외적으로 투자에 제약이 있는 업종이 아니라면 벤투사/LLC/신기사의 차이가 별로 없어 크게 의식하지 않는 편입니다. 다만 투자자 유형별로 협회가 별도로 있고, 협회별로 홈페이지가 따로 존재하긴 합니다.

투자자 유형과 예시

조직	분류	투자규모	투자자 유형과 예시	관할 부처
개인	엔젤	대체로 아래로 갈수록 투자금이 큰 편임	개인 엔젤	중소벤처기업부
			전문개인투자자	중소벤처기업부
			투자형 크라우드 펀딩 예) 오픈트레이드	금융위원회
			엔젤클럽(엔젤 네트워크) 예) AI엔젤클럽/초기의 매쉬업벤처스	중소벤처기업부
조직	소형 VC		창업기획자(액셀러레이터) 예) 매쉬업벤처스/프라이머	중소벤처기업부
			산학연협력기술지주회사(이하 기술지주회사) 예) 서울대학교/연세대학교 기술지주회사	교육부
	일반 VC		창업·벤처전문 사모집합투자기구 운용사 (이하 창업·벤처 PEF 운용사) 예) 베이스벤처스/패스트인베스트먼트	금융위원회
			벤처투자회사(이하 벤투사) 예) 한국투자파트너스/SBVA	중소벤처기업부
			유한(책임)회사(이하 LLC) 예) 뮤렉스파트너스/프리미어파트너스	중소벤처기업부[2]
			해외펀드 운용사 예) 500 Global Management Korea /Altos Ventures	국적에 따른 관할 국가 기관
	일반 금융권		신기술사업금융전문회사(이하 신기사) 예) 포스코기술투자/하나벤처스	금융위원회
			기타 금융기관 (은행, 증권사, 자산운용사, 캐피탈, 보험사) 예) 신한은행/DS자산운용	금융위원회
			기관전용 사모집합투자기구 운용사 (이하 기관전용 PEF 운용사) 예) 스톤브릿지캐피탈/IMM PE	금융위원회
	공공기관 직접 투자		한국벤처투자(KVIC)	중소벤처기업부
			기술보증기금	중소벤처기업부
			신용보증기금	금융위원회
	일반 법인		일반 주식회사 예) GS 홈쇼핑/초기의 프라이머	(별도로 없음)

※ 참고: (부록) '2. 국내 주요 투자자 유형'

해외에서는 보통 펀드별로 유한책임회사(Limited Liability Company) 형태의 운용사를 각각 설립하는 구조입니다. 이와 달리 국내에서는 대부분 주식회사 형태인 하나의 운용사가 다수의 펀드를 운용하는 구조이며, 투자자 유형별로 관련 법규에 차이가 있습니다. 국내는 펀드 결성에 대한 규제가 엄격한 편인데, 관할 부처[3]별로 필요성에 따라 포지티브 방식(Positive Listings)[4]으로 투자자에 대한 법규가 하나씩 제정되고 개선되어 왔습니다. 2023년 12월에 시행된 '벤처투자 촉진에 관한 법률'에서는 기존의 중복되고 복잡한 법규들을 일부 통합했는데, 앞으로도 관련 법규들을 통합하고 정리하여 더욱더 간단하고 명료하게 개선해 나갈 것으로 기대합니다.

2 벤처투자조합을 운용하는 경우에 한함

3 투자자 유형에 따른 관할 부처를 의미하며, 결성한 펀드에 따른 관할 부처는 다를 수도 있음. 예를 들어 신기사는 금융위원회 관할이고 주로 '신기술사업투자조합'을 결성하지만, 만약 '벤처투자조합'을 결성하면 이에 대한 관할은 중소벤처기업부가 됨

4 미국의 경우 금지한 것 외에는 모두 허용하는 '네거티브 방식(Negative Listings)' 법규가 주를 이루지만, 한국은 법적으로 가능한 것들을 모두 열거해야만 하는 '포지티브 방식'을 주로 채택하다 보니, 새로운 분야의 사업은 관련 법안이 제정되기 전에는 제약이 많은 편임

벤처캐피털(Venture Capital, 이하 VC): 혁신적인 요소를 갖추고 장래성이 있으나 매출과 담보 부족으로 자금 조달이 힘든 스타트업에 주로 투자하는 기업이나 기업의 자본을 의미함. 이러한 투자는 리스크는 크지만 성공 시에 무척 큰 수익을 얻을 수 있는 모험 자본 성격이 강함.

액셀러레이터(Accelerator)[5]: 초기 스타트업에 투자와 함께 종합적인 조력을 통해 스타트업의 성장을 가속화하는 기업을 뜻함. 최근에는 초기 단계의 VC(Early Stage VC)가 액셀러레이터와 유사한 시드(Seed) 단계에서 투자를 진행하기도 하고, 간혹 별도의 조력 프로그램을 운영하기도 함. 그리고 액셀러레이터가 초기 단계의 VC와 비슷한 규모의 자금을 투자하기도 하고,[6] 조력보다 투자에 조금 더 집중하는 경우도 있음. 따라서 초기 단계의 VC와 액셀러레이터 간 경계가 일부 허물어진 편임.

다양한 투자자 유형별로 각각 관련된 법규에 근거하여 필요한 자본금 규모나 기타 요건, 그리고 투자 분야에 대한 제약이나 세제 혜택 등의 규정상 차이가 있고, 투자 규모와 투자 단계가 조금씩 다르다고 보면 됩니다. 그리고 '개인 엔젤'부터 밑의 '기관전용 PEF 운용사'까지는 아래로 갈수록 대체로 투자금의 규모가 비슷하거나 상대적으로 더 큰 편입니다.[7] 그러므로 도표 위쪽의 투자자 유형은 초기 투자자일 가능성이 크고 아래로 갈수록 중기나 후기 투자자일 가능성이 큽니다. **크게 엔젤, 소형 VC, 일반 VC, 일반 금융권, 공공기관 직접투자,**

---

5 국내에서는 '창업기획자'가 '액셀러레이터' 형태의 투자자 유형을 의미하는 법적 용어인데, 본 책에서 '액셀러레이터'는 창업기획자를 포함해 액셀러레이터 역할을 하는 모든 투자자를 지칭함

6 개정된 '벤처투자 촉진에 관한 법률' 시행에 따라 일부 창업기획자가 벤투사와 같은 '벤처투자조합'을 운용할 수 있게 됨

7 투자금 규모나 투자 단계가 꼭 이 순서대로인 것은 아님. '에이티넘인베스트먼트'는 벤투사이지만 일반적인 신기사보다 더 큰 규모의 펀드를 운용중임

일반 법인으로 분류할 수 있는데, 분류에 따른 속성은 다음과 같습니다.

A 엔젤

개인 엔젤, 전문개인투자자, 엔젤클럽 같이 개인 혹은 그룹으로 투자하거나, '투자형 크라우드 펀딩'처럼 온라인 플랫폼을 통해 개인 투자자들이 그룹으로 투자를 진행하는 방식입니다. 기관투자자(Institutional Investor)[8]와 달리 대체로 각 개인의 판단에 따라 투자를 결정하게 되며, 엔젤클럽의 경우 조직적으로 의사 결정을 하기도 합니다.

B 소형 VC

'소형 VC(Micro VC)'는 일반적인 VC에 비해 작은 규모의 펀드를 운용하는 VC를 의미합니다. 크게 보면 창업기획자도 일종의 소형 VC로 분류할 수 있습니다. 기술지주회사의 경우에는 유연한 투자를 위해 창업기획자 라이선스를 동시에 가질 때도 많습니다.

투자자가 창업기획자와 창업-벤처 PEF 운용사 중 어느 투자자 유형으로 설립할지를 고민할 때도 많은데, 창업-벤처 PEF 운용사는 보통 소형 VC나 일반 VC 역할을 합니다.

---

8 개인 투자자에 대한 상대적인 개념으로 VC를 포함한 법인 형태의 투자사를 의미함

C 일반 VC

벤투사, LLC, 그리고 해외펀드 운용사는 모두 일반 VC로 분류할 수 있습니다.

투자자가 벤투사와 신기사 중 어느 투자자 유형으로 설립할지 고민하기도 하는데, 신기사가 최소 자본금 요건이 더 높고 규제 사항에 차이가 있습니다. **신기사의 경우 모두가 일반 VC 역할을 하는 것은 아니며, 상당수는 스타트업이 아닌 다른 분야에 주로 투자를 진행하는 일반 금융기관에 가깝기도 합니다.**

D 일반 금융권

일반 금융기관의 경우 모험자본 성격이 약하기에, 스타트업이 주 투자 대상은 아닙니다. 이 중 일부 스타트업 투자 경험이 많은 곳은 VC와 유사한 형태로 스타트업에 투자를 진행하기도 하지만, 다른 곳들은 투자 기준이나 투자 의사 결정 과정 등 운용 구조가 일반 VC와는 다르며 더욱 빠른 투자금 회수를 원하기도 합니다. 그리고 '사모펀드'[9]로 불리기도 하는 기관전용 PEF 운용사는 주로 크게 성장한 스타트업이나 일반 기업에 한정하여 투자를 진행하는 편입니다.

---

9   넓은 의미의 '사모펀드'는 공모방식이 아닌 비공개적으로 소수의 출자자로부터 출자받는 사모방식의 펀드를 의미하나, 국내에서는 '사모펀드'가 관례적으로 좁은 의미의 바이아웃(Buy-Out) 투자방식의 기관전용 PEF를 의미하기도 함

case

스타트업 투자 경험이 많은 자산운용사의 경우, 스타트업 투자를 전체 운용자산의 일부분으로만 국한하여 포트폴리오를 관리하기에 펀드 환매를 요청받으면 환금성이 좋은 상장사 주식부터 먼저 매도하게 됩니다.[10] 그러나 스타트업 투자경험이 적은 자산운용사의 경우 포트폴리오의 구조적인 문제로 인해 스타트업에 대한 투자금의 빠른 회수가 필요하기도 합니다.

E 공공기관 직접 투자

최근에는 한국모태펀드를 통한 간접 투자가 주 업무인 한국벤처투자와 중소기업/스타트업 대출에 대한 보증이 주 업무인 기술보증기금/신용보증기금도 스타트업에 직접 투자를 일부 진행하고 있습니다.

F 일반 법인

펀드 결성을 대체할 목적으로 일반 주식회사 형태로 설립하여 스타트업에 투자하는 경우에는 일반 VC와 크게 차이가 없는 편입니다. 그리고 전략적 투자 경험이 많은 기업도 일반 VC와 유사한 투자 기준과 투자 의사 결정 과정을 갖추고 있습니다. **하지만 스타트업 투자경험이 부족한 일반 기업의 경우, 일반 VC와는 의사 결정 과정에 차이가 있으며 VC가 먼저 투자를 결정하고 리드해야만 공동 투자를 진행할 때가 많습니다.**

---

10 자산운용사는 일반 VC와 달리 언제든지 환매가 가능한 '개방형 펀드'를 주로 운용함

투자 계약 주체의 유형

투자 자금의 유형은 ICO(Initial Coin Offering)[11]처럼 예외적인 경우를 제외하면 다음과 같은 세 가지로 나눌 수 있으며, 각 투자 자금 유형에 따라 투자 계약 주체가 달라집니다. 그리고 주주명부에는 각 투자 계약 주체가 등록됩니다.

투자 자금 유형 및 투자 계약 주체별 사례

투자 자금 유형	투자 계약 주체	사례
개인	개인	개인 엔젤 투자 엔젤클럽의 개인별 투자[12] 투자형 크라우드 펀딩[13]
법인	일반 기업 기관투자자	자기자본 투자[14]
펀드	기관투자자가 결성한 펀드	펀드(투자조합/합자회사) 투자[15]

스타트업 입장에서는 투자 계약 주체가 법인(일반기업/기관투자자)과 펀드일 경우 투자에서 거의 차이를 못 느낄 것입니다. 그러나 투자

---

11 새로운 암호화폐나 토큰을 발행하여 투자자들에게 판매하고, 그 대가로 자금을 모으는 방식
12 개인투자조합 형태가 아닌 다수의 엔젤 투자자가 각각 계약 주체가 되어 동일한 조건으로 엔젤 투자하는 경우, 개개인이 주주명부에 등록됨
13 개개인이 주주명부에 등록됨
14 일반 기업 혹은 투자사가 주주명부에 등록됨. 펀드 결성 대신 법인을 설립하여 투자하는 경우에도 해당됨
15 투자사가 아닌 'XX개인투자조합', 'XX벤처투자조합'과 같은 펀드명이 주주명부에 등록됨

계약 주체가 개인일 경우 일부 또는 큰 차이를 느낄 수 있습니다.

`case`

'매쉬업벤처스'의 경우 창업기획자 법안이 제정되기 전까지는 '엔젤클럽' 형태로, 제정 이후에는 '자기자본' 형태로, 다시 펀드 결성 이후에는 '펀드(조합)' 형태로 투자를 진행하고 있습니다. 스타트업 입장에서 '매쉬업벤처스'의 자기자본과 펀드 형태 투자는 차이가 없지만 엔젤클럽 형태 투자는 일부 차이점이 있습니다. '매쉬업벤처스' 정책상 담당 파트너 1인에게 위임하여 일원화된 채널로 관리하지만, 구주매각 기회가 있을 땐 개인별로 선택할 수 있다는 점이 자기자본이나 펀드 형태 투자와의 차이점이죠.

한 명의 개인이 계약 주체일 때에는 투자금이 기관투자자보다 소규모일 가능성이 높고 스타트업에 주는 조력이 조직적이지 못할 가능성이 있습니다. 그러나 개인의 여유 자금 규모와 능력에 따른 편차가 크기 때문에, 실력 있는 엔젤 투자자가 기관투자자보다 조력 측면에서 더 큰 도움을 줄 때도 있습니다.

그리고 구조상 담당자가 따로 없는 투자형 크라우드 펀딩이나, 단일화된 창구와 명확한 의사 결정 구조가 없는 일부 엔젤클럽은 법인이나 펀드 형태 투자와 차이점이 큽니다. '특정금전신탁' 형태도 관리자보다 각 위탁자의 의견을 따르는 경우엔 마찬가지입니다. **이런 경우엔 각 자금 출자자별로 서로 다른 개인 의견을 개진할 가능성이 높아, 다수의 투자 계약 주체들과 별개의 채널로 소통해야 하는 이슈가 생길 수 있죠.**

투자형 크라우드 펀딩은 온라인 플랫폼을 통해 전문 투자자가 아닌 일반인으로부터도 편리하게 투자 유치가 가능한 장점이 있습니다. 하지만 일반인의 투자 한도가 소액으로 제한되기에, 필요한 투자금 규모가 클 때 크라우드 펀딩과 연계된 매칭 펀드(Matching Fund)[16]의 투자가 없다면 상당한 수의 투자자가 필요하다는 점과 이에 따른 복잡한 소통의 이슈, 명의 개서 절차가 복잡하다[17]는 점이 단점입니다.

단계별 투자자 분류

투자 유치는 한 번으로 끝나는 것이 아니라 대부분 여러 라운드에 걸쳐 진행됩니다. **소규모의 종잣돈을 마련하는 시드 라운드(Seed Round) 이후 단순히 VC로부터의 투자 유치 순서에 따라 시리즈(Series) A, B, C, D, E와 같이 부르는데, 이러한 용어는 미국 실리콘밸리의 관행을 국내로 가져온 것입니다.**[18] 국내에서는 시리즈 A 이전을 브릿지 투자[19]라고 생각하여 '프리 시리즈 A(Pre Series A)'[20]라는 용어도 많이 쓰는 편입니다.

때로는 투자 라운드별로 기준이 되는 투자 금액이나 기업가치를 임의로 정의하기도 하는데, 실제로는 스타트업별/투자자별/시기별 생

---

16 투자자가 투자할 때 특정한 요건을 충족시키면 이에 매칭하여 공동 투자하는 펀드. 투자 활성화를 위한 정책 펀드로서 별도의 투자 심의를 요함

17 크라우드펀딩 성공 후 발행 회사는 주주명부 관리 및 증권 관련 업무를 대행할 명의 개서 대리인(주로 한국예탁결제원)을 선임해야 함. 그 후 통일주권으로 변경하여 증권계좌로 입고하여야 함

18 처음에는 우선주의 발행 순서에 따라 첫번째 우선주는 시리즈 A, 두번째 우선주는 시리즈 B와 같이 불렀으나, 어느 시점부터 소규모 첫번째 투자는 별도로 시드(Seed)로 부르게 됨

19 투자 라운드 사이의 중간 단계의 투자를 의미하며, 충분한 자금을 조달하기보다는 일시적으로 필요한 자금만 확보하는 편임

20 해외 투자자의 경우 A1, A2와 같이 표기하기도 함

각하는 기준은 모두 제각각인 편입니다. 그렇지만 관련하여 가이드를 원하는 스타트업도 많기에, 주관적이지만 제가 느끼는 2025년 현재의 각 투자 라운드별 투자 금액과 기업가치, 그리고 대략적인 단계는 다음과 같습니다.

참고로 주로 국내 IT 분야 스타트업 기준입니다.[21]

투자 라운드별 투자 금액 및 기업가치

단계	투자 라운드	투자 금액	기업가치[22]
초기	시드	수천만~수억 원	~50억 원
초기	프리 시리즈 A	5~20억 원	50~150억 원
중기	시리즈 A	20~50억 원	150~300억 원
중기	시리즈 B	50~200억 원	300~800억 원
후기	시리즈 C	수백억 원	800~1,500억 원
후기	시리즈 D,E,F /프리 IPO[23]	수백억~1,000억 원 이상	수천억 원 이상

21 같은 투자 라운드라도 제조/바이오 분야는 투자 금액과 기업가치가 보다 높은 편이며, 미국/중국은 시장 크기에 비례하여 국내에 비해 더욱 높은 편임

22 투자 유치 이후의 기업가치 기준(Post Money Value)

23 IPO(Initial Public Offering: 기업공개)를 하기 이전에, 향후 몇 년 내에 상장하겠다는 조건으로 투자 유치하는 것을 의미함

case

위의 기준으로 보면 예를 들어 '매쉬업벤처스'는 시드 투자에 조금 더 주력하는 초기 투자자에 해당되고, '본엔젤스'는 프리 시리즈 A와 시리즈 A 투자에 주력하는 투자자에 가까우며, 'DSC인베스트먼트'는 시리즈 A, B 투자가 주력이고, 국내 최대 규모의 단일 벤처펀드를 운용하는 '에이티넘인베스트먼트'는 시리즈 B, C, D 투자가 주력이라고 볼 수 있습니다. 그리고 시리즈 C 정도부터는 VC 외에 사모펀드도 참여하는데, '소프트뱅크 비전펀드'는 세계 최대의 사모펀드로서 시리즈 D, E, F와 같이 유니콘[24]이나 데카콘[25] 기업에 주로 투자하죠.

그리고 국내에서 초기/중기/후기의 단계별 투자자들의 특성이나 투자 스타일에 차이가 꽤 있는 편입니다. 뒤로 갈수록 투자자의 기대치와 눈높이도 높아지기에, 단계별로 투자 시 고려하는 요소나 의사 결정 구조와 소요 기간에도 차이가 있으며, 그 차이는 다음과 같습니다.

단계별 투자자의 특성

A 초기 투자자(시드/프리 시리즈 A) - 씨를 뿌리다

주요 투자자 분류: 엔젤, 소형 VC

대다수의 스타트업은 이 단계의 투자자로부터 첫 투자를 받을 것입니다. 초기 투자자는 비즈니스 모델이 아직 제대로 검증되지 않았더

---

[24] 기업 가치 10억 달러 이상의 비상장 기업. 상장하기 전에 10억 달러 이상으로 성장하는 것은 마치 유니콘처럼 상상 속에서나 가능하다는 의미로 사용됨

[25] 기업가치 100억 달러 이상의 비상장 기업. 접두사 데카(deca)는 10을 의미하여 유니콘의 10배 기업가치를 의미함

라도, 팀의 역량이 뛰어나고 비즈니스 모델의 가능성이 보이면 초기 스타트업이라도 투자를 진행하기도 합니다.

투자 여부는 주로 팀과 비즈니스 모델을 통해 판단하는데, 프리 시리즈 A의 경우 비즈니스 모델의 실현 가능성을 판단하기 위해 가설 검증과 어느 정도 지표를 요구할 수도 있죠. 의사 결정 절차도 비교적 간소화되어 있고 빠른 편이며, 특히 시드 투자의 경우 첫 미팅부터 한 달 이내에 투자 계약이 완료되기도 합니다.

B 중기 투자자(시리즈 A, B) - 검증된 가설에 기반해 본격적으로 성장하다

주요 투자자 분류: 소형 VC, 일반 VC, 일반 금융권

중기 투자자는 팀 이외에도 비즈니스 모델의 가능성이 제대로 검증되어 어느 정도 서비스나 수익 모델 지표를 명확히 보여주며, 본격적인 성장을 앞둔 스타트업을 주 대상으로 투자합니다.

case

초기의 '카카오'처럼 향후 거대 플랫폼으로 성장할 가능성이 보인다면 서비스 지표만으로도 투자가 진행되기도 하지만, 중기 투자자는 대체로 수익 모델에 대한 검증도 요구하는 편입니다. '스타일쉐어'의 경우 다른 투자 라운드에 비해 시리즈 A 투자 유치 때 난이도가 있는 편이었는데, 서비스 지표는 좋았지만 투자자에게 수익 모델에 대한 확신을 조금 부족하게 주었기 때문입니다. 테크 스타트업의 경우에도 B2B영업의 초기 성과를 어느 정도 보여주거나, 혹은 지식재산권의 탄탄한 확보나 임상시험 등 기술적 가치의 진전 사항을 보여주길 원합니다.

그리고 최근엔 투자 혹한기로 인해, 중기 투자자도 예전의 성장 제일주의보다는 보수적으로 수익성을 더 많이 고려하는 편입니다. 중기 투자자 중에서도 시리즈 B 투자자는 손익분기점 근처에 도달한 스타트업 투자를 선호하는 경향이 있으며, 현실적인 측면에서 회수 가능한 시점을 검토하기도 하죠. 전반적으로 의사 결정도 조금 더 절차를 갖추게 되고 기간도 수개월에서 길면 반년 정도가 소요되기도 합니다.

C 후기 투자자(시리즈 C, D, E, F/프리 IPO) – 성장뿐만 아니라 본격적인 수익을 실현하고 성공궤도에 안착하다

주요 투자자 분류: 일반 VC, 일반 금융권

후기 투자자는 본격적인 성장을 이룬 성공궤도에 안착한 스타트업이나, 조만간 상장이나 대형 M&A가 가능한 기업을 대상으로 투자합니다. 후기 투자자로부터의 투자 유치를 위해서는 이미 손익분기점을 넘어 흑자 전환이 이루어져야 가능성이 큽니다. 그렇지 않다면 당분간 적자일지라도, 거대 플랫폼을 선점하고 있거나 바이오 업종처럼 잠재적인 미래가치가 매우 커야만 하죠. 그리고 후기 투자자는 점점 고착되어가는 경쟁사 간 시장 점유율도 고려하기에, 확장을 위해 다른 기업과의 M&A가 필요할 때도 있습니다.

이 단계는 상장 시장과도 직접적인 관련이 많습니다. 그러다 보니 VC 업계 외에 주식시장의 동향에도 영향을 받아, 후기 투자자에게 인기 있는 분야나 적정 기업가치가 여의도 증권가와 연관성이 높아지게 되죠. 최근에 상장 시장이 좋지 않아 대형 스타트업의 기업 가치도 따라서 디스카운트 되기도 했죠. 대규모 자금이 투자되는 만큼 투자 의사 결정도 더욱 신중해지게 됩니다.

재무적 투자자 vs 전략적 투자자

단계별 투자자 외에 재무적 투자자와 전략적 투자자의 차이점에 대해서도 알아둘 필요가 있습니다. 투자 목적이 서로 다른 부분이 있기 때문이죠.

A 재무적 투자자(FI: Financial Investor)

재무적 투자자는 투자한 기업이 크게 성장하여 기업가치가 높아지면, 적절한 시점에 투자금을 회수하여 수익을 얻는 것을 주목적으로 하는 투자자입니다. 일반적인 개인 투자자나 VC, 그리고 일반 금융기관 등 대부분의 투자자가 여기에 해당합니다.

스타트업 입장에서 재무적 투자자의 장점은, 특정 기업과의 이해관계가 없기 때문에 전략적 투자자에 비해 중립적이라는 점입니다. 투자사가 단지 특정 기업의 계열사라고 해서 전략적 투자자인 것은 아니며, 투자사의 투자 목적과 전략, 그리고 해당 펀드의 목적과 주요 출자자에 따라 재무적 투자자일 수도 있습니다.

> case

만약 '카카오'가 전략적인 목적으로 투자해 큰 지분을 가진 스타트업이라면, 경쟁사인 '네이버'나 '네이버'와 관련된 기업과 사업 제휴를 하기가 쉽지 않을 수 있습니다. 반면에 재무적 투자자가 투자한 스타트업은, 중립적인 입장에서 특별한 제약 없이 어떠한 기업과도 협력할 기회를 가질 수 있죠.

B 전략적 투자자(SI: Strategic Investor)

투자 수익을 얻는 것 외에 다른 목적도 가진 투자자입니다. 전략적 투자 목적으로 가볍게는 시장 동향을 파악하기 위한 것부터 기존 사업과 전략적 시너지를 모색하거나, 신기술 확보/신사업 발굴까지 여러 경우가 있습니다. 해당 기업이 직접 투자하거나 계열사인 CVC를 통해 투자하기도 합니다.

> CVC(Corporate Venture Capital): 단순히 특정기업 계열사 투자사라는 의미보단, 모기업/계열사에서 주로 자금을 출자하고 모기업/계열사의 사업과 시너지가 나도록 포트폴리오를 구성하는 VC. 계열사의 인프라와 네트워크를 활용해 포트폴리오사의 성장을 도움. 예를 들어 '네이버'가 AI 스타트업에 투자하는 것은, 투자 수익 외에 본사의 AI 기술과 시너지를 내기 위한 경우가 많음.

전략적 투자자의 장점은 계열사의 인프라/네트워킹 지원이 가능하다는 점입니다. 그리고 투자 수익성이 다소 불확실하더라도 모기업/계열사의 사업과 시너지가 크다면, 재무적 투자자보다 적극적으로 투자를 진행할 수도 있습니다. 반면에 단점은 사업을 진행할 때 투자사의 경쟁 기업으로부터 견제를 받을 수 있다는 점입니다.

`case`

한 딥테크 스타트업은 비즈니스 모델의 속성상 문샷(Moon Shot)[26]인 측면이 있어, 재무적 투자자는 펀드의 기한내에 회수가 가능할 지 의문을 품었습니다. 그러나 전략적 투자자는 장기적인 관점에서 모회사와의 시너지를 고려하여 투자를 진행하였죠.

C 재무적 투자자와 전략적 투자자 중 누가 우리에게 맞을까?

일반적으로 초반에는 중립성을 고려하여 재무적 투자자로부터 투자 유치를 하고, 어느 정도 성장한 뒤 필요하다면 시너지를 낼 수 있는 전략적 투자자로부터 투자 유치를 하는 것으로 많이 이야기하는 편입니다. 그렇지만 최근엔 전략적 투자자도 예전과 달리 적극적으로 초기 단계에서도 투자를 활발히 하는 편이고, 스타트업도 시너지를 위해 초기 단계에서 전략적 투자자로부터 투자 유치를 하기도 하니, 각자 상황에 따라 장단점을 잘 판단하여 결정하면 됩니다. **스타트업과 전략적 투자자 간에 서로 시너지가 아주 크다고 판단된다면 향후 M&A의 가능성이 생기기도 합니다.**

반면에 전략적 투자자가 큰 지분을 갖기 위해 후속 투자에 대한 우선권을 요구하기도 하고 간혹 사업 관련 독점권이나 우선협상권을 요구할 때도 있으니, 그럴 경우 신중하게 판단해야 합니다. 특히 전략적 투자임에도 불구하고 특별한 조력이나 시너지를 받지 못하면서, 전략

---

26 마치 1960년대의 달 탐사선 발사처럼, 불가능에 가까워 보이는 혁신적인 프로젝트를 의미함. 대부분 장기적인 R&D를 요구하는 경우가 많음

적 투자자의 경쟁사로부터 견제만 받는 불리한 경우는 피해야겠죠.

case

실제 한 스타트업은, 어떤 전략적 투자자가 투자 계약 조건으로 독점 영업권을 요구하였고, 얻을 수 있는 시너지에 비해 대기업의 전략기획실이 계열사를 대하듯 지나친 경영간섭을 할 것을 우려하여 다른 재무적 투자자로부터 투자 유치를 하였습니다. 또 다른 스타트업은 커머스 기업이 투자하여 25%의 지분을 가지고 있었는데, 투자의 주된 목적이 회수 수익인 사실상 재무적 투자에 가까웠습니다. 그러나 25%의 지분으로 인해 초기에 투자자와 경쟁관계에 있는 커머스 업체들의 오해로 인한 견제로, 제휴를 맺는 데 1년 이상이나 소요되었습니다.

II. 투자자는 투자할 때 어떤 생각을 할까?

2.
투자자,
이런 역할을 해요

투자자의 종류에 이어, 이제 투자자의 역할에 대해 알아보도록
하겠습니다. 투자자는 단순한 자금적인 투자자 역할에서
한발 더 나아가 조력자 역할까지 하기도 합니다.

투자자는 '투자'만 할까?(투자자의 조력)

투자자의 조력을 간섭으로 생각하고 번거롭게 여기는 스타트업도 있지만, 어떤 스타트업은 추가 자금이 필요하지 않아도 투자자의 조력을 얻기 위해 전략적 측면에서 투자 유치를 하기도 합니다. **특히 경험이 부족한 초기 스타트업은 투자금 외에도 여러 가지 도움이 필요할 때가 많은데, 다양한 조력을 제공할 수 있는 투자자가 일종의 비즈니스 파트너로서 성공 가능성을 높이고 빠른 성장과 시장 선점을 도울 수도 있습니다. 투자자의 조력이 모든 스타트업에게 필수는 아니지만, 투자자를 지혜롭게 잘 활용하는 스타트업이 유리합니다.**

투자자 간 편차가 많지만, 국내 투자자가 미국 실리콘밸리 투자자에 비해 아직 부족한 부분이 투자 후의 조력 부분입니다. 밥을 사고 격려하고 응원하는 것부터 시작해서 다양한 지원까지 투자자별 조력에 차이가 있겠지만, 비즈니스 네트워킹과 후속 투자 유치 지원, 이렇게 두 가지 정도는 기본적으로 지원하는 것이 바람직하다고 봅니다. 그러면 투자자로부터 어떤 도움을 받을 수 있을까요?

네트워킹

네트워킹은 사업 관련된 네트워킹과 구인 관련된 네트워킹으로 나눌 수 있습니다.

초기 스타트업일수록 적합한 협력업체나 고객사를 찾아 직접 콜드 콜[27] 형태로 연락하더라도 바로 미팅으로 연결되기가 쉽지 않은 편입니다. 또한 업계에서 정보를 얻지 못해 협력이나 영업을 하기에 적합한 업체가 어디인지조차 제대로 파악하지 못한 경우도 있습니다. **관련 업계의 네트워크가 풍부한 투자자라면, 다양한 협력업체 후보나 고객사 후보에 대한 미팅 주선이 가능할 것입니다.**

그리고 네트워킹 중 선배나 동료 스타트업으로부터 배우는 '**동료 학습(Peer Learning)'도 의미가 큽니다.** 다양한 포트폴리오사를 보유하고 이들 간 네트워킹에 적극적인 투자자로부터 투자를 받는다면, 포트폴리오사(다른 피투자 스타트업) 간의 정보교환과 서로 협업할 기회도 많이 생길 것입니다.

case

'와이콤비네이터(Y Combinator)'의 경우 동문 같은 분위기 속에서, 선배 스타트업의 후배 스타트업에 대한 도움이 좋은 전통으로 자리 잡았습니다. 저도 '다음(Daum)'에서 14년간 경험하고 배운 것과는 별개로, 2008년 하반기부터 본격적으로 초기 투자를 시작하면서 스타트업과 함께 경험하며 창업자들이 필요로 하는 것이 무엇인지를 더 많이 배웠습니다.

대외 인지도가 아직 약한 스타트업 입장에서는 구인에도 여러모로 힘든 점이 많습니다. 유명 투자자로부터 투자를 받을 경우 대외 인지도를 확보할 수 있으며, 구인 후보에게 어느 정도 검증받은 스타트업이라는 인식을 줄 수도 있습니다. 또한 투자자는 인맥을 통해서 스타트업의 시행착오를 줄일 수 있는 경험을 갖춘 주요 시니어 인력을 소

---

[27] 수신자를 직접 알지 못하는 상태에서 연락하는 것

개해 주기도 합니다. 주니어/신입/인턴 인력의 구인은 대학이나 관련 업체와의 협력을 통해 지원해 주기도 합니다.

후속 투자 유치, M&A, 상장

후속 투자 유치 지원은 대체로 스타트업 피칭 행사(데모데이)와 같은 간접적인 소개나 적절한 투자자 후보에 대한 직접적인 소개를 통해 진행하게 됩니다. 인지도가 높고 투자자 네트워크가 좋은 투자자일수록, 적합한 후속 투자자 후보를 소개받기에 유리할 것입니다. **그리고 적극적인 투자자라면 소개뿐만 아니라 투자 유치 전략이나 IR(Investor Relations: 기업 설명 활동)[28] 자료에 대한 자문 등 투자 유치 전반에 걸쳐 조언을 제공합니다.**

`case`

데모데이는 초대받은 사람(주로 투자자)만 참관할 수 있는 비공개 데모데이와 신청하면 누구나 참관할 수 있는 공개 데모데이로 나눌 수 있습니다. 전자는 투자자만을 대상으로 하기에 IR 성격이 강한 편이고, 후자는 투자자와 대중을 대상으로 하기에 IR과 PR(Public Relations: 홍보)[29] 성격이 복합적인 편이죠. 초기 투자 유치는 데모데이를 통해 관심 있는 투자자의 눈길을 끌어 후속 미팅으로 진행될 기회가 많지만, 후기 투자 유치는 이보다는 1:1 소개를 통해 진행할 때가 더욱 많습니다.

---

28 투자자들을 대상으로 기업의 경영 현황과 관련 정보를 제공하고 홍보하는 것을 의미
29 IR과 달리 투자자가 아닌 일반대중을 상대로 기업의 활동을 알리며 홍보하는 것을 의미

그리고 후속 투자 유치뿐만 아니라 M&A나 상장 관련해서도 경험 있는 투자자의 조력이 도움이 됩니다. M&A 시 유의할 점이나 상장 시 준비할 점들에 대한 조언도 가능하죠.

경영 관련 조언

스타트업의 사업 방향, 전략, 마케팅, 그리고 경영 실무에 대한 투자자의 여러 조언을 통해 스타트업의 시행착오를 줄일 수도 있습니다. 연륜이 있는 투자자는 그간의 투자 경험에 기반한 다양한 인사이트를 스타트업에 제공할 수 있죠. 창업 경험이나 실무 경험도 있는 투자자라면, 실제 경험에 기반한 더욱 다양한 실무 조언도 가능합니다. 특히 해당 시장에 대해 직간접적인 경험이 있다면 많은 도움이 될 수도 있습니다.

그러나 일부 투자자의 경우, 너무 자기주장이 강해 본인의 생각만이 정답이라는 실수를 범하기도 합니다. **따라서 창업자는 타인의 조언은 항상 본인의 판단하에 받아들일지 말지를 결정해야 합니다. 이 책에 담긴 조언 역시 마찬가지입니다.**

`case`
때로는 창업 경험이나 실무 경험이 없는 투자자가 실전 경험 부족으로 이론적인 판단에 기반해 조언하기도 합니다. 그리고 창업 경험이 있는 투자자가 기존의 본인 성공방식만이 정답이라고 생각하여, 이를 일반화하여 고집스럽게 조언하는 실수를 하기도 합니다.

기타 지원 프로그램

담당 파트너/심사역만이 아닌, 조직적인 차원에서 다양한 지원 프로그램을 제공하는 투자자도 있습니다. 별도의 교육 프로그램을 갖춘 투자자도 있으며, 보통 기본적인 스타트업 경영학을 비롯하여 주제별 심화 과정 세미나, 전문가 또는 선배 스타트업과의 오피스아워 등의 프로그램을 제공합니다. 또, PR 지원 프로그램을 갖춘 투자자도 있습니다. 초기 스타트업일수록 PR에 관심이 큰 편인데, 경험 부족과 전문인력 부재로 조력이 많이 필요하기에 PR지원 프로그램도 유용합니다.

기타 외부 제휴사를 통해 ▲ 다양한 행사 ▲ 공유 오피스 할인 ▲ 클라우드 서비스 무료 크레딧 제공 ▲ 결제 서비스 할인 ▲ 폰트 무료 제공 등 다양한 프로그램을 지원하는 투자자도 있습니다. 이외에도 초기 스타트업에게 필요한 것은, 아마 여러모로 힘든 시기를 이겨낼 수 있도록 투자자가 믿음, 격려, 그리고 응원을 보내는 것일 겁니다.

투자자의 다양한 조력에 대해 알아보았는데, 최근 '자금'은 국내 스타트업 생태계에서 가장 흔한 자원이 되었습니다. 따라서 투자자 입장에서 타 투자자와의 차별점을 갖추기 위해서는, 결국 이러한 자금 이외의 '조력'이 더욱 중요해지고 있습니다. 스타트업 입장에서는 자금 외에 이러한 투자자의 조력에 대한 평가를 어떻게 잘할 것인지에 대해 고민해 볼 필요가 있습니다.

투자자의 펀드 운용 구조

투자자의 조력을 알아보았는데, 그러면 투자자는 펀드를 어떻게 운용할까요? 투자자의 운용 구조는 스타트업의 투자 유치와도 관련이 있습니다.

투자에도 '수명'이 있다고?(펀드의 운용 주기와 기간)

스타트업이 새로운 가치를 창출하여 수익을 내고자 하듯이, 투자자도 좋은 스타트업을 발굴하고 자금과 기타 지원을 통해 성장시킴으로써 기업가치를 높여 투자 수익을 내고자 합니다. 이해를 돕기 위해 국내 기관투자자의 운용 구조를 단순하게 설명하자면 다음과 같습니다.

A 펀드의 운용 주기

펀드의 운용 구조

- LP&GP 출자 → 자금조달 Fundraising
- 운용: 발굴 Deal Sourcing / 투자 Investment / 사후관리 Post-Investment Management (Startup)
- GP 관리보수
- 회수 Exit
- 수익 분배 Distribution
- GP 성과보수
- LP&GP 수익 분배

GP(General Partner: 업무집행조합원/무한책임조합원)[30]
펀드의 채무에 대해서 무한책임을 지는 조합원. 투자와 관련한 발굴과 심사 및 전반적인 펀드 운용을 맡는 주체로서 보통 투자사를 의미함. 일반적으로 GP는 관련 법규에 따라 펀드에 일정 비율 이상을 의무적으로 출자해야 함.
예) 창업기획자, 벤투사, LLC, 신기사 등

LP(Limited Partner: 유한책임조합원)
출자자 중 펀드의 출자액 내에서만 유한책임을 지는 조합원. 보통 정책 자금, 일반 금융권, 일반 기업, 개인이 출자하여 LP가 됨.
예) 한국벤처투자(한국모태펀드), 한국성장금융(성장사다리펀드), KDB산업은행, 국민연금, 공제회, 대기업, 중견기업, 스타트업, 개인 등

투자자는 법인 자본 출자 또는 펀드 출자 형태로 자금 조달을 하기 위해 출자자를 먼저 구해야 합니다. 스타트업이 투자 유치를 하듯 투자자도 출자자 후보에게 ▲ 어떤 팀(파트너/심사역/매니저)으로 구성되어 있으며 ▲ 기존 투자 성과는 어떠하고 ▲ 어느 정도 규모의 펀드를 구성하여 ▲ 어떤 목적으로 어떻게 운용할지 전략을 설명해야 하죠. **스타트업이 투자받는 것이 쉽지 않듯이, 때론 투자자가 출자자를 수년에 걸쳐 설득해야 할 정도로 펀드를 결성하는 것은 만만치 않습니다.**[31] 국내에는 정책 자금 출자에 기반해 결성되는 펀드가 많은 편인데, 관련 공고가 뜨면 투자자는 경쟁력 있는 제안서를 준비하여 높은 경쟁률을 뚫어야 선정될 수 있습니다.

---

30 '조합'이 아닌 '합자회사'의 경우에는 '조합원'이 아닌 '사원'
31 한 투자사 대표가 "스타트업이 10억 원 투자 유치하는 것보다 투자자가 10억 원 출자를 받는 것이 더욱 하늘의 별 따기 같습니다"라고 이야기하기도 함

자금이 조달된 이후에는 좋은 스타트업을 발굴하여 투자하고, 조력 등 사후 관리를 제대로 해야 좋은 성과를 기대할 수 있습니다. 투자자가 좋은 발굴 채널과 선구안을 가졌는지와 사후 관리 능력이 좋은지에 따라 실적에 차이가 나죠.

펀드의 만기가 다가오면 투자금을 회수한 뒤에, 청산하여 수익을 분배하고, 다시 자금 조달하는 일을 반복하게 됩니다. 투자한 포트폴리오사에 대한 회수 기회가 여유 있게 펀드 만기 전에 찾아오기도 하지만, 그렇지 않은 경우 별도의 방법으로 정리하여 펀드를 청산해야 합니다. 이때 회수된 자금에서 수익이 나면 그중 성과보수를 GP에게 지급하게 되고, 나머지는 출자자들에게 출자 비율에 따라 분배합니다.[32]

B 운용 기간

해외 VC의 펀드 운용 기간은 만기(Maturity)가 10년 이상으로 긴 경우도 있지만, 국내 VC의 펀드 운용 기간은 대부분 7~8년이 많습니다.[33] 경우에 따라 특별 결의 또는 전원 동의로 연장이 가능하기도 합니다. 일반적으로 투자자는 만기 전 회수 가능성을 높이기 위해, 스타트업에 대한 투자 기간은 전체 펀드 운용 기간의 절반이나 그 이하로 설정할 때가 많습니다. 예를 들어 운용 기간이 8년이면, 투자 기간은 4년인 경우가 많죠. 나머지 4년은 사후 관리를 하게 됩니다.

32 펀드가 아닌 자기자본으로 투자할 경우에는 관리보수나 성과보수가 별도로 설정되지 않음
33 자기자본으로 투자하는 경우 만기가 없음. 그리고 VC가 아닌 일반 금융기관의 경우 만기가 더욱 짧거나, 만기가 따로 없이 언제든지 환매가 가능할 때가 많음

스타트업 입장에서 펀드의 운용 기간과 현재 남아 있는 만기가 중요한 이유는, 운용 기간이 너무 짧으면 투자자의 회수에 대한 압박이 커질 수 있고 만기가 짧으면 이미 펀드의 투자 기간이 지났을 수 있기 때문입니다. 가급적 장기적 동반자로 함께 갈 수 있는 투자자가 좋죠.

투자자는 어떻게 수익을 얻을까?(관리보수, 성과보수)

A 관리보수(Management Fee)

외식 업체에서 재료비 외에 인건비나 식당 임대료 등의 비용이 들듯이, 투자자 역시 투자금 외에 인건비나 사무실 임대료 등의 비용이 필요합니다. **투자자는 일반적으로 연 단위로 펀드의 일정 비율이 수수료로 지급되는 '관리보수'와 회계감사와 법무 처리 등에 적용되는 '운영경비'로 이러한 비용들을 냅니다.** 그리고 펀드가 수익을 내면 그에 따른 성과보수를 통해 이익을 얻게 되죠.

상장사 주식 펀드의 경우, 수천억 원 규모의 펀드를 단 2~3명의 투자인력만으로 운용하기도 합니다. 그러나 VC의 경우 이보다 작은 규모의 펀드를 더 많은 인원으로 운용해야 하므로, 때로는 관리보수만으로는 비용을 감당하기 힘들기도 합니다. 따라서 부족한 관리보수를 늘리기 위해, 단일 펀드의 규모를 키우거나 또는 여러 개의 펀드를 만들어 총 운용자산(AUM: Asset Under Management)을 늘리려는 경향이 있습니다.

B 기준수익률(Hurdle Rate)과 성과보수(Carried Interest)

헤지펀드(Hedge Fund)[34]로부터 유래한 방식으로서, 투자자는 보통 펀드를 청산할 때 수익이 나면 약정한 기준수익률(예: 연 수%)을 초과하는 부분에 한해 일정 비율(예: 20%)을 성과보수로 가져가게 됩니다. 금리가 낮은 시기에는 낮은 IRR(Internal Rate of Return: 내부수익률[35]) (예: 연 5% 이하)을 기준 수익률로 하기도 했지만, 금리가 높은 시기에는 높은 IRR(예: 연 8% 이상)을 기준 수익률로 하기도 합니다.

투자자 입장에서는 펀드 운용 자금에서 관리보수와 운영경비를 제하고도 기준수익률을 초과 달성해야만, 성과보수를 받을 수 있습니다. 이를 위해 실제 스타트업에 투자하는 투자금 대비 회수금은 더욱 커야 하므로, 목표수익률은 기준수익률보다 더 높습니다. 그리고 실패하는 포트폴리오사까지 고려한다면, 성공하는 포트폴리오사의 목표수익률은 더욱 높아야만 합니다.

투자 성과는 포트폴리오사가 몇 배나 성장하였는지와 IRR이 얼마나 높은 지 두 가지로 판단할 수 있는데, 이 두 가지가 항상 일치하지는 않습니다. 스타트업 투자는 상장사 투자와 달리 장기적인 측면에서 진행되는 것이 바람직하지만, 국내에서는 출자자가 빠른 회수

---

34 어원인 '헤지(Hedge)'는 손실을 상쇄시키는 것을 의미하며, 시장 상황에 개의치 않고 다양한 방식으로 공격적으로 투자하여 절대 수익을 추구하는 펀드
35 일종의 연평균 복리 수익률로 볼 수 있으며, 이론상 IRR이 이자율보다 높으면 투자하는 것이 유리함

와 높은 IRR을 더 선호하는 경향이 있기에, 때로는 투자자도 이에 맞추는 경우도 많습니다. 그러다 보니 투자자가 캐피털 콜(Capital Call)[36]은 가급적 늦추고, 투자한 자금은 가급적 빨리 회수한 뒤 중간 정산하여 출자자에게 배분하는 방식으로 IRR 지표를 높이기도 합니다.

case

예를 들어 스타트업 A가 단기간인 1년 만에 두 배로 성장하였고 스타트업 B는 장기간인 5년 만에 열 배로 성장하였다고 가정해 보죠. 이때 배수로는 스타트업 B가 더 높지만, IRR은 스타트업 A가 더욱 높게 됩니다.

---

36 출자자가 할당된 금액을 한 번에 모두 출자하지 않고, 일부 금액을 먼저 출자하여 소진한 후 다시 추가로 출자하는 방법으로 분할 납입하는 방식

II. 투자자는 투자할 때 어떤 생각을 할까?

3.
투자자는
대박? 쪽박?

투자자의 운용 성과는 결국 투자한 포트폴리오사의 성공 및 투자금의 성공적인 회수와 관련되어 있습니다. 펀드 만기 전 어느 시점에 투자금의 몇 배를 회수할 수 있는지가 전체 펀드 수익률에 영향을 미칩니다.

투자 성공, 그 다음에는? 투자금의 회수(Exit) 방법

투자자가 투자금을 회수하는 방법은 다음과 같이 나눌 수 있습니다. 채권이나 프로젝트 형태가 아닌 주식 형태의 투자금 회수는 주주의 변동을 가져오기 때문에 스타트업에겐 민감한 이슈입니다. 그렇기에 대부분 투자자는 스타트업과 미리 얘기하고 회수를 진행합니다.

기업공개(IPO: Initial Public Offering)

'기업공개'는 창업자/직원/기존 투자자 외에 외부인을 대상으로 주식을 발행하거나 매각하여, 지분을 분산시키고 기업 경영을 공개하는 것을 의미합니다. 주로 공모[37] 형태를 활용하여, 코스피/코스닥/나스닥과 같은 주식시장에 상장하기 위한 절차 중 하나로 진행됩니다. 그리고 '상장'은 주식시장에서 매매할 수 있는 종목으로 지정하는 것을 의미합니다. 국내에서는 최근에 기술특례 상장제도를 통해 상장 심사 기준을 일부 완화하였지만, 여전히 엄격한 요건을 충족하는 일부 검증된 기업만 상장이 가능하죠.

상장을 하게 되면, 기업은 자금 조달이 용이해지고 투명성이 높은 상장 기업으로서 신뢰도가 높아지는 장점이 있습니다. 그러나 공시 등 여러 가지 관련 규약들을 엄격히 준수해야 하며, 전문 투자자가 아닌

---

[37] 신규 발행 주식에 대해 50인 이상의 일반인 대상으로 청약을 권유하는 것

일반인 주주도 많아지면서 관리 부하가 커질 수 있다는 단점도 있죠.

투자자는 기업공개와 상장 후, 주식시장에서 주식 매각을 통해 투자금을 회수하게 됩니다. **국내는 M&A 사례가 적고 주로 기업공개를 통해 성공적인 회수가 이뤄진 경우가 많기 때문에, 투자자 입장에서는 기업공개를 선호하는 편입니다.** 그래서 투자자는 보통 투자 계약서에 기업공개를 위해 스타트업이 적극적으로 협조한다는 조항을 넣죠.

인수합병(M&A)

인수합병은 인수자 우위 시장이다보니, 대부분 피인수자보다는 인수자가 아주 적극적일 때 성사 확률이 높은 편입니다. **미국 실리콘밸리와 달리 국내에서는 여러 가지 이유로 인수합병이 크게 활성화되지 못했기에, 투자자 입장에서는 회수 시장에 아직 숙제가 많은 편입니다. 따라서 국내 투자자는 회수 가능성에 대해 더욱 신경을 쓸 수밖에 없죠.**[38]

---

38 '딜리버리히어로'의 '배달의민족' 인수와 같이 예외적인 초대형 인수 사례를 제외하면, 보통 국내에서 1,000억 원 이상 기업가치의 인수는 쉽지 않은 편. 따라서 그 이상의 기업가치라면 투자금 회수를 위해 국내 대기업보다 큰 규모의 글로벌 대기업에 인수되거나 IPO가 필요할 수 있음

미국의 투자 회수 유형별 현황[39]

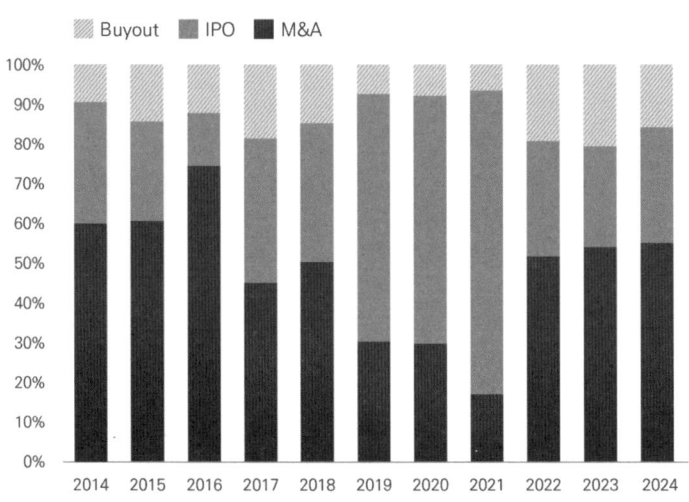

case

회수 유형을 살펴보면 미국의 경우 지난 10년간 전반적으로 M&A 비중이 가장 큰 것을 볼 수 있습니다.

---

39 출처: PitchBook Data, Inc., "Q4_2024_PitchBook-NVCA_Venture_Monitor", 2025

국내에서는 최근 대기업이나 기관전용 PEF 운용사 외에, 크게 성장한 스타트업이 향후 사업 확장과 추가 성장을 위해 다른 스타트업을 M&A 하는 사례가 예전보다 많아지고 있습니다.

구주매각

비상장 주식은 주식시장에서 매각이 불가능하기에 다른 방법으로 주식을 매각하게 됩니다. **스타트업이 후속 투자 유치를 할 때 후속 투자자가 신주 외에 기존 투자자의 구주를 매수하기도 하고, 또는 구주 매입을 전문으로 하는 세컨더리펀드(Secondary Fund)[40]가 구주를 매수하기도 합니다.**

구주는 대부분 신주보다 할인된 가격에 매입할 수 있고, 후속 투자자가 조금 더 많은 지분을 원할 때 구주 매입을 활용하면 창업자의 지분율을 상대적으로 덜 희석할 수 있죠.[41] 또한 투자자에게 인기 있는 스타트업의 경우, 계획된 투자 유치 금액에 비해 투자자 후보가 많아 투자 라운드에 참여할 수 없을 때도 있습니다. 이때 신주 대신 구주 매입을 적극적으로 고려하는 투자자도 있습니다.

기업의 많은 정보가 공개된 상장사의 주식시장에서의 매매가 아니

---

[40] 주로 기존 투자자의 보유 주식을 매입하여, 추가 성장 시 수익을 추구하는 펀드. 투자자의 투자 회수를 도와 유동성 확보를 촉진하여 투자 생태계의 활성화에 기여하므로, 정책 자금의 지원으로 결성되는 펀드가 많음

[41] 투자자의 손바뀜을 통해 지분 구조가 자연스럽게 재정리되기도 함

기 때문에, 구주를 매입할 매수자 후보에게 마치 투자 유치 때와 유사한 IR이 필요합니다. 그러므로 투자 계약서에 구주매각을 희망하는 투자자를 위해, 스타트업이 IR에 협조하는 조항이 들어가기도 합니다.

상환

후기 투자 시 전환사채(Convertible Bond)[42]나 신주인수권부사채(Bond with Warrant)[43]처럼 주식과 결합된 채권으로 투자 계약을 진행하는 경우도 있습니다. 그리고 국내 VC가 투자할 때 주로 활용하는 상환전환우선주(RCPS: Redeemable Convertible Preference Shares)[44]는 상환권이 결합된 주식입니다. 이는 채권과 달리 무조건적인 상환이 아닌, 상법상 배당 가능한 이익 범위 내에서만 회사가 상환 의무를 부담하게 됩니다.

일반적으로 투자자가 기업공개/M&A/구주매각이 모두 여의치 않거나 혹은 상환이 더 유리하다고 판단하면, 채권이나 상환우선주에 대한 상환을 요구하여 투자금을 회수하게 됩니다. 투자자 입장에서는 상환 방식의 회수 금액이 투자 원금보다 크더라도, 관리보수나 운영경비 등을 제하면 성공적인 회수가 아닌 경우가 많습니다.

42, 43, 44 별지의 '발행 주식/채권의 종류' 참고

기타

영화나 웹툰, 게임 등의 콘텐츠에 투자할 경우, 회사가 아닌 프로젝트 단위로 수익 배분에 대한 투자 계약을 진행하기도 합니다. 그리고 스타트업의 상황이 좋지 않을 때는, 매각할 자산[45]이 있다면 이를 매각한 뒤 남아 있는 현금과 함께 회사를 청산하기도 합니다. 투자자는 비록 손실이 나더라도 투자금의 일부라도 회수하길 원하기 때문이죠.

이외에 펀드 만기 시 투자금을 회수하여 현금으로 분배하는 대신, 포트폴리오사의 주식을 출자한 비율대로 출자자에게 나눠주는 방법도 있습니다. 하지만, 전문 투자자가 아닌 출자자는 이 방법에 부담을 느끼기 때문에 잘 이용하지는 않습니다.

포트폴리오 구성과 희망 수익 배수[46]

포트폴리오 구성을 통한 리스크 분산

스타트업에 대한 투자는 리스크를 안고 진행하는 모험자본 형태이기에, 기본적으로 많은 실패를 동반하기 마련입니다. 투자자는 이러한 리스크를 줄이면서도 투자 수익을 극대화하기 위해, 여러 스타트업에 분산 투자하는 포트폴리오를 구성하여 운영하죠. 특히 펀드에

---

45 예를 들어 재고품, 서비스, 영업권, 지식재산권 등
46 본 책에서 수익 배수(Multiple)는 회수 금액/투자 금액으로 정의함. 즉 2배이면 100% 수익을 의미함

따라 규약상 건당 투자 금액에 상한선을 두거나, 일정 수 이상의 스타트업에 의무적으로 분산 투자할 것을 명시하기도 합니다. 예를 들어 흥행사업인 게임의 경우 성공 가능성 예측이 무척 힘들기에, 투자를 하려면 보통 10개 이상의 게임에 분산 투자하여야 하며, 4~5개에만 투자하면 모두 실패할 수도 있다고 합니다.

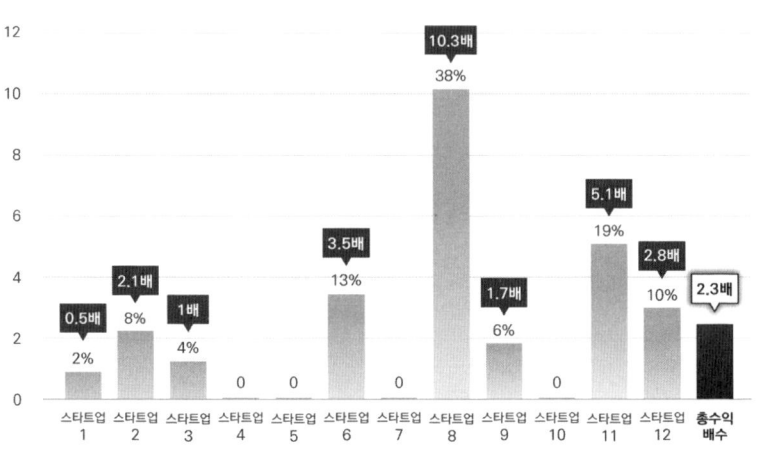

---

47 전체 수익 중 차지하는 비율

case

가상의 중기 투자자 '나'의 투자 성과를 한번 보도록 하겠습니다. 총 12개의 포트폴리오사에 같은 금액을 투자했다고 가정하였습니다. 투자한 12개의 스타트업 중 절반인 6개사는 수익이 났고, 1개사는 투자 원금만 회수하였으며, 5개사는 손실이 났습니다. 총 수익 배수는 2.3 배인데, 3배 이상의 수익이 난 스타트업은 3개이며, 이 중 1개사가 10배 이상의 수익이 났습니다. 그리고 10배 이상과 5배 이상의 수익이 난 2개사가 전체 수익의 절반을 넘게 (38+19%=57%) 차지합니다.

이렇게 개별 스타트업에 대한 투자는 리스크가 크지만, 포트폴리오를 구성하여 투자를 하게 되면 리스크가 분산되어 실제 수익률이 그렇게 나쁘지 않습니다. 그리고 모험자본의 속성상 일부 큰 수익이 난 포트폴리오사가 전체 펀드의 수익 대부분을 차지하게 됩니다.

희망 수익 배수(Multiple)

투자할 때에는 투자자별로 어느 정도 목표 수익 배수가 있습니다. 투자한 포트폴리오사 중 일부는 실패하여 손실이 날 텐데, 이러한 손실과 관리보수 및 운영경비를 충당하고도 전체적으로 기준수익률을 초과할 수 있을 만큼 수익을 내는 것이 목표이기 때문이죠.

case

예전에 제가 포트폴리오사를 후속 투자자에게 소개하였는데, IR 피칭 이후 투자심의위원회를 마친 뒤 담당 파트너분이 제게 주신 피드백은 다음과 같았습니다.

"개인적으로는 해당 팀을 상당히 좋게 보았기에 10배 이상의 성장 가능성도 충분히 있어 보였는데, 대표님이 너무 보수적인 수치로 발표했습니다. 이러한 이유로 다른 파트너분들이 최대 3~5배 성장이 한계라고 판단하는 바람에, 투자를 진행할 수 없게 되어 아쉽습니다. 제가 IR 피칭전에 미리 코치했어야 했는데 말이죠."

그 후속 투자자는 크게 성장할 경우 10배 이상의 수익 가능성을 기대했는데,[48] 소개한 포트폴리오사가 그것을 충족하지 못하였던 것입니다. 이후 그 포트폴리오사는 피드백을 참고해 보완한 IR 자료로 다른 투자자로부터 후속 투자를 받았고, 꾸준히 성장하여 후속 투자자는 이미 10배 이상의 수익이 났습니다. 실제로 10배 이상의 성장이 충분히 가능했지만, 설득이 부족했던 것이죠.

물론 투자자도 10배 이상의 수익 배수가 어디까지나 희망사항인 것을 알지만, 투자 의사 결정 시에 그런 가능성을 보여주는 스타트업과 가능성조차 보여주지 못하는 스타트업은 차이가 있죠. 투자자가 10배 이상의 소위 '홈런'을 바라는 이유 중 하나는, 단 한 개의 포트폴리오사가 크게 성공한 것만으로도 잘하면 펀드 전체의 원금 회수가 가능하기 때문이기도 하죠.[49]

---

[48] 정확하게는 후속 투자 유치로 인한 지분율 희석까지 고려하면, 스타트업은 10배 이상의 성장을 하여야만 함

[49] 중기 투자자 '나'의 예시에서도 한 포트폴리오사가 10.3배의 수익이 나면서, 전체 펀드 원금의 86%가 회수가 됨

미국 벤처 투자의 지난 10년간 성과 [50]

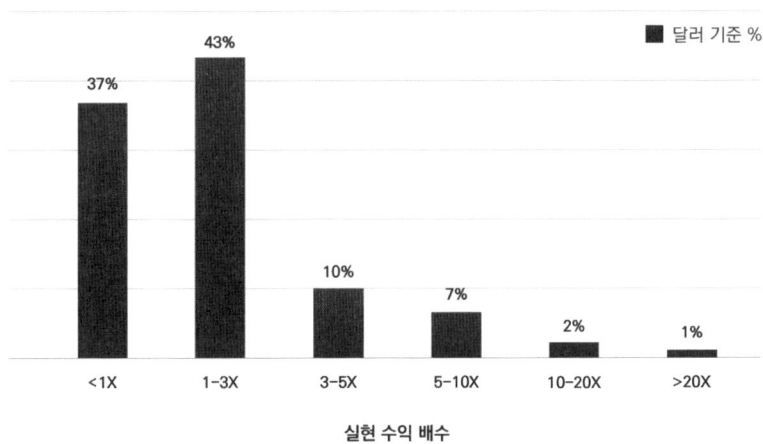

case

지난 10년간 미국 VC의 투자 실적 자료를 보면, 달러 기준으로 투자한 포트폴리오사의 1/3 이상이 손실이 났으며 3% 이하[51]만이 10배 이상의 수익이 난 것을 확인할 수 있습니다. 수익이 난 스타트업도 3배 이하의 수익이 난 경우가 대다수이죠.[52] 투자자는 수익 배수 10배 이상의 가능성을 꿈꾸며 투자하지만, 실제로는 "잘하면 10배 이상의 수익을 낼지도 모른다"에 가깝습니다.

---

50 출처: "Venture Capital — We're Still Not Normal", Medium, https://medium.com/correlation-ventures/venture-capital-were-still-not-normal-9d07d354db88

51 20배 이상이 1% 이하 + 10배 이상이 2% = 3% 이하

52 1배 이상 수익이 난 곳이 총 63%이며, 이 중 1~3배가 43%임

하이리스크 하이리턴(High-Risk, High-Return) vs 로우리스크 로우리턴(Low-Risk, Low-Return)

앞에서 중기 투자자의 예시를 살펴보았는데, 이번엔 초기 투자자와 후기 투자자의 포트폴리오는 어떻게 수익이 나는지를 예시를 통해 살펴보도록 하겠습니다. 역시나 펀드당 총 12개의 포트폴리오사에 동일한 금액을 투자했다고 가정하였습니다.

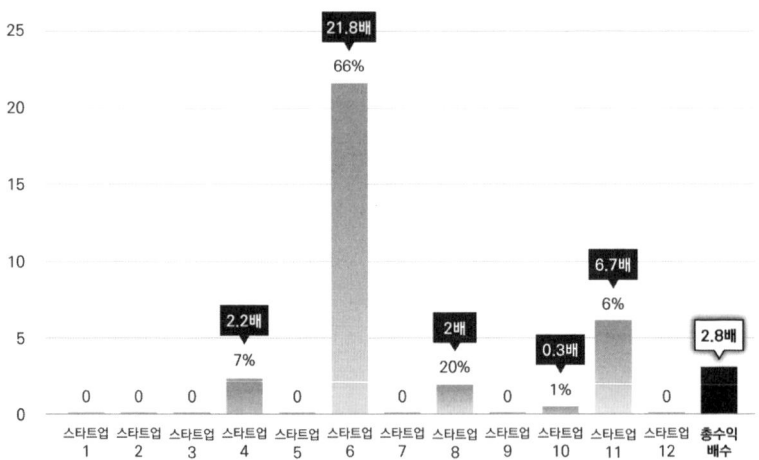

초기 투자자 '가'의 포트폴리오 수익 배수

`case`

먼저 가상의 초기 투자자 '가'의 투자 성과는 결과적으로 12개의 스타트업 중 1/3인 4개사는 수익이 났지만, 1개사는 원금의 30%만 회수하였고, 나머지 7개사는 한 푼도 회수하지 못하였죠. 총 수익 배수는 2.8배인데 소수의 성공한 스타트업으로부터 대다수 수익을 내어, 포트폴리오사 간의 수익 편차가 아주 큰 구조인 것을 볼 수 있습니다. 특히 20배 이상의 수익이 난 스타트업 1개만으로도, 전체 수익 비율의 2/3를 차지하며 전체 펀드 원금의 182%를 회수하였습니다.

`case`

초기 투자자인 '매쉬업벤처스'의 실제 투자 성과 사례를 보더라도 비슷합니다. 2025년 현재 '매쉬업벤처스'는 누적하여 약 200개의 포트폴리오사에 투자를 진행하였습니다. 이 중 기업가치 1,500억 원 이상의 스타트업이 12개이며, 이들 상위 12개사가 현재 포트폴리오사 전체 기업가치의 약 80%를 차지하고 있습니다.

이와 같이 초기 투자자의 투자는 하이리스크 하이리턴에 가까운 형태입니다. 만약 스타트업의 리스크도 크지만 성장 가능성도 아주 크다면, 초기 투자자는 투자를 진행할 수 있습니다. 따라서 실패가 많을 수밖에 없는 초기 투자자 입장에서는, 희망 수익 배수가 보다 높은 경향이 있습니다.

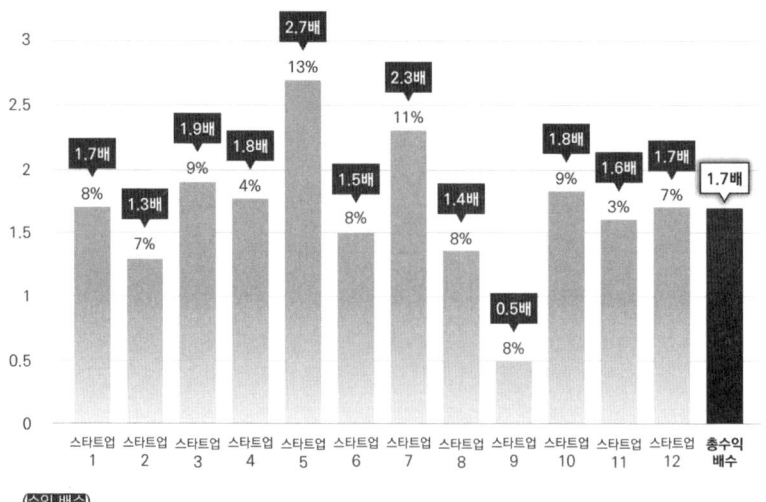

case

다시 가상의 후기 투자자 '다'의 투자 성과를 살펴보도록 하겠습니다. 결과적으로 12개의 스타트업 중 거의 대다수인 11개의 스타트업에서 수익이 났으며, 손실은 불과 1개사뿐입니다. 총 수익 배수는 1.7배로, 9개사가 1.5배 이상을 달성하였고 1개사가 최대 수익 배수인 2.7배를 달성하였습니다. 초기 투자자 '가'와 반대로 포트폴리오사별 수익 배수 편차는 크지 않습니다.

 이렇게 후기 투자자의 투자는 기본적으로 로우리스크 로우리턴에 가까운 형태로, 희망 수익 배수는 상대적으로 낮은 편입니다.

case

예를 들어 프리 IPO 투자의 경우 최소 1.5배 이상(50% 이상 수익)을 희망할 수 있고 초기 투자자와 달리 3배 정도면 홈런으로 보는 반면에, 목표 회수 시기는 2년 전후 정도로 빠를 수 있습니다. 그리고 만약 상장에 실패하더라도 M&A나 구주매각 등으로 원금에서 큰 손실 없이 회수가 되기를 바라기에, 투자 계약서에 IPO나 기타 회수에 관한 조항이 보다 구체적인 경향이 있죠.

후기 투자자는 공격적인 초기 투자자와는 반대로 모험자본 성향이 희석되어 신중하게 투자 의사 결정을 진행하게 되며, 규모의 경제를 통한 수익의 극대화를 추구합니다.

앞의 중기 투자자 '나'는 초기 투자자 '가'와 후기 투자자 '다'의 중간쯤에 해당되는데, 이렇게 단계별 투자자는 각각의 투자 성향에 차이가 있습니다. 희망 수익 배수는 앞 단계의 투자자일수록 더 높은 편이고요.

결과적으로 각 투자자의 희망 수익 배수 목표를 달성한 포트폴리오사는 일부에 불과합니다. 그러나 스타트업이 염두에 두어야 할 것은 희망 수익 배수를 충족하지 못한 포트폴리오사도, 투자자가 투자할 시점엔 희망 수익 배수 실현 가능성을 보고 투자한 스타트업이라는 점입니다. **혹시 투자자로부터 "시장이 작아 보여서 투자하기 힘들 것 같습니다"라는 말을 들어보셨나요? 그 말은 결국 우리 회사가 기한 내에 투자자가 꿈꾸는 수익 배수를 달성할 만큼의 성장 가능성을 보여주지 못했다는 것을 의미할 수 있습니다.**

II. 투자자는 투자할 때 어떤 생각을 할까?

4.
Pick me up!
투자자는 이런 스타트업에 투자한다

그러면 성공적인 투자를 위해,
투자자는 어떤 스타트업에 투자하려고 할까요?

예를 들어 실리콘밸리에는 스탠퍼드대 출신에만 투자하는 투자자가 있습니다. 그리고 조금 괜찮아 보이는 스타트업이라면 적은 금액에 낮은 지분율로 무조건 투자하다 보니, 마치 '뿌리고 기도하기(Spray and Pray)'처럼 되어버린 투자자도 있습니다.

전자의 경우 생각보다는 성과가 있었다고도 하던데, 과연 바람직한 투자 기준인가에 대해서는 의문이 들죠. 또한 후자처럼 뿌리듯이 조금씩 모두 투자하면 성공 사례 수는 많아져도 성공 비율은 떨어질 수 있습니다. 그리고 과연 그 많은 포트폴리오사에게 제대로 조력을 제공할 수 있을지도 의문이고 수익률은 업계 평균에 미달할 수도 있습니다. 이 두 가지는 극단적인 투자 기준 사례인데, 일반적인 투자자의 투자 기준에 대해 알아보도록 하겠습니다.

투자자가 고려하는 것

비록 뛰어난 스타트업일지라도, 보통 투자자에 따라 선호도에 차이가 있기 마련입니다. **투자사별로 투자 철학과 투자 성향에 차이가 있으며, 동일한 투자사 안에서도 다시 개별 파트너/심사역에 따라 투자 기준이 조금씩 다르기 때문이죠. 그래서 "그 투자사는 이런 스타트업에 투자한다"라고 일반화해 이야기하기는 쉽지 않습니다.**

그러나 제가 초기 투자자로서 투자를 검토할 때 고민하는 요소들과 포트폴리오사의 후속 투자 유치 과정에서 후속 투자자들이 고려하는 요소들을 살펴보면, **개별 투자자별로 차이가 있지만 대부분 크게 '팀'**

과 '시장' 두 가지 관련된 부분들을 많이 고려하는 편입니다. 초기 투자자일수록 스타트업이 의미 있는 지표가 아직 없고 가설 검증이 되지 않은 상태가 많기 때문에, '시장'도 보지만 '팀'에 조금 더 중점을 두는 경향이 있습니다. 그리고 뒤로 갈수록 스타트업의 여러 가지 지표에 기반해 '팀'도 보지만 '시장'을 조금 더 신중하게 고려하는 편입니다.

또한 초기 스타트업일수록 투자 리스크 요소가 많기에, 초기 투자자는 투자해야 하는 확실한 이유 한 두가지를 찾으려고 노력하는 편입니다. 따라서 단점에 대한 방어도 필요하지만, 확실한 장점에 대한 어필 전략이 더 나을 수 있죠. 반면에 후기 투자자일수록 투자 리스크를 최소화하는데 관심을 기울이기에, 단점에 대한 방어도 중요해지죠.

투자는 도박이 아니지만, 초기 투자는 마치 포커(Poker) 게임에서 한두 장의 카드만을 받은 상태에서 베팅할 것인지 말 것인지 결정해야 하는 상황과 닮은 면이 있습니다. 후기 투자자가 더 많은 카드를 받는 것에 비해, 시드 투자자는 단 한 장의 카드만으로, 프리 시리즈 A 투자자는 두 장의 카드만을 가지고, 그리고 시리즈 A 투자자는 세 장의 카드를 가지고 투자 여부를 판단해야 한다고나 할까요? 이 중, 이 한두 장의 카드라고 볼 수 있는 첫 번째 고려 사항인 '팀'과 관련된 요소부터 살펴보겠습니다.

투자자는 이런 팀을 좋아한다

아직 투자 유치를 하지 않은 초기 스타트업의 경우, 대부분 의미 있는 지표가 적고 때로는 비즈니스 모델을 수정해야 할 때도 있기 때문에 팀의 중요성이 더욱 커집니다. 투자자는 팀과 관련하여 공동창업자들과 핵심 멤버들에 대해(특히 대표) 다음과 같은 요소들을 검토하는데, 각 요소들의 가중치는 개별 투자자별로 차이가 있습니다. **기본적으로 팀과의 미팅을 통해 판단하지만, 보조적으로 평판조회 정보를 활용하기도 합니다.** 그리고 후기 투자자의 경우 스타트업의 조직이 커졌기에, 때로는 주요 멤버에 대한 개별 인터뷰를 따로 진행하기도 하죠.

꿈의 크기와 집념

투자자는 공동창업자들이 어떤 삶을 살아왔고, 어떤 가치관을 따르고 있으며, 어떻게 서로 모였고, 왜 창업을 하게 되었으며, 이루고 싶은 꿈은 무엇인지, 진정성은 어떤지 등에 대해 종합적으로 고려합니다.

단순한 욕심이 아니라 팀이 가진 꿈의 크기와 이루고자 하는 집념의 강도가 어느 정도인지도 중요합니다. **대표와 공동창업자가 가진 꿈이 크고 의지가 강할수록, 창업을 하면서 접하는 어려운 상황들을 끝까지 포기하지 않고 집요하게 헤쳐 나가는 경우를 실제로 많이 경험해보았습**

니다.[53] 또한 꿈의 크기는 해당 스타트업이 향후 얼마나 크게 성장할 것인지와도 연관성이 있습니다. 만약 시장이 크더라도 꿈이 작다면, 성공하더라도 그 규모가 투자자의 기대치에 못 미칠 수 있기 때문이죠.

커뮤니케이션 능력, 학습 능력, 실행력

'유창한 언변'이 아닌 '정확한 정보 전달력과 설득력' 의미에서의 '커뮤니케이션 능력'은 무척 중요합니다. 대표 개인의 능력이 뛰어나더라도, 원활한 의사소통 없이는 협업이 필요한 조직에서 업무 효율이 떨어질 수밖에 없습니다. 특히 타인에 대한 불신과 아집이 강한 대표의 경우, 사실상 혼자서 주요 업무들을 모두 처리해야 하기에 조직의 성장엔 한계가 있죠. **리더십, 인재 영입, 영업이나 외부 협력관계 구축, 투자 유치 등 모두 커뮤니케이션 능력과 밀접한 관계가 있습니다.**

그리고 핵심 멤버들의 현재 역량도 중요하지만, 더욱 중요한 것은 먼저 본인이 무엇을 모르고 무엇이 부족한지부터 깨닫고 배우고자 하는 자세와 빠른 학습 능력입니다. 대표와 공동창업자는 다양한 경영지식도 습득해야 하고, 교과서가 아닌 실제 현장 경험에서 겪는 시행착오를 통해서도 빨리 깨닫고 배워야만 하죠.

마지막으로 사업의 성공 여부는 결국 실행력에 달려 있습니다. **멋진 사업계획서가 있더라도 생각만 하고 말만 앞설 뿐 실행하지 않**

---

53 꿈에 대한 의지와 집념이 약하면, 소위 말하는 '멘탈'이 무너지면서 사업을 쉽게 포기할 수도 있음

는다면, 모두 의미가 없습니다. "Think big, Start small, Scale fast!"[54] 문구처럼, 책상에 앉아 머릿속에서 고민만 하기보다는 빨리 현장에서 부딪히며 비즈니스 모델을 개선해 나가야죠.

`case`

제가 통합 근태관리 솔루션을 제공하는 '시프티'에 투자 검토할 때 인상 깊었던 부분이, 바로 빠른 학습 능력과 시장을 예단하지 않고 직접 발로 뛰면서 고객의 니즈를 하나씩 파악해 나가는 실행력이었습니다. 이러한 팀의 장점에 기반하여 이후 투자를 진행하였습니다.

팀의 역량과 이력

투자자는 대부분 다수의 공동창업자로 구성된 팀에 대한 투자를 선호합니다. 공동창업자로 구성된 팀이 1인 창업자 팀보다 조직 역량이나 다양성 측면에서 경쟁우위에 있을 때가 많으며, 대표의 리더십 검증에도 유리하기 때문입니다.[55]

투자자가 생각하기엔 진행하려는 비즈니스 모델에 필요한 역량과 경험을 갖춘 멤버들이 팀에 필요한데, 과연 이 팀이 고객의 문제를 가장 잘 해결할 수 있을지를 검토하게 됩니다. 만약 부족한 핵심 경쟁력이 있다면 향후라도 내재화가 가능해야만 합니다.

---

54 출처: Eric Ries, 「The Startup Way: How Modern Companies Use Entrepreneurial Management to Transform Culture and Drive Long-Term Growth」(Crown Currency, 2017)

55 그렇지만 투자 유치를 위해 공동창업자를 급하게 구하는 것은 결코 바람직하지 않으며, 시간이 걸리더라도 신중하게 구해야 함

`case`

예를 들어 IT 쪽 스타트업이라면 개발자가 내부에 있거나, 아니면 외부에 적절한 개발자 후보가 있거나 관련 인재 영입 능력이 있어야하죠. 만약 마케팅이 가장 중요한 사업인데 개발자로만 구성된 팀이라든지, AI 기술이 제일 중요한 사업인데 "투자해 주시면 훌륭한 개발자를 찾아 보겠습니다"라고 한다면 곤란합니다.

그리고 멤버들이 서로 보완이 가능한지와 결속력은 어떤지도 투자자의 주요 관심사입니다. 투자자는 팀이 어떻게 모였고, 상호 신뢰와 비전 공유 및 결속력은 어떤지, 적절하게 역할 분담을 하고 있는지, 논리적인 사고와 데이터에 기반한 합리적이고 스마트한 전략 수립 능력이 있는지 등을 고려합니다. 지분 구조도 염두에 두는데, 지분이 적절하게 배분되지 못하면 역량 있는 멤버들의 열정을 제대로 끌어내기 어렵다고 보기 때문이죠.[56]

팀이 필요한 역량과 경험을 갖추었는지를 판단할 때 멤버들의 이력도 참고하게 됩니다. 멤버들의 이력이 팀의 역량과 무관하지 않기 때문이죠. 투자자에 따라 이력에 어느 정도 가중치를 두느냐는 다른데,[57] 일부 창업자들이 생각하듯이 이력만 보고 투자하는 경우는 거의 없는 편입니다. 좋은 이력이 투자자의 관심을 끌어 첫 미팅까지는 유리할 수 있겠지만, 이후에는 결국 다양한 요소들을 종합적으로 검토하여 투자 결정을 합니다.

---

56 투자자가 가장 싫어하는 지분 구조가, 대표를 포함한 공동창업자 모두가 1/N 지분을 가진 것임. 그리고 반대로 대표가 지분을 거의 독점하고 다른 공동창업자의 지분이 거의 없는 것도 바람직하지 않다고 생각함

57 개인적으로는 이력 중 최근 3년이 중요하다고 생각함

신뢰와 인간적인 매력

대다수의 투자자는 기본적으로 신뢰할 수 없는 팀이라면, 아무리 뛰어난 능력과 자질, 매력적인 시장을 가졌더라도 결코 투자할 수 없습니다. 간혹 단점을 숨기느라 거짓말을 하는 팀도 있는데, 이것은 팀 관련된 가장 큰 리스크이죠. 투자자를 잠재적인 파트너로 생각한다면 솔직하게 이야기해야만 합니다. 그리고 팀 스스로 자신감을 가져야 투자자에게 신뢰를 주기도 합니다.

창업자가 스타트업에 친화적인 투자자를 선호하듯이, 투자자 또한 투자자에 대해 공감 능력이 있는 팀을 선호합니다. 스타트업의 이해관계자(Stakeholder)에는 임직원, 고객뿐만 아니라 투자자와 주주, 사회도 있기에, 투자자에 대한 배려도 필요합니다. **이외에도 투자자 입장에서는 합이 잘 맞는다고 느껴지는 팀이 따로 있기도 한데, 이러한 논리적으로는 설명하기 힘든 인간적인 매력도 일부 투자에 영향을 끼칩니다.**

핵심 멤버들을 인간적으로 파악하기에는 어느 정도의 시간이 필요하며, 결국 투자자 개인의 경험과 성향에 따른 주관적인 부분이 판단에 많이 작용할 수밖에 없습니다. 따라서 마치 연애 시작 전에 눈치를 보듯이, 시간을 두고 차나 식사를 같이 하면서 서로에 대해 알아가는 시간을 갖기도 합니다.

투자자는 시장과 관련해 이런 점들을 고려한다

후기 투자자일수록 팀 외에도 시장의 현황과 여러 지표(Traction)를 통한 시장 관련된 심도 있는 검토가 보다 중요해집니다. 초기 투자자의 경우엔 초기 스타트업의 지표가 아직 부족하기에, 제한된 지표 정보로 미래의 시장 가능성을 구체적으로 예측하기는 어렵습니다. 대신 시장의 니즈와 제품의 경쟁력에 기반하여 시장 가능성을 어느 정도 추정하는 편입니다.

투자자는 스타트업과의 미팅 이후 직접 관련 시장에 대해 조사를 하여 먼저 시장 전반을 파악합니다. 그리고 필요하면 스타트업에 세부적인 관련 자료를 요청하고, B2B 사업의 경우 실제 고객 인터뷰를 통해 이용 경험을 문의하기도 합니다. 이때 투자자는 다음과 같은 요소들을 검토하게 됩니다.

고객의 니즈(Needs)

투자자는 고객의 니즈가 정말로 강한지, 주요 고객군은 누구인지, 그리고 그 제품을 위해 고객들이 기꺼이 돈을 낼 의향이 있는지를 먼저 고려합니다. 보통 이미 알려진 니즈를 새로운 혁신 제품으로 만족시키는 경우에는 잠재적인 시장 크기를 예측하기 상대적으로 쉬운 편이지만, 아직 형성되지 않은 새로운 시장은 고객의 니즈가 얼마나 강한지로 그 크기를 추정할 수밖에 없는 경우가 많죠.

> case

'리멤버앤컴퍼니'의 명함 관리 서비스인 '리멤버'의 경우, 저부터 헤비 유저였지만 대다수 투자자의 고충(Pain Point)[58]을 해결해 준 서비스였습니다. 그리하여 저도 첫 시드 투자를 쉽게 결정할 수 있었고, 후속 투자자들도 시장의 니즈를 쉽게 이해할 수 있었습니다.

투자 유치를 떠나 스타트업이 주의해야 할 점은, 대다수의 스타트업이 실패하는 이유는 고객의 니즈를 해결할 방법을 제대로 만들지 못해서라기보다는, 고객의 니즈를 제대로 찾지 못해서라는 점입니다. 제품과 시장의 적합성(PMF: Product Market Fit)은 스타트업의 성패를 결정하는 중요한 요소인데, 특히 테크 스타트업은 적합한 시장을 제대로 찾지 못하면, 시장이 원하는 게 아닌 자신이 가지고 있는 기술로 만들고 싶은 것을 만드는 실수를 할 수 있습니다.

'타이밍'도 중요한데, 니즈가 존재하더라도 시장이 언제쯤 본궤도에 오를지를 예측하기는 쉽지 않습니다. 경쟁사보다 빨리 움직여 시장을 선점해야 하지만, 너무 시대를 앞서갈 경우 투자자가 투자를 망설일 수도 있습니다.

> case

PC의 입력장치인 마우스는 현재 전 세계 누구나 사용하는 제품입니다. 하지만 세계 최초의 마우스는 시대를 너무 앞서서 1968년에 발명되었고, 아쉽게도 1987년에 특허 만기 이후에서야 PC 시대가 열리면서 본격적으로 사용되기 시작하였죠.

---

58 고객이 문제라고 생각하거나 불편하다고 생각하는 부분

목표 시장의 속성(잠재적 시장 크기, 성장성과 지속성, 주변 환경)

스타트업이 첫 투자 유치에 실패하는 주요 요인 중 하나는 목표 시장의 크기가 너무 작기 때문입니다. 예를 들어 전체 시장의 크기가 최대 100억 원 밖에 안 된다면, 이중 절반을 차지하는 과점형태가 되어도 매출 50억 원이 한계이기에 기관투자자의 기대치에는 못 미치게 됩니다. 잠재적인 시장 크기에 대한 예측은 각자 다를 수밖에 없고 오차도 있지만, 투자자를 설득하여 투자자가 매력적인 시장이라고 공감을 느낄 수 있어야만 합니다.

`case`

24시간 1:1 영어 케어 서비스인 '링고라 튜터링'의 경우 시드 투자 유치 이후 프리 시리즈 A 후속 투자를 유치할 때 인기가 많았는데, 팀의 역량 외에도 목표 시장이 명확하게 큰 것이 대다수 투자자에게 보였기 때문이죠. 그리고 공간 관련 라이프스타일 슈퍼앱인 '오늘의집'을 서비스하는 '버킷플레이스'의 경우 시드 투자자인 저희는 향후 1인 가구를 포함해 젊은 층에 인테리어가 하나의 문화 트렌드가 될 것이라고 예상하였기에, 비교적 빠르게 투자를 진행하였습니다. 하지만 프리 시리즈 A 후속 투자 유치 때에는 일부 투자자가 "1인 가구가 굳이 인테리어에 큰돈을 쓸까?"라는 의구심을 가져, 이를 설득해야 하는 숙제가 있기도 했습니다.[59]

투자자에게 시장 관련해 또 중요한 것이 시장의 '성장성'과 '지속성'입니다. 시장 자체의 성장성이 작다면 해당 분야 스타트업의 성장성 역시 한계가 있을 수밖에 없죠. 그리고 지속성이 짧다면, 스타트업은 얼마 안 있어 또 다른 시장을 개척해야만 합니다.

---

59 투자자에 따라 예상하는 바나 선호하는 것이 달라, 예상 시장 규모에 공감하는지 여부는 다를 수 있음

`case`

국내에서는 유아나 교육 시장의 성장성에 대해 다양한 시각이 있습니다. 저출산율로 성장이 힘들 것이라고 보는 시각이 있지만, 1인 자녀에 대한 지출이 커져 유아 시장의 구매 단가가 높아지고 있고 평생교육 트렌드로 인해 교육 시장은 커질 것이라고 보는 시각도 있지요. 지속성도 중요한 요소인데, 아마존 CEO 제프 베조스가 "10년 후의 변화를 예측하는 것보다 10년 후에도 바뀌지 않을 것은 무엇일까라는 고민이 더 중요합니다"라고 말했습니다. 투자자 입장에서는 이처럼 장기간 지속이 가능한 시장을 원하죠.

시장의 주변 환경도 투자자가 고려하는 요소입니다. 가령 규제 이슈는 시장에 영향을 끼치는 측면에서 중요한데, 앞으로 관련 법규가 어떻게 재정비될지에 대해서도 고려하게 되죠. 그리고 때로는 정치적 이슈가 영향을 끼치기도 합니다.

`case`

법적인 회색 지대일 경우, 투자자는 현행법상 문제가 있는지에 관한 변호사 의견서를 요청할 수도 있습니다. 그리고 한때 사드 문제로 인해 중국 시장 관련된 분야의 스타트업이 많은 영향을 받았고, 시장에 민감한 투자자는 이 분야에 대한 투자를 꺼리기도 하였죠.

스타트업의 성장 속도와 경쟁우위

  기본적으로 스타트업은 J커브를 그리며 빠르게 성장할 수 있어야 합니다. **준비 기간에는 성장이 더디더라도, 사업이 본궤도에 올라가면 연간 100% 이상 성장할 수 있어야 합니다.** 따라서 현재의 지표와 시장 점유율 외에 성장 속도도 중요하죠. 요즘은 경쟁사들이 워낙 많아, 퍼스트 무버(First Mover)일지라도 뛰어난 패스트 팔로워(Fast Follower)가 나타나 빠르게 성장한다면, 단기간 안에 따라 잡히기도 합니다. 그리고 일반적으로 투자자는 노동집약적 서비스처럼 빠른 성장이 힘들고 수익성에 한계가 있는 사업은 기피하는 편입니다. 대신 IT 업종처럼 빠른 성장이 가능하고 한계비용(Marginal Cost)[60]이 낮은 사업을 선호합니다.

case

'시프티'의 경우 서비스 론칭 후 1년이 조금 넘는 기간 동안 누적 고객 사업장 수가 2만 개 이상으로 가파르게 성장한 IT 서비스였습니다. 이러한 성장 속도에 기반해, 프리 시리즈 A 투자 유치 시 투자 검토가 원활하게 진행되었습니다.

만약 선두주자라면 시장에서 후발 경쟁사와의 격차를 더욱 벌릴 수 있어야 하며, 후발주자라면 선두주자와의 격차를 좁힐 수 있어야 합니다. **투자자는 스타트업의 경쟁력이 현재의 경쟁사나 잠재적인 미래의 경쟁사와 비교하여 어느 정도 우위인지를 검토하는데, 때로는 경쟁사를 따로 직접 만나 비교해 보기도 합니다.**[61]

초기 스타트업의 경우 지표만으로는 경쟁우위를 판단하기 힘들기 때문에 팀이 가진 역량 또한 경쟁우위 요소가 될 수 있으며, 이외에도 독보적인 기술력이나 차별화된 전략 혹은 고객에 대해 얼마나 잘 이

---

60 제품을 한 단위로 추가 생산할 때 필요한 비용 증가분을 의미함
61 투자자가 경쟁사를 만난 뒤 해당 스타트업보다 경쟁사가 뛰어나다고 판단되면, 경쟁사에 대신 투자하는 경우도 있음

해하고 있는지 등을 검토하게 됩니다. 성장한 스타트업의 경우에는 시장 점유율을 포함한 선점 효과나 후발 경쟁사와의 지표의 격차 등을 추가로 검토하게 됩니다. **이러한 경쟁우위나 진입장벽은 마치 틀린 그림 찾기처럼 경쟁사와 구분이 모호하면 안 되고, 투자자가 보기에도 명확하게 느껴질 정도로 엣지가 있어야만 합니다.**

수익성과 회수 가능성

수익성은 시기를 늦춘다고 하더라도, 언젠가는 반드시 해결해야 할 스타트업의 숙제입니다. 투자자는 언제쯤 의미 있는 매출이 나오고, 언제 손익분기점을 넘어 이익이 나기 시작하며, 미래에는 어느 규모의 이익을 낼 수 있을지 검토합니다. **스타트업은 투자자에게 어떤 수익 모델을 통해 매출과 이익을 낼 수 있는지와 수익 모델 관련하여 현재 검증된 지표도 보여줘야 합니다.** 수익성을 위해서는 한계비용을 최소화하여 마진을 높일 수 있는 플랫폼 서비스이거나, 마진이 작지만 규모의 경제를 통해 매출과 이익을 극대화하는 등, 고유의 경쟁우위로 치열한 경쟁 속에서도 마진을 유지할 수 있어야만 합니다.

`case`

'스타일쉐어'의 경우 시리즈 A 투자 유치 때, 당시 적용한 광고 수익 모델에 대한 확신이 부족한 투자자도 있었습니다. 그러나 이후 커머스 수익 모델을 적용한 뒤 시리즈 B 투자 유치 땐, 투자자들이 가파른 커머스 성장 지표와 낮은 고객 유입 비용으로 다들 만족하였습니다.

국내 스타트업 생태계에서 회수가 아직 숙제로 남아있는데, 스타트업이 성장하여 매출이 급신장하고 이익이 충분히 나면 IPO나 M&A를 통한 회수 기회가 생기게 됩니다. 만약 매출이 크게 성장하기 힘들다면, 대신 독보적인 기술을 보유하거나 다른 차별적인 경쟁력을 통해 M&A 가능성을 높여야 하죠. 구주매각의 경우도 향후에 IPO나 M&A 두 가지 가능성 중 한 가지는 있어야 그 가능성을 고려한 매수자가 나타날 수 있습니다. 상환은 이러한 방식의 회수가 모두 불가능한 경우 불가피하게 이루어지는 플랜 B에 가깝습니다.

스타트업은 부족한 점이 있기 마련이기에, 지금까지 설명한 요소들을 완벽하게 충족하는 것은 현실적으로 불가능합니다.[62] 따라서 다소 부족하더라도 결국 투자자 눈높이에 맞으면, 투자를 결정하게 됩니다.

스타트업이 투자 유치를 하지 못하면 무척 아쉬운 것처럼, 투자자도 좋은 스타트업을 놓칠 때 아쉬움이 큽니다. **하이리스크 하이리턴**이라는 스타트업 투자의 특성상, 실패할 스타트업에 투자한 것보다 성공할 스타트업에 투자 못 한 것이 기회손실이 더 크죠.[63] 긴 투자 검토 과정을 마치고 투자 계약서에 도장을 찍는 것도 서로 '인연'이 있어야만 하는 것 같습니다.

※ 투자자의 실제 투자 기준 사례 참고: (부록) '5. 투자자의 실제 사례 1 – 매쉬업벤처스', '6. 투자자의 실제 사례 2 – 에이티넘인베스트먼트'

62 투자자 입장에서는 스타트업이 너무 완벽해 보이면, 오히려 현실화 가능성에 대해 깊게 고민해보게 됨
63 좋은 기회를 놓치기 싫은 마음인 일종의 FOMO(Fear Of Missing Out)에 해당됨

★ 스타트업 인터뷰 | 마이리얼트립 이동건 대표

Myrealtrip

모두가 좌절하던 코로나19 시절, 투자 유치로 스텝업한 마이리얼트립

마이리얼트립 이동건 대표

이동건 대표는 대학시절부터 사업해야겠다는 생각을 갖고 있었고, 사회 초년생 시절부터 창업의 길을 걸었다. 첫 번째 창업은 크라우드 펀딩 플랫폼이었지만, 해당 산업에 대해 개인적인 흥미가 부족한 탓에 위기를 극복하지 못하고 조기에 사업을 접을 수 밖에 없었다. 이후 두 번째 도전에서는 '내가 좋아하는 문제를 풀자'는 마음으로 여행산업에 뛰어들었고, 이렇게 마이리얼트립이 시작됐다. 특히 대학 시절 창업 학회 활동에서 진지하게 커리어를 고민하고 창업에 대한 인사이트를 얻은 경험이 마이리얼트립 창업과 경영에 큰 도움이 됐다.

초기에 그가 주목한 것은 여행 중에서도 '현지 체험형 액티비티'였다. 항공권과 숙소는 이미 글로벌 플랫폼이 잘 다루고 있었지만, 여행자들이 실제로 고민하는 요소는 '도쿄에 가서 뭘 하면 좋을까?'였다. 창업 당시에는 현지 체험형 액티비티에 대한 한국어 정보가 부족했던 만큼, '여행가서 뭘 할까'라는 문제를 해결하면 분명 사업적 기회가 도래하리라 믿었다. 초기에는 가이드 투어, 액티비티 같은 자유여행 중심의 서비스를 제공하며 관련 시장을 개척해 나갔다.

창업 직후인 2012년, 이 대표는 첫 투자 유치에 나섰다. 돈보다도 선배 창업자들의 경험, 특히 성공해 본 스타트업 선배들의 코칭이 필수적이라고 느꼈기 때문이다. 이때 초기 투자사인 프라이머의 권도균 대표와 이택경 대표(현 매쉬업벤처스 대표)를 만나게 되었고, 이들도 기존 패키지 여행과 질적으로 다른 체험형 여행의 성장 가능성을 예측하고 있던 만큼, 첫 투자 유치는 성공적으로 마무리할 수 있었다.

이후로도 마이리얼트립은 여러 차례 투자 라운드를 진행했지만, 투자자에게 설명하는 전략은 라운드별로 달랐다. 초기 투자 라운드에서는 비즈니스 모델과 관련된 가설을 제시하고, 이를 검증하는 데에 집중했다. 후술하겠지만 항공권 판매가 신규 고객을 마이리얼트립 플랫폼에 효과적으로 유치 할 수 있는 수단이 될 것이라는 가설이 있었다. 이를 검증하기 위해 이 대표는 투자금으로 항공권 판매 시스템을 구축하고 관련 팀을 세팅해 해당 가설이 맞다는 걸 검증하는데 성공했다.

반면, 후기 투자 라운드로 갈수록 단순한 가설 검증보다는 스케일업(Scale-Up)을 위한 전략적 확장과 운영 안정성 확보에 초점을 뒀다. 기술 고도화, 브랜드 인지도 확대, 복합적 상품 설계 및 정비 등, 성장의 다음 단계로 나아가기 위한 기반을 마련하는 것에 집중했다는 의미다.

투자 라운드 와중 어렵게 맺어진 투자자가 오히려 소중한 인연이 되기도 했다. 알토스벤처스(이하 알토스)와의 인연이 바로 그랬다. 이 대표는 알토스와의 첫 만남에서 마이리얼트립의 비즈니스와 고객 가치를 설명했지만, 투자 유치에 실패했다. "돌이켜 생각해 보면, 비즈니스 설명에만 집중하느라 시장 자체의 매력을 설득하지 못했다." 거절에도 불구, 이 대표는 물러서지 않았다. 설득력 있는 가설을 세우고, 검증하면서 바뀌어갈 여행 시장에서 마이리얼트립이 차지할 위치에 대해 역설했다. 구체적으로는 스마트폰의 보급으로 여행자가 직접 정보를 탐색하고 예약하는 사례가 늘고, 또 저가 항공사(LCC)의 등장으로 항공권 가격이 낮아지면서 여행의 문턱이 낮아졌다는 점에 주목했다. 이와 관련된 가설을 꾸준히 플랫폼 내에서 검증해 나간 결과, "현지 경험과 액티비티 중심으로 여행 산업이 재편될 것"이라는 주장이 설득력을 가지게 됐다. 알토스 Han Kim 대표의 마음도 끝내 움직였고, 마침내 마이리얼트립은 투자 유치를 받을 수 있었다. 첫 투자 유치 성사는 어려웠지만, 이후로 알토스는 여러 차례 리드 및 팔로온 투자의 주체로 서며 마이리얼트립의 든든한 후원자로 나섰다. 경영진급 리더를 채용하는 과정에서 다수의 핵심 인재를 마이리얼트립에 추천하는 등, 알토스는 자금 이외의 측면에서도 마이리얼트립의 성장에 조력을 아끼지 않았다. "개별 산업은 창업자가 더 잘 알 수도 있지만, 전략적 의사 결정 과정에서 투자자만이 줄 수 있는 인사이트가 있다. 보편적이고 일반적인 지혜가 위기를 넘기고 중요한 의사 결정을 하는데 정말 큰 도움이 됐다."

마이리얼트립이 본격적으로 퀀텀점프할 수 있던 계기는 항공권 사업 진출이었다. 2018년, 이 대표는 '누구나 해외 여행을 가려면 반드시 구매해야 하는 제품'이라는 항공권의 고유한 특성에 주목했다. 모든 항공권을 플랫폼에서 최저가로 판매하면 고객들이 자연스럽게 유입될 것이고, 이들에게 숙소나 액티비티를 함께 제안하는 방식으로 수익화가 가능하다는 전략이었다. 이 전략이 사실로 검증되면서 마이리얼트립은 대중적인 플랫폼으로 확장할 수 있었지만 곧바로 위기가 닥쳤다. 코로나19로 인해 매출이 95% 이상 급감했고, 더 나아가 여행 산업 전반이 멈춰섰다. 여행 관련 업계에서는 코로나19의 부정적 영향이 6개월을 넘지 않는 단기적 악재냐, 아니면 수년 이상 이어지며 여행이라는 산업 자체를 파멸시킬 수준의 장기적 악재냐를 놓고 의견이 분분했다. 그는 위기를 가능한 한 빨리 대응하는게 중요하다고 판단, 주 3일 근무와 부분 휴업 체제로 전환하고 정부 지원을 활용해 구성원에게 피해를 최소화하면서 버틸 시간을 확보했다. 그럼에도 불구하고 최장 6개월을 예상했던 코로나19 위기는 1년, 2년 길어져 갔고, 회사의 유휴 자금도 3~4개월치 정도밖에 남지 않는 등 궁지에 몰리고 있었다.

위기는 기회라는 말처럼, 이 대표는 절망하지 않고 투자 유치를 추진하는 동시에 회사를 재정비했다. 이전까지 마이리얼트립은 국내 여행 서비스를 다루지 않았지만, 코로나19 이후 국내 여행 수요가 급증하자 이 분야에 대한 서비스를 새로 오픈했다. 또한 플랫폼 인프라를 전면 개편하며, 코로나19 이후를 대비한 내실을 다졌다.

이 와중에 단비와 같은 432억 원의 추가 투자를 유치하면서 회사는 한숨을 돌릴 수 있게 됐다. "사회적 거리 두기 여파로 미팅조차 잡기 어려웠던 상황에서 투자 유치는 정말 쉽지 않았다"고 이 대표는 회고한다. 당시 라운드에서 유치된 투자금의 60~70%는 기존 주주들의 팔로온 투자였다. 코로나19 위기 중 여행산업 내부적으로 옥석 가리기가 진행되고, 위기 종식 후에는 승자가 된 마이리얼트립에게 더 큰 기회가 오리라는 믿음이 투자자들 사이에서 퍼져나간 결과였다. 특히 마이리얼트립이 투어&액티비티 분야에서 선도적인 위치를 점하고 있었다는 점, 그리고 코로나19 이후 자유여행 수요가 폭발적으로 회복되리라는 산업 전반에 대한 낙관론은 투자자들을 설득하는데에 소중한 논거가 돼 주었다. "위기의 정도가 극심할수록, 투자자의 판단 기준은 숫자나 논리 보다는 팀에 대한 직관적 신뢰에 기반한다"면서 "우리 팀이 위기 속에서도 흔들림 없이 생존할 수 있는 팀이라는 이미지를 쌓아 올린 덕에 투자 유치에 성공할 수 있었다"고 회고했다.

이 대표는 해외 투자자들의 한국 여행업 시장에 대한 시각 변화가 특히 기억에 남는다고 덧붙였다. 코로나19로 대면 접촉이 어려웠던 상황에서 해외 투자자들은 K-방역의 성공에 주목하며 한국 시장을 긍정적으로 평가했고 원격 미팅 또한 요청했다. "해외 투자자와의 미팅에서 한국 여행 시장의 구조적 특성과 성장성, 그리고 우리 회사가 점하고 있는 독점적 위치를 설명하는데 집중했다." 실제로 해외 투자자들은 마이리얼트립이 코로나19 와중에서도 국내 여행 사업 분야에서 성장한 사실을 높게 평가, 끝내 주머니를 열었다.

위기를 극복하는 과정에서 대표로서 가장 힘들었던 순간은 언제였을까? 그는 사람들에게 불편한 결정을 전해야 할 때라고 회고한다. 코로나19 당시 부분 휴업 같은 조치는 아무리 논리적으로 필요하더라도, 실제로 동료직원에게 말을 전하고 실행하는 데는 큰 감정적 부담이 따른다. 가족에게조차 말하기 어려운 이 고통을 그는 동료 경영진, 창업자 커뮤니티, 투자자들과 나누며 극복했다. 특히 마이리얼트립 투자사의 포트폴리오사(다른 피투자 스타트업) 구성원과의 미팅은 큰 도움이 됐다. 이 당시의 소중한 기억과 고마움을 담아, 이 대표는 현재 적극적으로 '멘토'의 입장에서 타 스타트업에게 멘토링을 진행하는 오피스 아워에 참여하고 있다.

이러한 경험을 담아 이 대표는 '경영이란 결국 사람에 대한 믿음을 끝까지 지켜나가는 일'로 정의한다. 함께 버텨준 팀원, 위기 속에서도 믿어준 투자자, 긴 시간 함께 성장해온 동료들이 결국 회사를 지탱하는 가장 든든한 기반이었기 때문이다.

이와 같은 믿음과 기다림은 최근 성과로 증명되고 있다. 2021년 코로나19 한복판에 매출 44억 원에 영업손실 193억 원으로 최저점을 기록했던 실적은 빠르게 반등했다. 2022년에는 매출 220억 원에 영업 손실 -276억 원, 2023년에는 매출 605억 원에 영업손실 -174억 원을 기록하더니 2024년 실적은 전년 대비 50% 가까이 증가한 892억 원, 사상 최초로 BEP를 달성하며 1.3억의 영업이익을 기록했다. 마이리얼트립은 2024년 기준 누적 가입자 900만 명, 월간 사용자(MAU) 400만 명에 달하는 한국을 넘어선 아시아 대표 여행 플랫폼으로 자리잡았다. 더 나아가 창업 초기, 모바일 중심 변화에 빠르게 적응하지 못했던 점을 반면교사 삼아, 다가올 AI 시대에는 같은 실수를 반복하지 않겠다는 자세로 다양한 기술 변화에 집중하고 마이리얼트립 플랫폼 고도화에 녹여내고자 한다.

이 대표는 창업자들에게 조급함을 경계하라고 조언한다. 미디어에서 보이는 극적인 성장 사례나 투자 유치 시 기업가치에 휘둘릴 필요 없이, 시간의 힘을 믿고 하루하루의 작은 성취를 쌓아가는 데 집중해야 한다고 강조한다. 좋은 팀을 만들고, 좋은 방향으로 일하며, 성실하게 나아가는 것이 회사의 지속 가능성을 결정짓는다는 의미다. "방향이 맞다면 속도는 중요하지 않다. 단단하게 오래가는 회사가 결국 살아남는다."

★ 투자자 인터뷰 | 알토스벤처스 Han Kim 대표

ALTOS VENTURES

"유창한 언변보다는 깊은 고민,
빠른 결정보다는 집요한 성찰하는
기업을 찾는다"

알토스벤처스 Han Kim 대표

알토스벤처스(이하 알토스)의 Han Kim 대표는 한국과 미국을 넘나들며 수많은 창업자와 스타트업을 발굴해 온 대표적인 벤처 투자자다. 실적보다 실행력, 속도보다 진정성을 중시하는 그의 투자 철학은 알토스가 많은 창업자들의 뇌리에 '함께 성장할 수 있는 동반자'로 자리매김하게 된 이유이기도 하다. 그 철학은 특히 마이리얼트립 투자 사례에서 선명하게 드러난다.

마이리얼트립은 알토스가 투자 결정을 내리기까지 무려 1년 이상 고민한 회사다. 초창기 투자 유치 제안을 받았을 당시, 김 대표는 "비즈니스 모델이 다양한 지역의 여행을 커버해야 하고, 또 한 지역 내에서도 여러 가지 액티비티를 다루어야 하는 만큼 기대보다 성장이 더딜 수 있다"고 판단해 세 차례나 거절한 바 있다. 그러나 마이리얼트립은 달랐다. 거절에도 불구하고 묵묵히 자신들의 계획을 실행했고, 점차 새로운 시장을 만들어갔다. '정말 한 회사가 이걸 해낼 수 있을까?' 싶던 일들이 하나씩 현실이 되었고, 그 과정을 지켜본 김 대표의 마음도 점차 움직였다. "초창기에 높아 보였던 진입 장벽이 오히려 이 팀의 강점이 될 수 있겠다고 느꼈다." 마이리얼트립이 꾸준히 가설을 세우고, 이를 검증해 나가는 과정 또한 투자자의 입장에서는 매력적으로 느껴져 마침내 투자를 결정했다.

김 대표는 마이리얼트립 이동건 대표를 이렇게 평가한다. "아주 유창하게 말하지는 않아도, 누구보다도 자기 사업에 대해 깊게 고민하는 창업자였다." 알토스가 기업을 평가할 때 가장 중요하게 여기는 기준은 단순하지 않다. 그는 세 가지를 강조한다. 첫째, 방향성과 목표 의식: 무엇을 이루고자 하는가에 대한 명확한 비전, 둘째, 정직함: 자신이 현재 어디에 와 있는지에 대한 객관적인 인식, 셋째, 문제 해결을 위한 태도: 부족한 점을 숨기지 않고 드러내고, 그것을 보완하기 위한 전략 및 노력이다. "창업자가 기업의 잠재력보다 높은 기업 가치를 원할수록 스스로에게 덜 정직해진다"고 김 대표는 말한다. "회사의 현실과 스스로의 인식의 갭이 커질수록 창업자는 자기 자신을 속이게 된다. 우리는 그런 경우 과감히 투자하지 않는다." 바로 이 세 가지 기준에 부합한 롤 모델이 이동건 대표였다.

알토스는 투자 후에도 대표들과 자주 대화하는 편이다. 단순한 실적 체크가 아닌, 사업과 시장에 대한 깊은 논의를 주고받는다. 그 과정에서 대표의 진짜 역량이 드러난다. "대표들과 이야기하다 보면, 어떤 주제를 꺼낼 때 그 이슈를 얼마나 깊이 학습하고 고민했는지가 보인다. 특히 24시간 내내 이 업계와 회사를 생각하는 노력이 없다면 스타트업이 존재할 이유가 없다."

코로나19로 전 세계 여행 산업이 멈춘 상황에서 알토스는 과감히 마이리얼트립에 팔로온(후속) 투자를 결정해 투자업계의 이목을 끌기도 했다. 대다수 스타트업은 생존을 걱정하던 시기였지만, 김 대표는 이 시기를 '도약의 기회'로 보았다. "그 당시 마이리얼트립은 팀을 다시 다지는 시기였다. 준비를 잘 해두면 시장이 다시 열릴 때 더 빠르게 치고 올라갈 수 있다고 판단했다." 실제로 마이리얼트립은 이 시기에 핵심 인재를 영입하고, 서비스 고도화를 준비하며 반등의 모멘텀을 준비했다.

김 대표는 팔로온 투자의 기준이 오히려 신규 투자의 기준보다 더 엄격해야 한다고 강조한다. "신규 투자 때는 실패 확률이 90%라고 전제하고 접근하지만, 팔로온 때는 그동안 얻은 인사이트를 더해 훨씬 더 깊이 있게 검토할 수 있다." 그는 팔로온 과정에서 투자 여부를 결정할 때 다음과 같은 세 가지 질문을 던진다고 했다. 첫째, 회사는 처음 말했던 방향을 여전히 유지하고 있는가? 둘째, 창업자는 주요 전환점마다 어떤 결정을 내려왔는가? 셋째, 투자자와 창업자가 초기에 생각했던 것과 시장의 변화 방향이 동일한가?

알토스는 책임 있는 투자자가 명확하게 중심을 잡는 구조를 선호한다. "우리가 생각하는 이상적인 구조는 리드 투자자가 전체 투자금 절반 이상을 책임지는 방식이다. 책임과 의지가 명확해 투자자도, 창업자도 서로를 믿고 나아갈 수 있기 때문이다." 그는 궁극적으로 좋은 투자사란 '창업자에 대한 이해도가 높은 회사'라고 말한다.

수많은 투자를 성공적으로 마친 김 대표가 보는 '될성부른 나무'는 어떤 팀일까? 그는 끝내 성공하는 팀은 '괴물 같은 팀'이라고 말한다. "내가 해결하고자 하는 문제, 산업 분야에서 누구보다 깊이 파고들 수 있어야 한다. 그게 아니라면 자본과 인력이 더 많은 대기업을 이길 수 없다." 더 나아가 단순히 열심히 일하는 것이 아니라, 모든 것을 올인하고 피드백과 훈련을 통해 꾸준히 성장하는 팀. 그게 바로 알토스가 정의하는 될성부른 나무의 자질이다. 그는 이동건 대표에 대해서도 "그가 첫 창업 당시 모습 그대로였다면 마이리얼트립이 지금까지 유지될 수 있었을까?"라며 "자신이 뭘 우선순위로 해야 할지, 그다음 스텝으로는 뭘 해야 할지 생각하고, 이걸 흡수하면서 10년간 정말 빠르게 성장한 대표"라고 높게 평가했다.

 끝으로 김 대표는 후배 심사역과 창업자들에게 다음과 같은 조언을 남긴다. 심사역에게는 "유명한 회사에 투자해서 커리어를 만든다는 생각보다, 진짜 좋은 창업자를 도와 성공을 함께 이뤄낸다는 마음이 중요하다. 그 회사가 잘되면 누구보다 기뻐하고, 안 되면 밤잠 설칠 정도로 애정이 있어야 한다"고 말한다. 실패를 두려워하지 말고, 실력과 판단력을 믿고, 회사에 '감정'을 담아야 한다는 조언도 덧붙인다. 창업자에게는 "겉으로 보이는 숫자보다 지속 가능한 실행력에 집중하라"고 조언한다.

투자 유치,
실제로는 이렇게 진행돼요

투자자에 관한 기본적인 것을 알아보았는데, 투자 유치를 위해서는 전체적인 투자 절차에 대해서도 제대로 이해하고 준비해야 합니다. 투자자별로 세부적인 투자 절차에는 차이가 있기에 실제 투자를 유치할 때 투자 담당자에게 정확한 절차와 대략적인 일정을 문의할 필요가 있습니다.

III 투자 유치, 실제로는 이렇게 진행돼요

1.
투자 유치 준비물, 무엇이 있을까?

투자 유치를 위해서는 미리 준비해야 할 것들이 있습니다.
어떤 것들이 있을까요?

투자 유치 준비물 목록

투자 유치를 시작하면서 아래 내용을 기본적으로 이해하고 필요한 부분은 미리 공부해 두며, 서류 및 자료 준비와 함께 마음의 준비도 해야 합니다.

준비물 목록

- ✔ 투자 유치의 의미를 생각해보기
- ✔ 투자자에 대해 기본적으로 이해하기
- ✔ 현 단계의 투자 유치 요건을 충족시키는지 점검해보기
- ✔ 회계/세무/법무적으로 정비하기
- ✔ 필요한 자금이 어느 정도인지 고려해보기
- ✔ 투자 유치를 시작할 시점을 계산해 보기
- ✔ 힘든 투자 유치 과정에 대한 마음의 준비하기
- ✔ 적합한 투자자 후보 찾기
- ✔ 투자 유치 절차에 대해 이해하기
- ✔ 투자 계약서 및 관련된 법무 업무에 대해 미리 공부하기
- ✔ 투자 유치 계획 수립하기
- ✔ IR 자료 준비하기

현 단계의 투자 유치 요건을 충족시키는지 점검해보기

스타트업이 투자 유치를 할 때 기본적으로 자금이 소진되는 속도와 투자 유치에 소요되는 시간을 고려하여 미리 준비를 시작해야 합니다. 하지만 자금이 떨어질 때가 됐다고 무작정 투자자를 찾는다면 바람직하지 않겠죠. **먼저 해당 단계의 투자자가 검토할 만한 수준으로 사업이 진척되어야 하고 투자자의 눈높이에 맞는 완성도로 준비가 되어있어야만 합니다.**

단계별 투자 유치 요건의 예

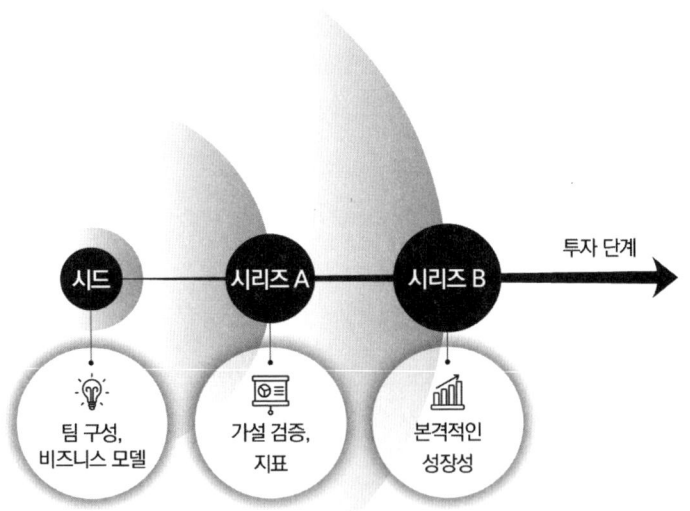

회계/세무/법무적으로 정비하기

재무제표는 기본적인 실사 대상이기에, 회계/세무적으로 명확하게 처리되어 있어야만 합니다. 특히 스타트업의 자금이 부족할 때 대표 개인의 자금을 법인에 가수금[1] 형태로 입금하거나 반대로 대표가 필요할 때 법인으로부터 가지급금[2] 형태로 출금하는 경우가 있습니다. **규모가 작더라도 기업은 이해관계자가 있는 법인이기 때문에 인정 이자[3]를 비롯해 계정과목에 대한 확실한 증빙자료 처리를 해둬야 합니다. 그렇지 않으면 회계/세무 문제가 발생하여 투자 유치 시 이슈가 생길 수 있습니다.**

그리고 정관이 잘 정비되어 있고, 주주총회 의사록/이사회 의사록/지식재산권/근로계약서 등 관련 서류들도 제대로 준비되어 있어야만 합니다. 만약 지식재산권이 개인 명의로 되어 있다면 법인 명의로 이전할 필요가 있습니다.

---

1 법인에 현금이 입금되었지만, 계정과목이나 금액이 미확정인 경우에 일시적인 채무로 표시하는 것을 의미. 임시적인 계정과목이기에 결산 시 명확하게 확정된 계정과목으로 처리해야만 함

2 법인으로부터 현금이 출금되었지만, 계정과목이나 금액이 미확정인 경우에 일시적인 채권으로 표시하는 것을 의미. 임시적인 계정과목이기에 결산 시 명확하게 확정된 계정과목으로 처리해야만 하며, 대표가 법인의 자금을 사적인 용도로 사용한다는 부정적인 느낌을 주게 됨

3 법인이 대표와 같은 특수관계인에게 낮은 이율이나 무상으로 자금을 대출할 때 해당 금액에 대해 소정의 이자 수입이 있었던 것으로 인정되는 것을 의미

투자 유치를 시작할 시점을 계산해 보기

먼저 현재 남아있는 자금으로 운용할 수 있는 기간을 산정해 봅니다. 투자금은 남은 자금이 모두 소진되기 전에 입금되어야 하므로 투자금이 입금되어야 하는 데드라인은 현재 자금으로 운용이 가능한 기간의 마지막 날이 됩니다. 그리고 투자 유치 시작 시점은 데드라인으로부터 투자 유치에 소요되는 기간을 역으로 계산하여 그보다 여유있게 일찍 시작해야 합니다.

`case`

스타트업 A의 현재 남아있는 자금으로 앞으로 6개월간 운용이 가능하고 투자 유치에는 넉넉잡아 4개월이 소요된다고 가정해 봅시다. 그러면 6개월 – 4개월 = 2개월이므로 늦어도 2개월 뒤에는 투자 유치를 시작하여야 합니다.

투자 유치 계획 수립하기

첫 투자 유치는 때로는 별도의 계획 없이 우연히 진행되기도 합니다. 하지만 후속 단계의 투자 유치일수록 계획을 수립하고 진행하는 것이 효율적이고 성공 확률도 높아집니다. 거창한 계획까지는 아니어도 투자 유치 시작과 마무리 시점, 현재 사업 진행단계와 필요 자금, 그리고 조력에 적합한 투자자 후보들은 누구이며 그들은 어떻게 만나고 우리의 어떤 장점을 어필할 것인지 등을 대략 생각해 볼 필요가 있습니다. 또한 투자 유치 실패에 대비한 플랜 B도 고민해봐야 합니다.

III 투자 유치, 실제로는 이렇게 진행돼요

2.
투자자의 투자 절차, 큰 그림으로 이해하기

국내 기관투자자의 일반적인 전체 투자 절차는 다음과 같습니다. 투자자별로 차이가 조금씩 있으며 가끔 이와는 다른 절차를 따르는 투자자도 있으니, 실제 투자 유치할 때에는 해당 투자자의 투자 절차와 의사 결정 과정을 별도로 확인해 볼 필요가 있습니다.[4]

---

[4] 중기와 후기 투자자는 이러한 절차를 모두 거치는 경우가 많으며, 초기 투자자는 이보다 조금 더 간소화된 경우도 있음. 일부 투자자는 일부 절차를 병행하여 진행함으로써 보다 빠르게 처리하기도 함

투자자의 투자 절차

투자 절차는 크게 '사전 미팅 & IR 피칭', '투자심의위원회(이하 투심위)', '계약 체결 & 납입' 세 부분으로 나눌 수 있습니다.

투자 절차 구조

```
01 사전 미팅 & IR 피칭
  ├─ 투자 후보 발굴 (01)
  ├─ 사전 미팅 (02)
  └─ IR 피칭 (03)

02 투자심의위원회
  ├─ 투자심사보고서 작성
  ├─ 예비 투심위 (04)
  ├─ 실사
  └─ 본 투심위 (05)

03 계약 체결 & 납입
  ├─ 계약서 검토와 협상 (06)
  ├─ 계약 체결과 법무 처리
  └─ 투자금 납입
```

스타트업은 동그라미로 표시된 다음과 같은 여섯 단계의 중간 의사결정을 모두 통과해야 최종적으로 투자 계약이 이루어집니다.

투자 절차별 주요 의사결정 내용

01	투자 후보 발굴	투자 후보에 대한 자료 검토를 통해 첫 미팅 진행 여부 결정
02	사전 미팅	몇 번의 사전 미팅을 통해 IR 피칭을 진행할 것인지를 결정
03	IR 피칭	예비 투자심의위원회(투심위)에 올릴 것인지를 결정
04	예비 투심위 [5]	예비 투심위를 통과시킬 것인지 결정
05	본 투심위 [6]	본 투심위에서 최종적으로 투자 여부 의사결정
06	계약서 검토와 협상	계약서 문구 검토 과정에서 특별한 문제 없이 투자자와 스타트업 간에 협상이 마무리되면 계약 체결 진행

마치 고객의 유입경로를 나타내는 판매 깔때기(Sales Funnel)처럼 각 중간 의사 결정 과정에서 투자 후보 중 일부만 다음 단계로 통과되는 구조이기에, 최종적으로 투자 유치에 성공하기까지는 힘든 과정을 거칠 수밖에 없습니다. **투자자마다 다르지만 예를 들어 100개의 투자 후보를 검토할 때 최종적으로 투자 계약까지 도달하는 후보는 대체로 몇 개에 불과합니다.** 따라서 스타트업은 투자 계약서에 도장을 찍기 전까지는 안심하지 말고 최선을 다해야 합니다.

---

5 투자사에 따라 '내부 투심위'라고도 함
6 투자사에 따라 '조합 투심위'라고도 함

case

가상의 투자사 B의 투자 프로세스별 전환율 예시를 보도록 하겠습니다. 총 100개의 투자 후보에 대한 검토를 시작하였지만 본 투심위까지 최종 통과한 곳은 3개에 불과합니다. 그리고 그 중 1개사는 계약서 협상 중 이견으로 인해 결국 투자 계약을 진행하지 못하였고 최종적으로 나머지 2개사만 투자 계약을 진행하게 됩니다. 일반적으로 이러한 투자 절차를 모두 거치는 투자사의 경우 대체로 ④,⑤의 전환율은 예시와 어느 정도 비슷한 편이지만, ①, ②, ③의 전환율은 투자사별로 모두 천차만별인 편입니다. 예를 들어 대다수 투자사의 본 투심위 통과율이 대체로 65~95% 범위라면, IR 피칭 이후 예비 투심위에 올리는 비율은 20~70%로 편차가 무척 큽니다.[7] 그리고 간소화된 절차를 가지는 투자사의 경우에도 각자의 절차에 따라 다른 전환율을 보이는 편이죠.

투자사 B의 투자 프로세스별 전환율

기업 개수
(단계별/누적 전환율)

① 투자 후보 검토 100개 팀
(100%)

② 첫 미팅 30개 팀
(30%/30%)

③ IR 피칭 10개 팀
(33.3%/10%)

④ 예비 투심위 6개 팀
(60%/6%)

⑤ 본 투심위 4개 팀
(66.7%/4%)

⑥ 최종 통과 3개 팀
(75%/3%)

계약 체결 2개 팀
(66.7%/2%)

7 조금 더 엄선된 투자 후보만 IR 피칭에 올리느냐 아니면 다양한 투자 후보를 IR 피칭에 올리느냐는 투자사별 성향에 따라 차이가 크며, 또한 예비 투심위에 올리는 것은 담당자의 개인 의지도 중요하기에 담당자별 차이 또한 큼. 일부 투자사는 IR 피칭 이후 연이어 자동으로 예비 투심위를 진행하기도 하는데 이 경우 100% 예비 투심위를 진행하게 됨

투자 절차 일정

대체로 투자 절차 소요 기간은 초기 투자자일수록 비교적 짧고, 중기 투자자나 후기 투자자처럼 뒷 단계로 갈수록 투자자가 보다 신중하게 판단해야 하기에 난이도도 높아지고 기간도 더 길어지는 편입니다. 그렇지만 투자 절차 일정은 투자자마다 다르고 그때의 상황에 따라서도 차이가 있음을 고려해야 합니다. 특히 투자자가 펀드 결성 중이거나, 연말/연초, 3월 포트폴리오사들의 정기 주주총회 시즌, 여름 휴가 등의 시기엔 투자 진행이 느려질 수 있기에 스타트업은 투자 유치 시작 시점을 계획할 때 이를 반영해야 합니다.

때에 따라 투자자가 평소에 비해 다수의 투자 후보 스타트업을 이미 검토 중일 수도 있고, 동시에 투자한 스타트업도 관리하고 때로는 펀드 결성에 집중해야 하는 등, 다른 업무들로 인해 일정이 빡빡할 때도 많습니다. 따라서 첫 미팅까지에도 시간이 꽤 걸릴 수 있다는 점을 염두에 두고 인내할 필요가 있습니다. 편차가 크지만 대략적인 투자 절차별 소요 기간을 정리하자면 다음 도표와 같습니다. 그리고 해당 투자사의 대략적인 투자 절차 프로세스 일정은 투자자 미팅 때 담당 투자자에게 문의해 보는 것이 좋습니다.

투자 절차 소요 기간

분류	절차	절차별 소요 기간	분류별 소요 기간
사전 미팅 & IR 피칭	투자 후보 발굴	1~4주[8]	2~12주 (3개월~1년)
	사전 미팅	1~8주(2개월~1년)[9]	
	IR 피칭	1~2시간	
투자심의 위원회	투자심사보고서 작성	1~4주	1~8주
	예비 투심위	1시간~수일	
	실사	1일~3주	
	본 투심위	1시간~수일	
계약체결 & 납입	계약서 검토와 협상	1~4주	1~10주
	계약체결과 법무 처리	1일~2주	
	투자금 납입	1시간[10]~4주	
총 투자 절차 소요 기간			4주~7개월 (3개월~1년 6개월)

[8] 보통 1~2주 내에 첫미팅을 진행하는 경우가 많지만, 검토 후보가 많아 미팅이 밀릴 때엔 4주 정도가 소요되기도 함

[9] 확신이 부족하여 조금 더 지켜보고자 하는 경우(예를 들어 서비스 런칭 이후 다시 미팅) 수개월이 소요될 수도 있음. 또한 중기나 후기 투자자가 장기적인 관점에서 미리 가벼운 미팅을 진행하는 경우 실제 투자 검토는 6개월~1년 뒤에 시작될 수도 있음

[10] 수탁사가 펀드 출금을 처리할 때 최소 하루가 소요되며, 만약 자기자본으로 투자하는 경우에는 최소 1시간 안에 납입이 가능할 수도 있음

만약 투자 검토 중인 투자자 후보 모두가 중간에 탈락을 통보한다면 빨리 새로운 투자자 후보를 찾아 처음부터 투자 절차를 다시 시작해야 하므로, 투자 유치 계획 시 이러한 상황을 대비한 충분한 여유 기간을 고려해야 합니다. 그러므로 스타트업 입장에서는 희망 고문보다는 중간 의사 결정 단계에서 빨리 거절을 통보해주는 투자자가 어쩌면 고마운 투자자일 수도 있습니다. 그리고 스타트업이 적극적으로 투자 검토 과정에 협조하였음에도 관련 일정이 계속 연기되고 투자자의 의지도 약해 보인다면, 투자자의 공식적인 거절 통보가 없더라도 다른 투자자 후보를 찾을 필요가 있습니다.

III 투자 유치, 실제로는 이렇게 진행돼요

3.
두근두근,
투자자와 첫 미팅

마치 투자자가 스타트업의 회사소개 자료나 IR 자료를 검토하듯이 스타트업도 잘 정리된 투자자의 소개 자료를 받아볼 수 있다면 좋겠지만, 현실적으로 그렇게 되긴 힘듭니다. 이러한 정보 비대칭성으로 인해 투자자에 대한 정확한 정보를 구하기가 쉽지 않으며, 스타트업과 투자자 간 오해가 생기기도 합니다. 그렇다면 스타트업은 어떻게 투자자 정보를 얻고 어떻게 투자자를 만나야 할까요?

어떤 투자자에게 투자를 받아야 할까?

투자자는 투자할 스타트업을 탐색하기 위해 다양한 채널을 통해 후보를 발굴하고 관련 정보를 수집하고 평판 등을 점검합니다. 반면, 스타트업은 투자자 후보에 대해 기초적인 정보 수집조차 없이 투자 유치를 진행하는 경우도 많습니다. 최소한 투자 단계나 투자 분야가 맞아야 투자 유치 진행이 가능한데, 엉뚱한 곳을 찾아간다면 투자를 받을 가능성은 거의 없다고 봐야 합니다.

적합한 투자자의 네 가지 기본 조건

어느 투자자가 우리 회사에 적합한지에 대한 고려가 필요한데, 적합한 투자자 후보는 기본적으로 다음 네 가지 조건을 충족해야 합니다. 이 네 가지 중 하나라도 맞지 않는 투자자 후보를 만나는 것은 결과적으로 서로 시간 낭비이기에 사전 조사는 필수죠.

A 투자 단계가 맞는 투자자를 찾아라

스타트업이 가장 많은 실수를 하는 것이 바로 엉뚱한 투자 단계의 투자자를 찾아가는 것입니다. 그럴 때 가끔 투자자가 자신을 찾아온 초기 스타트업에게, 초기 투자자가 더 맞는 것 같다며 소개해 주거나 혹은 그 반대의 경우도 있습니다.

스타트업 투자 유치 기사에서 투자 금액이 공개되기도 하니 투자자의 투자 단계를 추정할 수 있습니다. 하지만 기업가치는 대부분 비공개이기에 투자 금액만으로는 정확한 투자 단계를 알 수 없고, 주력 투자 단계가 때로는 시기나 운용 펀드에 따라 조금씩 변경되기도 하니 정확한 조사가 필요합니다.

B 투자 분야가 맞는 투자자를 찾아라

만약 IT 서비스를 하는 스타트업이 바이오 분야만 투자하는 투자자를 찾아간다면 곤란할 테고 그 반대도 곤란할 것입니다. 예를 들어 '한국투자파트너스'처럼 큰 조직의 투자사는 각 분야에 전문성을 가진 파트너/심사역 수십 명으로 구성되어 있기 때문에 사실상 거의 전 분야에 걸쳐 투자를 진행하고 있습니다. 그렇지만, 일반적인 투자사의 경우 파트너/심사역 수가 한정되어 있기에 투자 분야가 ▲ 디지털/IT ▲ AI/SaaS ▲ 콘텐츠 ▲ 제조/산업 ▲ 바이오 ▲ 생활/소비자 등 중 특정 분야 몇 가지로 제한되는 편입니다. 투자 분야는 운용 펀드와도 밀접한 관련이 있는데, 이후에 다시 살펴 보겠습니다.

우리 회사의 분야에 투자 경험이 많은 투자자라면 아무래도 필요한 조력을 받기에 유리할 것입니다. 하지만 투자자가 경쟁사에 이미 투자를 했거나 혹은 기존 포트폴리오사와 사업 영역이 충돌된다고 판단할 땐 투자를 진행하지 못하는 경우도 있습니다. 그럴 때 보통은 투자자가 첫 미팅 전후로 판단하여, 기존 포트폴리오사와의 충돌로 인해 투자 진행이 힘들다고 미리 정중하게 거절합니다.

> case

일부 투자사의 분야별 투자 건수 사례를 보면, 두 투자사의 주력 분야에 차이가 있음을 알 수 있습니다. '비에이파트너스'의 경우 전반적으로 ▲ 제조/산업(다양한 종류에 투자하며 특히 소재/부품/장비가 주력임)과 ▲ 생활/소비자 분야에 대한 투자 비중이 높은 편입니다. 이외에도 ▲ AI/SaaS와 ▲ 디지털/IT 분야에도 일부 투자를 진행했습니다. '매쉬업벤처스'는 ▲ AI/SaaS가 가장 주력하는 투자 분야이고, 그 다음이 ▲ 디지털/IT 분야(다양한 종류에 투자함)이며, 이외에도 ▲ 생활/소비자와 ▲ 제조/산업 분야에도 일부 투자를 진행했습니다.

비에이파트너스(좌)/매쉬업벤처스(우) 투자 분야 비율

(최근 2년 기준)

비에이파트너스		매쉬업벤처스	
41.2%	제조/산업 — 소재/부품/장비(26.5%), 로보틱스(8.8%), 모빌리티(2.9%), 방위산업(2.9%)	52.5%	AI/SaaS — SaaS(22.5%), AI(20%), 메디컬AI(7.5%), 피지컬AI(2.5%)
32.4%	생활/소비자 — 라이프스타일(14.7%), 콘텐츠(8.8%), 푸드테크(5.9%), 헬스케어(2.9%)	27.5%	디지털/IT — 라이프스타일(7.5%), 콘텐츠(7.5%), 핀테크(5%), 커머스(2.5%), 교육(2.5%), 디지털헬스케어(2.5%)
17.6%	AI/SaaS — AI(11.8%), SaaS(2.9%), 모빌리티AI(2.9%)	12.5%	생활/소비자 — 라이프스타일(5%), 콘텐츠(5%), 헬스케어(2.5%)
8.8%	디지털/IT — 디지털헬스케어(5.9%), 블록체인(2.9%)	7.5%	제조/산업 — 로보틱스(2.5%), 장비(2.5%), 모빌리티(2.5%)

투자사의 투자 분야는 담당 파트너/심사역의 이직에 따라 일부 변경될 수 있으며 새로 결성된 펀드의 주목적에 따라 영향이 있을 수도 있기에, 최신 정보에 대한 조사가 필요합니다. 투자사의 포트폴리오 구성과 파트너/심사역의 경력을 보면 대체로 어떤 분야를 선호하는지 짐작할 수 있으니, 투자사의 홈페이지를 확인해 보길 권합니다.

C 필요한 금액을 확보해 줄 수 있는 투자자를 찾아라

투자 단계도 맞아야 하지만 투자 금액도 맞아야 합니다. 예를 들어 총 50억 원의 투자 유치를 계획 중인데, 최대 2억 원까지만 투자하는 투자자라면 전략적으로 꼭 필요한 경우가 아니라면 투자자 후보로 적합하지 않을 것입니다. 2억 원씩이면 25명의 투자자를 모아야 50억 원을 채울 수 있는데, 그렇게 많은 수의 투자자를 모으기가 현실적으로 쉽지 않기 때문입니다. 그리고 가령 그렇게 모았더라도 많은 수의 투자자로 인한 경영상 동의 등 스타트업의 거버넌스(Governance)[11] 구조에도 이슈가 생길 여지가 있습니다. 따라서 공동 투자일지라도 한정된 수의 투자자만으로도 필요한 금액을 확보할 수 있을 만큼 충분한 금액의 투자를 진행할 수 있는 투자자를 찾아야 할 것입니다.

---

11 이해관계자들이 조직의 운영에 참여하는 방식

D 목표 기한 내에 자금을 납입할 수 있는 투자자를 찾아라

만약 스타트업의 남은 자금이 앞으로 2개월 뒤에 모두 소진될 것으로 예상되는데, 첫 미팅부터 투자 의사 결정 뒤 자금 납입까지 보통 3개월 이상 소요되는 투자자를 찾아가는 것도 잘못된 만남입니다. 그럴 경우엔 대출 등 다른 방법으로도 추가적인 자금 확보가 불가능하다면 가급적 2개월 이내에 의사 결정과 자금 납입까지 모두 가능한 투자자들 위주로 미팅을 진행해야 합니다. **도중에 변수가 생겨 예상보다 지연되거나 더 나아가 거절될 경우에는 현금흐름에 큰 문제가 되고, 또한 시간적 여유가 부족하면 투자 협상에서도 불리해질 수 있기 때문이죠.**

우리 회사에는 누가 최고의 투자자일까?

이러한 네 가지 기본 조건 외에 적합한 투자자의 다양한 조건이 추가로 있을 수 있습니다. 해당 시장과 사업을 잘 이해하고 조언과 네트워킹 등 필요한 도움을 줄 수 있는지, 타 투자자와의 네트워크를 통해 후속 투자 유치 지원을 잘하는지, 투자 철학이 좋고 담당 파트너/심사역과 합이 잘 맞는지, 투자자의 평판은 어떤지도 점검해 볼 수 있습니다.[12] 그 외에 합리적인 의사 결정 과정을 가진 투자자인지, 재무

---

12 투자자의 평판은 실제 그곳으로부터 투자를 받은 스타트업과 타 투자자 양쪽에 모두 해보는 것이 좋을 수 있음. 스타트업으로부터는 스타트업 입장에서 느낀 점을 들을 수 있고, 타 투자자로부터는 투자자 관점에서 다른 투자자와의 차이점을 들을 수 있음

적/전략적 투자자 중 어떤 투자자가 적합한지 등 각 스타트업별 상황과 목적에 맞는 투자자가 있을 것입니다. **다만 같은 투자사 내에서도 각 파트너/심사역에 따라 역량과 스타일에 편차가 있음을 고려해야 합니다.**

스타트업에 인기 있는 투자자 일수록 스타트업 간 투자 유치 경쟁률이 높을 수 있습니다. 그리고 언론에 많이 노출되지 않아 인지도가 높지 않더라도 숨겨둔 보석 같은 투자자도 있으니, 투자자에 대한 사전 정보를 많이 찾아보는 것이 좋습니다. 우리에게 정말 잘 맞고 많은 도움을 줄 수 있는 투자자인지, 아니면 혹시 SNS 활동이나 유명인의 이름만 빌려 미디어에서 과대 포장된 투자자는 아닌지를 판단하기는 쉽지 않은 일입니다.[13] 하지만 이러한 투자자에 대한 안목도 창업자에게 필요한 능력 중 하나이죠.

만약 적합한 투자자 후보가 많고 그 중 여러 투자자가 우리에게 투자하고 싶어 하는 이상적인 상황이라면, 추가적인 조건도 모두 만족시키는 최선의 투자자를 선택하여 투자 유치를 진행하면 됩니다. **하지만 보편적인 상황에서 가장 적합한 투자자는, 네 가지 기본 조건이 맞고 아직 검증되지 않은 우리 회사의 비전과 팀을 믿으며 투자를 결정해주는 투자자일 것입니다. 블랙 투자자가 아니고 투자 계약서에 도저히 받아들일 수 없는 독소조항만 없다면 말이죠.**

---

13 투자자가 스타트업을 투자 검토할 때 고려하는 관점과 비슷한 측면이 있음

투자자, 어떻게 찾고 어떻게 연락할까?

다섯 가지 투자자 탐색 방법

일부 투자자는 스타트업의 회사소개 자료나 IR 자료처럼 상세한 투자자 소개 자료나 성과/통계 자료를 외부에 공개하기도 합니다. 하지만 여러 현실적인 이유로 인해 그러한 자료가 따로 없거나, 혹은 있더라도 보안 이슈로 출자자가 아닌 외부에 공개하기 힘든 경우가 많습니다. **그러므로 스타트업은 잘 정리된 투자자 자료를 구하려고 하기보다는 다양한 채널을 통해 적극적으로 투자자에 대한 여러 정보를 구해야 합니다.** 투자자 후보에 대한 각종 정보(투자 단계, 투자 분야, 투자 금액, 투자 의사 결정까지의 대략적인 소요 기간, 투자 기준, 투자 철학 등)를 얻는 방법은 다음과 같습니다.

A 투자자 협회 홈페이지나 투자자 홈페이지를 이용하기

투자자 유형별 협회와 기타 다양한 투자자 협회가 존재하므로, 협회 홈페이지를 통해 관련 투자자 유형에 대한 소개 정보와 소속 투자자 홈페이지, 연락처 등을 찾아볼 수 있습니다.

`case`

초기 스타트업은 TIPS 운영사로부터 투자를 유치하는 경우가 많을텐데, TIPS 프로그램 홈페이지에서 최신 운영사/협력기관 리스트와 함께 전문투자 분야와 연락처를 제공하고 있습니다. 이외에도 TIPS 및 스타트업 관련 정보도 함께 확인할 수 있습니다.

출처: TIPS 프로그램 홈페이지 jointips.or.kr[14]

운영사	지역	협력기관	연락처 (홈페이지, 대표전화, e-mail)	전문투자분야	BI 소재지
포항공과대학교 기술지주	경북	포항공대, 포스텍 기업협의체, 포스텍 엔젤클럽, 아이디어브릿지파트너스	www.postechholdings.com (02-6949-6964) tips@postechholdings.com	기술기반 전 분야	서울/경북
킹슬리벤처스	서울	한국기술벤처재단, 전남대기술지주, 어썸벤처스, 리앤목특허법인, 케이디벤처팜, 서울대학교 벤처경영기업가센터, 킹슬리자산운용	www.kingsley.co.kr (02-537-5163) admin@kingsley.co.kr	ICT, 바이오, 딥테크, 라이프스타일, 기후변화	서울/대구
고려대학교 기술지주	서울	고려대의료원, 아이파트너즈, 한국기술지주회사협회, KU글로벌센터, 전북지역대학연합기술지주, 고려대학교세종산학협력단, 고려대학교의료원	www.kuholdings.co.kr (02-3290-5895) holdings@korea.ac.kr	ICT, 바이오, 헬스케어, 제조, AI, 콘텐츠 등 전 산업 분야	서울/부산/ 세종
매쉬업벤처스	서울	(미)빅베이슨캐피탈, 패스트파이브, 스파크플러스	www.mashupventures.co (02-581-5871) idea@mashupventures.co	AI, SaaS, 커머스, 딥테크, 소프트웨어 등 IT 전 분야	서울
메디톡스벤처투자	서울	메디톡스	www.medytoxventure.com (02-6901-5814) kalee@medytox.com	헬스케어(제약, 바이오, 의료기기, 건강기능식품, 고기능성 화장품 등)	경기
서울대학교기술지주	서울	서울대, (미)Church and State Business Center, 서울대학교창업지원단, 라구나인베스트먼트	www.snuholdings.com (02-880-2039) invest@sth.snu.ac.kr	ICT 서비스, 헬스케어, 핀테크 등	서울
인라이트벤처스	대구	대구창조경제혁신센터, 광주창조경제혁신센터, (프)EuraTechnologies, 와이앤아처, 다래전략사업화센터, 에이전트엑스, 경북창조경제혁신센터	www.enlightvc.com (053-341-9222) tips@enlightvc.com	기술기반 전 분야	대구/광주
김기사랩	서울	조이시티, EST soft Inc, 워크앤올, 서울경제진흥원	www.kimgisacompany.com labs.kimgisacompany.com	4IR 및 ICT 전 분야	서울/경기
미래과학기술지주	대전	카이스트, WSV Capital, 울산과학기술원, 대구경북과학기술원, 광주과학기술원	www.miraeholding.com (042-349-3104) tips@miraeholding.com	IT서비스, 부품소재, 의료/바이오(NT, BT) 등 기술 전분야	대전/울산/ 대구/광주

각 투자자의 홈페이지는 대부분 기본적으로 투자자의 인력 구성과 포트폴리오사에 대한 정보를 제공하며, 투자자에 따라 추가적인 정보를 제공하기도 합니다. 이러한 기본 정보를 통해 각 투자자의 투자 단계/투자 분야/투자 철학을 추정할 수 있습니다. 투자 인력의 경력을

14 홈페이지 '뉴스' 메뉴에 매 월 '팁스(TIPS) 운영사 접수처 현황'이 업데이트 되고 있음

통해 투자 성향을 추정해 볼 수 있고, 포트폴리오사 목록을 보면 대략 어떤 분야에 관심이 많은지를 파악할 수 있죠. 그리고 홈페이지가 자주 업데이트되지 않거나 홈페이지가 없는 투자자도 있는 것을 고려하면, 홈페이지만으로 필요한 정보를 모두 얻기 힘들므로 다양한 방법으로 정보를 수집해야 합니다.

case

가상의 투자자 C의 홈페이지 구성 예시를 보면 다음과 같습니다. 이러한 항목 중 몇 가지는 일부 투자자에 한정되어 제공되기도 합니다.

투자자 C 홈페이지 메뉴 구성 예시

About(Company)	투자자 소개 및 기본 정보
Media Kit	투자자에 대한 상세 정보 및 성과/통계 자료
Fund Profile	펀드별 정보
Team	파트너/벤처파트너[15]/심사역/매니저/어드바이저 등에 대한 인적 정보
Portfolio	투자한 포트폴리오사에 대한 설명과 홈페이지 링크 (투자 시점 순, 혹은 분야별/펀드별로 소개)
Apply	투자자 연락처와 지원 방법
Contents	투자자와 포트폴리오 소식 및 스타트업 관련 유익한 정보

---

15 풀타임이 아닌 파트타임 파트너로서 투자사의 투자와 포트폴리오사를 도움. 주로 창업자 출신이 많은 편이며, 별도의 의무가 적은 자율적인 어드바이저와 달리 의무와 인센티브가 계약에 의해 명확한 편임

그리고 계열사 관계의 투자사들은 이름이 서로 비슷해도 투자사별로 차이점이 있으니, 어떤 차이점이 있는지 확인해 볼 필요가 있습니다.

> **case**
>
> 예를 들어 '카카오벤처스'는 초기 투자자에 해당하지만, '카카오인베스트먼트'는 중기 투자자에 가까우며 전략적 투자자(SI) 성향도 더 강한 편입니다. 그리고 'IMM 인베스트먼트'는 후기까지 투자하는 VC이고, 'IMM PE'는 바이아웃 방식의 PEF를 주로 운용하는 투자자입니다.

B 펀드 출자자 홈페이지를 활용하기

예를 들어 '매쉬업벤처스'처럼 동시에 하나의 펀드만 운용하는 '원 펀드(One Fund)' 투자자의 경우에는 투자 분야/투자 단계/투자 기준이 비교적 일관된 편이지만, **다양한 분야/다양한 단계의 여러 펀드를 동시에 운용하는 투자자의 경우 조금 더 복잡한 편입니다. 이 경우 투자자 외에 개별 펀드에 대한 조사도 필요하며, 해당 펀드의 자금이 아직 소진되지 않았는지도 파악해야죠.** 그리고 펀드별 담당 파트너/심사역이 다를 수도 있다는 점도 고려해야 합니다.

각 펀드는 대부분 주목적 요건이 있는데, 주목적 요건과 투자 분야나 기타 조건이 맞아야 투자를 진행합니다. 투자자가 우리 회사에 투자하고 싶어도 펀드별 요건에 적합하지 않아 투자를 못 할 수도 있기 때문에 먼저 펀드별 투자 요건들을 조사해봐야 합니다.

case

예를 들어 투자 분야로는 '디지털/IT', '에너지', '소셜 임팩트' 등에 투자할 수 있는 펀드들이 있습니다. 기타 조건으로는 '만 39세 이하 청년 창업자', '여성 창업자', '재창업자', '설립 3년 이하 기업', '설립 7년 이하 기업', 혹은 수도권이 아닌 '특정 지역의 기업'에 투자할 수 있는 펀드들이 있습니다.

이 밖에도 스타트업 생태계 활성화를 위해 구주를 인수하는 '세컨더리 펀드'나 M&A에 필요한 자금을 제공하는 'M&A 펀드', 투자자가 투자할 때 특정 요건을 만족할 경우 같은 조건으로 매칭하여 투자하는 '매칭 펀드'와 같은 특수 목적 펀드도 있습니다.

각 펀드는 주목적 요건과 분야와 조건이 맞는 기업에 대한 투자를 대략 2/3 내외로 채울 경우[16] 나머지는 재량껏 다른 분야와 조건의 기업에 투자할 수 있기도 합니다. 하지만 아무래도 주목적이 우리 회사와 맞는 펀드로부터 투자 유치를 추진하는 것이 성사될 확률이 높은 편입니다.

펀드의 각종 정보를 통해 여러 예측이 가능하기도 합니다. 펀드 규모를 통해서는 정확하지는 않지만, 투자 단계와 투자 금액을 간접적으로 추정할 수 있고, 펀드의 주목적에 따라 투자 분야를 추정할 수도 있으며, 펀드 결성 시기에 따라 펀드의 소진 정도를 추정할 수 있습니다. 그리고 펀드의 주목적 요건에 맞는 경쟁 스타트업의 수가 적다면 경쟁률에서 유리할 수도 있습니다.

---

16 예를 들어 '60% 이상' 등 실제 펀드별로 차이가 있음

`case`

예를 들어 펀드가 1,000억 원 규모라면 5억 원씩 투자하면 무려 200개의 기업에 투자해야만 모두 소진이 가능하지만,[17] 50억 원씩 투자하면 20개의 기업에만 투자해도 모두 소진할 수 있죠. 따라서 최소 수십억 원 규모 단위로 투자할 가능성이 높기에 단독 투자라면 시리즈 A 이상, 공동 투자라면 시리즈 B 이상일 가능성이 크죠. 투자 분야로는 '에너지 펀드'의 경우 "에너지 관련 신산업, 융합 산업 등을 영위하는 중소, 벤처기업을 지원하는 펀드"로 소개되어 있다면 대략 어떤 분야에 투자할지 예측이 가능하죠. 그리고 만약 존속기간이 8년인 펀드의 결성일이 4년 전이라면, 보통 존속기간의 절반 시점 이전에 투자가 종료되니 해당 펀드는 소진되었을 가능성이 높습니다. 설사 아직 소진되지 않았더라도 남은 회수 시기가 4년으로 짧기 때문에, 보다 신중하게 투자 의사 결정을 할 수도 있습니다. 때로는 투자자가 기한내 펀드 소진을 목적으로 빠르게 투자할 대상을 찾기 위해 지인 투자자에게 관련된 투자 후보 추천을 요청하기도 합니다. 이때는 정해진 기한 내에 펀드를 소진해야 하므로 다소 공격적으로 투자 진행을 하기도 합니다.

국내에서는 아직 민간펀드[18]보다 정책자금을 출자받은 펀드의 비중이 높은 편입니다. 그렇기에 투자자 홈페이지에서 보유 펀드에 대한 정보를 제공하기도 하지만, 주요 정책자금 출자자 홈페이지를 통해 펀드별 목적과 속성과, 관련 운용사(투자자)에 대한 정보를 탐색해 볼 필요가 있습니다.

---

17 1,000억 원 자금 중 일부는 관리보수로 제하기 때문에 실제 투자 가능한 금액은 1,000억 원보다 작음
18 정책자금 없이 일반 기업과 개인이 출자한 자금만으로 구성된 펀드

`case`

예를 들어 '한국모태펀드'[19]가 출자한 '딥테크' 관련 펀드의 경우 '벤처투자종합포털' 홈페이지에서 '딥테크'를 입력하면 검색할 수 있으며, 리스트 상에서 결성일, 결성총액, 존속기간, 운용사명, 소재지, 홈페이지 정보를 확인할 수 있습니다. 순수 민간펀드도 주요 출자자의 요구에 따라 주목적 분야가 있기도 한데, 예를 들어 '모빌리티 펀드'는 모빌리티 관련된 기업에 주로 투자를 합니다. 다만 정책자금 출자자와 달리 별도의 출자자 홈페이지가 없는 경우가 대부분입니다.

출처: 벤처투자종합포털 www.vcs.go.kr/web/portal/rsh/list

번호	펀드명	결성일	결성총액	존속기간	운용사명 (전화번호)	소재지	홈페이지
1	기타 스타트업 코리아 효성 딥테크 벤처투자조합	2024-12-20	1,000억	10년	효성벤처스 (02-3299-3600)	서울	-
2	기타 부산대 딥테크 대학창업 제5호 개인투자조합	2024-10-08	35억	10년	부산대학교기술지주 (0515107513)	부산	-
3	전기/기계/장비 어센도 딥테크 지역혁신 투자조합	2024-09-23	300억	7년	어센도벤처스 (02-567-1017)	서울	www.ascendovc.com
4	전기/기계/장비 2024 해양신산업 딥테크 투자조합	2024-07-05	70억	8년	탭앤젤파트너스 (02-6247-6858)	인천	-
5	전기/기계/장비 티케 딥테크 스케일업 투자조합	2024-02-27	205억	7년	티케인베스트먼트 (02-533-0292)	서울	-
6	ICT제조 2023KIF-딥테크지역혁신투자조합	2023-12-27	370억	7년	동문파트너즈 (02-2265-0566)	경기도	www.egpartners.co.kr
7	유통/서비스 에이치비인뎁테크상생투자조합	2023-11-16	360억	8년	에이치비인베스트먼트 (02-3448-5622)	서울	www.hbvc.co.kr
8	바이오/뷰료 지유딥테크특허투자조합	2023-10-12	167.5억	8년	지유투자 (02-561-5274)	서울	http://www.guequity.co.kr
9	ICT서비스 고려대 딥사이언스 딥테크 벤처투자조합 제1호	2023-09-19	50.5억	8년	고려대학교기술지주 (0232905894)	서울	-
10	ICT서비스 퀀텀 10호 딥테크펀드	2023-01-18	540억	8년	퀀텀벤처스코리아 (02-6954-1091)	서울	http://quantumepk.com

19 민간투자자가 결성하는 벤처펀드에 정부 부처가 종잣돈을 출자하는 개념으로, 유망 창업/벤처기업의 투자 활성화 및 성장을 지원함

C 기타 온라인 정보를 활용하기

투자자 홈페이지와 출자자 홈페이지 외에, 투자자의 링크드인/페이스북 페이지/블로그/뉴스레터 등을 통해 투자자 및 포트폴리오사와 관련된 조금 더 자세한 최신 정보를 확인할 수 있습니다.

그리고 투자사 소속 파트너/심사역의 개인 SNS 계정을 통해 공식적인 채널로는 얻기 힘든 관심 분야나 성향 등의 정보를 얻을 수도 있습니다.

그 외 다양한 스타트업 관련 미디어나 블로그에서의 투자자 인터뷰나 기사, 그리고 투자 통계 사이트에서 투자자 정보를 참고할 수도 있습니다. **다만 통계 사이트의 경우 전체 정보 중 일부 공개된 정보에만 기반해 집계된 자료이다 보니, 실제와 차이가 있을 수 있다는 점을 염두에 둘 필요가 있습니다.**

D 오프라인 행사와 지인을 통하기

온라인이 아닌 오프라인 행사를 통해 정보를 수집하거나 지인으로부터 정보를 얻을 수도 있습니다. 예를 들어 'Welcome to TIPS'(welcometotips.com) 프로그램의 경우 투자사인 TIPS 운영사에 대한 소개 프로그램도 포함되어 있기에, 직접 참여하여 투자자에 대한 정보를 얻을 수 있습니다. 그리고 이미 투자 유치를 하였다면 기존 투자자의 네트워크를 활용하여 정보를 구할 수도 있습니다. 또, 지인 투자자나 '스타트업얼라이언스', '디캠프', '마루180', '구글캠

퍼스서울', 지역별 '창조경제혁신센터', 각 대학의 '창업지원단' 같은 스타트업 관련 기관, 혹은 투자를 받은 스타트업을 통해 투자자에 대한 정보를 얻는 것도 방법입니다.

투자자에 대해 공개된 정보는 온라인에서 얻기 쉽지만, 일부 정보에 불과합니다. **그리고 투자 철학, 투자 기준, 조력, 성향 등 정성적인 정보는 주관적인 측면이 강해, 인터뷰나 기사만으로는 정확한 정보를 얻기가 쉽지 않습니다. 게다가 같은 투자사라도 각 파트너/심사역별 차이까지 고려하면, 결국 직접 발품을 팔아야 제대로 된 정보를 얻을 수 있을 겁니다.**

E 해당 투자자에게 직접 문의하기

앞에서 언급한 것들은 간접적으로 정보를 취득하는 방법인데, 때로는 당사자에게 직접 물어보는 것이 가장 정확한 최신 정보를 얻는 방법이 될 수 있습니다. 투자자도 포트폴리오사의 경영간담회나 기타 모임 등을 통해 교류를 자주 하는 투자자에 대한 정보를 수시로 받지만, 실제 포트폴리오사가 후속 투자 유치를 시작할 시점에 별도로 해당 투자자에게 포트폴리오사에 적합한 펀드가 아직 소진되지는 않았는지 등 최신 정보를 확인하기도 합니다.

`case`
예를 들어 1,000억 원 규모의 펀드라면 시리즈 B 이상의 투자만 하는 것으로 짐작하기 쉬운

데, 막상 직접 문의해 보면 의외로 전체 펀드의 20%인 200억 원은 별도로 할당하여 10억 원 이하의 프리 시리즈 A까지도 투자할 수도 있습니다. 그리고 예를 들어 '특허기술사업화 펀드'일지라도 한 투자자는 원천 특허기술을 가진 딥테크 스타트업에만 주로 투자하고 다른 투자자는 관련 특허기술을 적용한 커머스까지 투자할 수도 있는데, 이런 정보는 직접 문의를 해봐야 제대로 알 수 있습니다.

시장의 변화에 따라 투자자의 투자 방향이 일부 바뀔 수 있고, 기존 펀드가 소진되고 새로운 펀드를 결성하면서 투자 분야나 투자 단계 등의 연관된 속성이 변경될 수도 있습니다. 따라서 스타트업이 투자자를 직접 만나기가 쉽지 않지만, 투자 관련 행사나 기타 만날 기회가 있다면 직접 몇 가지 질의해 보는 것이 좋습니다.

스타트업은 이러한 다양한 탐색 방법을 병행하여 투자자와 관련된 최신 정보들을 얻고 분석한 뒤, 조금 더 전략적으로 투자자에게 접근할 필요가 있겠습니다.

※ 참고: (부록) '3. 투자 관련 정보'

투자자를 만날 수 있는 다섯 가지 채널

투자자를 만나기 힘들다고 하소연하는 스타트업이 많습니다. 물론 투자자 수가 스타트업 수보다 절대적으로 적기 때문에, 마치 대기자가 많은 콜센터처럼 투자자를 만나기는 쉽지 않은 것이 사실입니다. 하지만 연애로 비유하자면 지인에게 소개팅을 부탁하지도 않고, 이성을 만날 수 있는 취미 모임 등에 나가 보지도 않으면서 힘들다고만 얘기하는 건 곤란하듯이, 스타트업도 투자자를 만날 수 있는 **여러 채널을 알아보고 고민하며 전략적으로 움직여야 합니다.** 간혹 투자자가 먼저 스타트업을 찾아가기도 합니다만 그런 경우는 드물기 때문에, 스타트업은 투자자를 만나기 위해서 어느 정도 적극적일 필요가 있습니다. 투자자 후보를 만날 수 있는 채널들과 유의할 점은 다음과 같습니다.

A 콜드 메일

콜드 메일(Cold Mail)[20]에 대한 대응은 투자자마다 차이가 있습니다. 예를 들어 시드 투자자의 경우 대부분 해당 스타트업의 첫 번째 투자자가 되기에 소개해 줄 기존 투자자가 따로 없습니다. 그렇기에 콜드 메일은 시드 투자자나 일부 프리 시리즈 A 투자자와 같은 초기 투자자에게 의미 있는 채널이며, 이들은 콜드 메일에 비교적 적극적으로 대응하는 편입니다. 그리고 '배치(Batch)' 형태로 운영하는 일부 시드 투자자는 창업경진대회와 유사하게 특정 기간에 콜드 메일로 지원을 받습니다.

하지만 중기 투자자나 후기 투자자에 콜드 메일로 지원하는 것은 의미가 적을 수 있습니다. 콜드 메일 대신 지난 투자 라운드의 투자

---

20 수신자를 직접 알지 못하는 상태에서 보내는 메일을 뜻하는데, 파트너/심사역 개인에게 보내는 메일 외에 투자 제안 메일을 접수하는 투자사의 공식 계정에 보내는 메일도 포함됨

자, 이번 투자 라운드의 공동 투자자, 포트폴리오사 혹은 지인 소개 등을 통해 스타트업을 발굴하는 비중이 훨씬 크기 때문입니다. **따라서 콜드 메일에 대한 답변을 받지 못하였다고 해서 너무 상심하기보다는 적절한 채널이 아니었다고 생각하는 게 좋습니다.**

만약 콜드 메일을 보내기로 했다면 메일에 어떤 내용을 담을지가 **중요합니다.** 투자 유치 제안을 위한 투자 제안서 자료는, 요약된 개요서(Executive Summary) 형태로 따로 설명하지 않더라도 비즈니스 모델의 핵심을 이해할 수 있게 명확해야 합니다. 그리고 팀 소개가 꼭 포함되어야 하며, 핸드폰 연락처, 홈페이지/앱 다운로드 링크도 포함하는 것이 좋습니다. 투자자 입장에서는(특히 팀을 중시하는 초기 투자자는) 팀 소개가 빠졌을 경우 자료가 마치 '앙꼬 없는 찐빵'처럼 느껴질 것입니다. 그리고 **파일은 가급적 누구나 보기 쉬운 PDF 형식으로 보내는 것이 좋습니다. 예를 들어 HWP 형식으로 보낸다면 투자자 중 일부는 열어보지도 못하고 지나갈 가능성도 큽니다.** 또한 자료 외에 본문에도 간단명료하게 어필할 수 있는 내용을 강조하는 것이 조금 더 투자자의 주의를 끌 수 있습니다. 여러 투자자에게 메일을 보내다 보면 간혹 복사 후 붙여넣기를 하다가 실수로 다른 투자자 이름을 쓰기도 하는데, 큰 실수는 아니지만 성의가 없어 보일 수 있으니 주의할 필요가 있죠.

`case`

'리멤버앤컴퍼니'의 경우 콜드 메일로 투자 제안서를 보냈었는데, 투자자가 보기에 본문에 굵은 글씨와 밑줄로 어떤 비전을 가지고 어떤 사업을 할 것인지를 간단명료하게 서술하였고 첨부한 자료도 명확하였습니다. 반면에 한 스타트업은 콜드 메일로 보낸 자료가 명확하지 않아 투자자가 이해하기가 힘들어 첫 미팅을 진행하지 못하였는데, 이후 스타트업 행사에서 우연히 만나 현장에서 2분간 간단한 설명을 듣고 나니 이해가 되고 관심이 생겨 다시 미팅을 진행한 경우도 있습니다.

B 지인의 소개

모르는 투자자에게 콜드 메일을 보내는 방법보다는, 지인 투자자에게 투자 유치 제안을 하거나 혹은 지인의 소개를 받아 적합한 투자자를 만나는 것이 좋습니다. 투자자는 아무래도 창업자와 직접 아는 사이면 조금 더 신뢰를 하고 투자 검토를 진행할 수 있으며, 지인의 소개를 받은 스타트업도 조금 더 기대하며 만나게 됩니다. 특히 중기/후기 투자자의 경우에는 콜드 메일을 통해 첫 미팅으로 연결될 가능성이 상당히 낮기 때문에, 가급적 지인의 소개를 통해서 만나는 것이 좋습니다.

지인은 우리 회사의 기존 투자자나 개인적으로 아는 투자자, 스타트업 기관 관계자가 될 수 있습니다. 그리고 투자 유치전에 기술보증기금이나 신용보증기금으로부터 보증을 받은 경우에도 담당자를 통해 투자자 소개를 부탁해보는 것도 방법입니다. 최근에는 투자자가 포트폴리오사나 펀드 출자자를 통해 스타트업을 소개받는 경우도 많아지고 있으니, 이를 활용하는 것도 좋습니다. 만약 여러 채널이 있다면 그 중 적합한 지인을 선택해 소개를 받으면 됩니다.

하지만 주변을 아무리 탐색해 봐도 투자자를 소개받을 수 있는 지인이 없다면, 한 다리 더 건너 지인을 통해 해당 투자자 포트폴리오사의 대표를 소개받도록 노력하는 것도 방법입니다. 그리고 꼭 스타트업 업계가 아니더라도 파트너/심사역의 경력을 살펴보고 같은 직장에 근무했던 지인을 찾아 소개를 받을 수도 있습니다.

`case`

대출 통합 관리 서비스를 제공하는 '핀다'는, 이혜민 대표가 '눔'의 한국 지사장을 맡은 경력으로 '눔'의 투자자가 원래 알던 지인이었기에 자연스럽게 첫 투자 유치로 연결될 수 있었습니다. 이처럼 근무하였던 스타트업의 기존 투자자를 먼저 찾아가 보는 것도 방법이죠. AI 엔터테인먼트 서비스인 '제타'를 개발하고 운영하는 '스캐터랩'은 제 지인인 예전 다음(Daum) 개발팀장으로부터 소개받아 투자까지 연결된 경우입니다.

C 창업 경진대회와 피칭 행사 그리고 오피스아워

투자자가 창업경진대회 심사, 스타트업 지원 사업 심사, 공개/비공개 데모데이, 오피스아워 등에 참석할 때가 많은데, 이러한 행사들은 스타트업이 자신의 비즈니스 모델을 투자자에게 정식으로 설명할 좋은 기회입니다. 투자자가 관심이 가는 스타트업을 발견하면 피칭 이후 먼저 명함을 주고 따로 미팅 의사를 밝히기도 하죠. 경진대회나 지원사업의 경우 고정적으로 심사위원으로 참석하는 투자자도 있는 편입니다. 또한, 투자자와 스타트업이 1:1로 만날 수 있는 오피스아워 행사는 예를 들어 '디캠프', '마루 180' 등 기관 홈페이지나 혹은 SNS로 홍보를 하는 경우가 많으니 언제 어디서 진행되는지 알기 쉽습니다.

  이런 행사에서는 정식 1:1 투자 검토 미팅보다 발표할 시간이 상대적으로 짧기에, 많은 정보를 한 번에 전달하려고 하기보다는 몇 가지 매력적인 장점을 명확하게 전달해 추가적인 미팅을 끌어내는 것을 주목적으로 하는 것이 좋습니다.

case

AI 학습 데이터용 크라우드소싱 플랫폼을 운영하는 '셀렉트스타'는 한 스타트업 경진대회에서 투자자의 눈에 띄었습니다. 이후 프로그램 종료까지 해당 투자자의 자문을 지속해서 받으며 서로에 대해 잘 이해하고 신뢰가 높아진 인연으로, 본격적인 투자 검토를 거쳐 투자까지 이어지게 되었습니다.

D 기타 현장 미팅

  정식으로 투자자에게 피칭하는 행사가 아니더라도 투자자를 만날 수 있는 기회는 많습니다. 투자자가 스타트업 관련 행사에 연사로 나오거나 토론의 패널로 참석할 수도 있고, 아니면 컨퍼런스 등에 일반 청중으로 참가할 수도 있습니다. 행사장에서 우연히 투자자를 만날 때 적극적으로 기회를 활용하여 명함을 교환하고 1분 정도라도 엘리베이터 스피치(Elevator Speech)[21]를 할 수 있습니다. 따라서 평소에

---

21 엘리베이터를 타고 가는 동안(그만큼 짧은 시간 내에) 중요한 사람에게 관심을 끌 수 있는 짧은 브리핑. 자신의 주요 생각을 간단 명료하게 요약하여 제대로 전달할 수 있어야 함

자신의 비즈니스 모델을 짧은 시간에 어필할 수 있는 내용을 미리 생각해 놓을 필요가 있습니다.

투자자는 많은 수의 스타트업을 상대해야 하므로 항상 바쁘기에, 관심이 더 가는 스타트업의 우선순위를 더 높일 수밖에 없습니다. 그러므로 투자자가 관심을 가질만한 인상을 남겨 투자자가 일종의 애프터 신청을 하게 하는 것이 현명한 방법입니다. 최근엔 행사들이 더욱 더 많아지다 보니 예전보다는 많이 파편화된 느낌이 있는데, 스타트업과 투자자 모두 더욱 부지런히 움직일 필요가 있습니다.

E 홍보를 통한 투자자 유인

PR을 활용해 관심 있는 투자자가 찾아오게 유도하는 간접적인 방법도 있습니다. 물론 간접적인 방법에만 의존하는 것은 바람직하지 않고 직접적인 방법과 병행해서 쓰는 것이 좋습니다. 투자자는 큰 혁신이 가능한 '메가트렌드(Megatrends)'[22]나 개인적으로 관심 있는 분야를 미리 설정하고, 관련 스타트업을 다양한 방법으로 탐색하고 발굴하는 경우도 있습니다. 그리고 관심 있는 분야가 아니더라도 매력적인 스타트업이 레이더에 들어오면 투자자가 적극적으로 해당 스타트업에 미팅을 요청할 때도 있죠.

PR을 위해 보도자료를 배포하거나 인터뷰를 진행하여 스타트업 미

---

22 사회전반에 걸쳐 일어나는 거대한 시대적 흐름을 의미

디어 등 언론에 노출될 수 있습니다. 또한 스타트업 DB 사이트에 정보를 올려 투자자가 검색을 통해 발견하게 할 수도 있습니다. 오프라인상으로는 스타트업 행사에 회사 부스를 오픈하여 투자자가 찾아오게 하는 것도 방법입니다.

case

'시프티'의 경우 기사가 나온 것은 아니지만 한 스타트업 인플루언서의 SNS에 짧게 소개된 것을 보고, 투자자가 먼저 관심이 생겨 연락해 미팅을 진행했고 이후 투자까지 연결됐죠. 그리고 스타트업뿐만 아니라 투자자도 포트폴리오사들을 눈여겨보는 후속 투자자를 위해, 실제 투자를 진행한 후 적정한 시점에 투자에 대한 보도자료를 배포하거나 연간 미디어 키트를 발행해 포트폴리오사의 PR을 진행하기도 합니다.

아마 스타트업 입장에서는 적합한 투자자 후보를 찾는 것보다 투자자를 만나기가 더 힘들 수밖에 없을 것입니다. 간혹 콜드 메일 외에 다른 채널이 없어 투자자에게 연락 못 하는 경우도 있는데, 적극적으로 다른 채널을 찾아보거나 그것이 안되면 콜드 메일이라도 보내는 것이 좋습니다.

※ 참고: (부록) '3. 투자 관련 정보'

투자자와의 첫 미팅

투자사의 컨택 포인트, 누가 좋을까?

투자사 내에도 다수의 파트너/심사역이 있습니다. 그중 누가 적합한 컨택 포인트인지도 고려해 볼 필요가 있는데, 일반 심사역보다는 파트너 등 직책이 높은 사람을 만나는 것이 더 유리할 수도 있습니다. 투자사마다 다르지만 투자 의사 결정 과정에서 파트너와 심사역은 권한의 차이가 있기도 하니까요.

하지만 직책보다 더 중요한 것은 해당 분야에 대한 이해도가 높고, 적극적으로 관심을 기울이는 것입니다. 실제 투자 절차는 담당 파트너/심사역의 개인적인 관심사와 역량, 그리고 의지로 이끌어 간다고 봐도 과언이 아니기 때문입니다.[23] 특히 큰 투자사들은 다양한 분야에 투자하는 데다가 분야별로 담당자나 팀이 따로 분할되어 있기 때문에, 본인의 분야가 아니면 해당 스타트업에 대해 제대로 이해하기 힘들 수 있습니다. 또한, 아직 검증되지 않은 스타트업의 비전과 팀을 믿고 투자 의사 결정을 내리려면, 큰 관심을 가지고 적극적인 파트너/심사역이 담당하여야 아무래도 투자 유치 성사율이 높아지게 됩니다. **설사 투자사 대표를 만난다고 해도 정작 관심이 별로 없다면 투

---

23 최종적인 투자 의사 결정과정은 결국 이미 확신을 가진 담당 투자자가 투자사 내부의 다른 멤버까지도 확신을 가질 수 있게 설득할 수 있느냐가 관건임

자검토를 진행하지 않을 가능성도 있으니, 스타트업이 투자사 대표를 직접 설득하는 것보다는 투자사 내부의 다른 적극적인 파트너/심사역이 설득하는 것이 유리합니다.

때로는 첫 미팅을 누구와 하느냐가 중요할 수도 있습니다. 첫 미팅을 한 파트너/심사역이 담당자가 될 수도 있고 아니면 투자사에서 적절한 파트너/심사역을 해당 스타트업에 배정하기도 하는데, 투자사 내에서 해당 스타트업의 딜(Deal) 담당자가 한번 정해지면 향후에 바꾸기 쉽지 않은 경우도 있기 때문입니다.[24] 따라서 지인의 소개를 통해 만나는 경우에는 혹시 가능하다면 처음부터 적극적이고 적합한 담당자를 만나는 것이 좋습니다.

첫 미팅과 IR 피칭에 앞서서 대비해야 할 것들

담당 투자자가 첫 미팅을 통해 해당 스타트업에 관심이 많다면 후속 미팅을 잡게 되고, 후속 미팅을 진행하면서 조금 더 확신이 들면 이후 IR 피칭 일정을 잡게 됩니다. 하지만 그렇지 않을 경우 첫 미팅을 끝으로 더는 투자 검토를 하지 않을 수도 있죠. 첫 미팅이 단순한 격식없는 미팅일 경우 딜 로그(Deal Log)[25]를 남기지 않기도 합니다.

---

24 특히 해당 딜 담당자의 인센티브와 관련될 경우 민감한 이해관계 이슈가 생기게 됨
25 투자사의 사내 ERP에 스타트업 미팅에 대한 기록을 남기는 것

따라서 투자자와 첫 미팅을 잡는 것도 중요하지만 미팅에서 첫인상이 무척 중요합니다. 예를 들어 시드 투자 유치라면 투자자가 스타트업의 미흡한 비즈니스 모델에도 익숙한 편이라 준비가 덜 된 상태에서 만나도 되지만,[26] 프리 시리즈 A 투자 유치라면 눈높이를 고려해 어느 정도 준비된 상태에서 첫 미팅을 진행하는 것이 좋죠. 그리고 시리즈 A 이상의 투자 유치라면 여러 투자자를 만나면서 본격적으로 투자 유치를 진행하기 전에, 투자자 한두 곳을 먼저 워밍업 차원에서 만나보는 것도 방법입니다. 첫 투자자의 반응을 통해 우리가 투자 유치를 진행할 만큼 준비가 되었는지, 그리고 어떤 부분을 더 보완해야 하는지를 확인할 수도 있기 때문이죠.[27]

첫 미팅에서는 비즈니스 모델의 핵심, 팀의 주요 멤버 소개와 서로 만나게 된 배경, 창업 동기, 그리고 필요한 자금의 규모와 시기[28] 정도를 이야기하면 됩니다. 한꺼번에 너무 많은 것을 설명하려 하기보다는, 주요 사항들에 대한 명확한 설명을 통해 투자자에게 매력적인 스타트업이라는 각인을 시키는 것이 중요합니다. 구체적인 추가 설명은 질의응답 시간을 활용할 수도 있습니다.

혹시 투자자에 대해 궁금한 것이 있으면, 투자 검토 미팅인 만큼 궁

---

[26] 시드 투자자의 경우 팀이 괜찮다는 판단이 들면, 비즈니스 모델에 일부 부족한 부분이 있어도 계속 지켜보며 관심을 가지기도 함

[27] 프리 시리즈 A 투자자와 시리즈 A 투자자 사이의 눈높이 간극이 있는 편임

[28] 투자자가 스타트업이 희망하는 시기까지 투자를 완료하기엔 무리라고 생각되면, 기한 내에 투자가 힘들다고 미리 이야기하기도 함

금한 것에 대해서는 질문해도 됩니다. 만약 기본적인 질문에 대해 불편하게 느끼는 투자자라면, 우리 회사에 큰 관심이 없거나 혹은 이후에도 원활한 커뮤니케이션이 힘든 투자자일 수도 있습니다. 하지만 때에 따라 투자자가 외부에 공개하기 힘들거나, 정성적인 부분이라 한마디로 명확하게 표현하기 힘들거나, 다양한 분야에 투자하는 여러 펀드가 있는 큰 투자사의 경우 다른 부서의 사정을 정확하게 알지 못하여 답변하기 힘든 경우도 있다는 점을 고려해야 합니다.

`case`

첫 미팅의 사례들을 보면 투자사별로 차이가 있고 담당 투자자에 따라서도 조금씩 다를 수 있는데, 첫 미팅부터 2시간 정도로 꼼꼼하게 검토하는 투자자부터 30분 정도로 짧게 진행하는 투자자까지 다양합니다. 그리고 질의/응답 스타일에도 차이가 있습니다. 예를 들어 한 투자자는 40분~1시간 정도 첫 미팅을 하는데, 먼저 20~30분간 설명을 듣고 나머지는 질의/응답 위주로 진행합니다.[29] 또 다른 투자자는 전체 설명을 먼저 듣는 형태보다는 꼬리에 꼬리를 무는 자연스러운 질의응답 형태로 1시간 가량 첫 미팅을 진행하기도 합니다.

투자자는 이후의 후속 미팅을 통해 추가 질의나 향후 예상 지표에 대한 근거/경쟁사/세부기술 등 관련 자료를 추가로 요구하기도 하고,[30] 고객사와의 인터뷰를 요청하기도 하며, 해당 스타트업을 직접 방문하여 점검해 보기도 합니다. 때로는 공동창업자를 비롯해 다른

---

29 투자자가 이후 설명을 듣기 전에 먼저 정확한 이해가 선행되어야 한다고 생각되는 부분은, 설명을 듣는 도중에 질문하기도 함
30 투자 유치가 아니더라도 평소에 각종 지표 등 이러한 자료들을 어느 정도 미리 준비해 둘 필요가 있음

주요 멤버들과 함께 티타임을 요청하기도 하며, 이 과정에서 비즈니스 모델 외에도 서로에 대해 조금 더 알아가면서 신뢰와 확신이 생기는지, 그리고 합은 맞는지 등을 점검해 보게 되죠. 핵심 멤버들을 인간적으로 파악하기에는 어느 정도의 시간이 필요하며, 결국 투자자 개인의 경험과 성향에 따른 주관적인 부분이 판단에 많이 작용될 수밖에 없습니다. **이러한 사전 미팅을 통해 담당 투자자가 IR 피칭을 진행해 볼 만한 스타트업이라고 판단하면 다음 단계인 IR 피칭 일정을 잡게 됩니다.**[31] 다만 투자사별로 그때의 상황에 따라 빠르게 진행되거나 지연될 수 있습니다.[32]

---

[31] 투자사에 따라 주간 회의 때 딜 브리핑(Deal Briefing)을 통해 간단한 투자 후보 보고 및 필터링을 거쳐 IR 피칭 일정을 잡기도 함

[32] IR 피칭은 기본적으로 대다수의 파트너/심사역이 참석해야 하기에, 보통 매주 특정 요일 등과 같이 날짜를 미리 지정해 진행하는 경우가 많음. 따라서 한 번에 많은 투자 후보가 몰릴 경우 일정이 지연되기도 함

III 투자 유치, 실제로는 이렇게 진행돼요

4.
멋지기보다는
'핵심을 찌르는 IR 피칭'

IR 피칭은 스타트업이 투자사의 파트너/심사역/기타 관계자들을
한 자리에서 모두 만날 수 있는 처음이자 마지막 기회입니다.
그리고 투자사 입장에서 IR 피칭은 본격적인 투자 검토의
시작 시점이기도 합니다. 따라서 IR 자료를 잘 작성하고
제대로 발표 준비를 하는 것이 무척 중요합니다.

IR 자료의 의미

　IR(Investor Relations)은 말 그대로 투자자와 관계를 맺는 행위로 투자자를 대상으로 기업의 각종 정보를 제공하는 활동입니다. 스타트업이 외부 투자 유치용이 아닌 내부적으로 실제 사업을 진행하기 위해 비즈니스 모델을 구체화한 사업계획서를 이미 작성하였을 수도 있습니다. 하지만 이것을 그대로 투자자에게 보여주는 것은 적절치 않습니다. **투자자를 위한 IR 자료는 일반 고객 대상의 회사소개서나 제품소개서, 구인용 HR(Human Resources) 성격의 회사소개서, 협력사를 위한 제안서, 정부 지원사업을 위해 해당 양식으로 작성된 지원서 등과도 차이가 있으며, 모두 각각 용도에 맞게 작성하여 이용해야 합니다.** 투자자와 1:1로 IR을 진행하는 자료는 대중을 주 대상으로 하는 공개 데모데이나 짧은 시간 안에 심사위원의 평가를 받아야 하는 경진대회용 자료와도 차이가 있습니다. 실제로 투자자의 이야기를 들어보면 대중을 대상으로 한 멋진 발표자료도 의미가 있지만, 조금 더 담백하면서도 개성이 있고 구체적이길 기대하는 편입니다.

　따라서 IR 자료는 무엇보다 투자자를 주 대상으로 하여 투자자의 입장을 고려하여 작성해야 합니다. 투자자가 관심을 가지거나 궁금해하는 점들과 II장 4.의 'Pick me up! 투자자는 이런 스타트업에 투자한다'에서도 언급한 투자 검토 시 고려하는 내용을 제대로 준비하여 투자자를 설득하고 공감을 끌어낼 수 있어야 합니다. **IR 피칭 자료**

뿐만 아니라 콜드 메일로 보내는 투자 제안서나 첫 미팅 때 발표 자료 등도 분량과 구체적인 정도의 차이를 제외하면 모두 IR 자료입니다.

그리고 메일로 보내는 IR 자료는 너무 도식화된 대면 발표용 자료 형태로 만들면 이해하기 힘들 수 있으니, 적당한 도식과 함께 명확하게 글로 설명된 자료가 이해하기 쉬울 수 있죠. 너무 도식화된 발표용 IR 자료를 서면으로 그대로 보낼 경우 "이 자료만 보고는 도대체 무슨 이야기인지 모르겠다"는 반응을 얻을 수도 있습니다. **또한 IR 자료는 기본적으로 투자자를 위한 것이지만, 자료를 만들며 스스로 사업에 대한 생각을 정리해 보는 좋은 기회로 삼을 수도 있습니다.**

IR 자료를 만드는 '십계명'

IR 자료를 작성하는 정답은 따로 없지만, 기본적인 목차로 많이 참고하는 자료가 '세쿼이아캐피털'의 '사업 계획 작성법'[33]입니다. 구체적으로 들어가면 국내 투자자와 해외 투자자에 따라 그리고 투자 단계에 따라 IR 자료 스타일이 조금 달라져야 하지만, 근본적인 측면에서는 비슷합니다.

아래 열 가지 목차는 세쿼이아캐피털의 내용에 제가 투자를 검토하거나 혹은 저희 포트폴리오사의 후속 투자 유치 시 조언한 경험 중 참고할 만한 내용을 추가하여 정리해 보았습니다.

---

33 Sequoia Capital 'Writing a Business Plan'
https://www.sequoiacap.com/article/writing-a-business-plan/

목차의 순서는 각자의 스토리텔링과 스타일에 따라 적절하게 편집하고, 군더더기를 삭제하여 핵심 부분을 돋보이게 하는 것이 중요합니다. 투자자는 많은 스타트업을 상대하기 때문에 투자자의 집중력을 더 높이기 위해서는, 투자자가 관심 있어 할 만한 부분에 중점을 두고 설득력 있게 작성하면 좋습니다.

IR 자료 '십계명'

I	기업의 목적 Company Purpose	기업/사업을 하나의 선언형 문장으로 정의
II	문제 Problem	현재 고객이 느끼는 고충(Pain Point)을 설명
III	해결책 Solution	우리의 해결책이 고객에게 주는 핵심 가치를 설명
IV	왜 지금인가 Why Now	해당 분야의 역사적 진화 과정을 설명
V	잠재적인 시장 규모 Market Potential	목표 고객군과 관련된 시장의 잠재적인 크기를 명시
VI	경쟁과 대체제 Competition&Alternatives	직/간접적인 경쟁자를 서술하고 경쟁에서 이길 수 있는 전략을 설명
VII	비즈니스 모델 Business Model	어떻게 성장하고 수익을 낼 것인지를 설명
VIII	팀 Team	공동창업자들과 핵심 멤버들에 대한 설명
IX	재무 Financial	3년 이내의 매출 계획과 예상되는 비용을 포함
X	비전 Vision	만약 계획대로 잘 된다면 5년 후에 무엇을 성취할 것인가를 제시

A 기업의 목적(Company Purpose)
: 기업/사업을 하나의 선언형 문장으로 정의

사업을 제품이나 서비스의 여러 가지 기능이 아닌 하나의 문장으로 간결하고 명확하게 설명하기는 의외로 쉽지가 않은데, 엘리베이터 스피치처럼 스스로 사업의 가장 본질적인 부분을 정의할 수 있어야 합니다. 그리고 예를 들어 여러 경진대회 수상이나 각종 지원사업 선정 등과 같은 자잘한 회사 연혁은 투자자가 관심이 없어 지루할 수 있으니, 주요 부분이 아니면 생략하는 게 좋죠. 또한 대표나 담당자의 연락처는 표지 등에 명시해 두는 것이 좋습니다.

B 문제(Problem)
: 현재 고객이 느끼는 고충(Pain Point)을 설명

현재 고객의 고충이 무엇이고 기존 해결책의 부족한 점이 무엇인지를 이야기하면 되고, 주요 고객군의 페르소나(Persona)[34]를 통해 설명하면 이해가 조금 더 쉬울 수 있습니다. **그리고 판매자/구매자처럼 양면(Two Sided) 고객이 존재할 경우 각 고객 유형별로 문제점을 설명해야죠.**

고객 이외에 전반적인 시장의 현황도 같이 설명하면 투자자의 이해가 쉬울 수 있습니다. 특히 B2B 시장일 경우 전체 가치사슬(Value

---

34 제품이나 서비스를 개발할 때 시장 환경과 사용자를 이해하기 위해 사용됨. 특정한 상황 속에서 전형적인 인물이 어떻게 행동할 것인가를 예측하기 위해 사용자 자료를 바탕으로 개성을 부여해 만듦

Chain)³⁵에서 각 플레이어의 복잡한 역학 관계가 어떤지를 투자자에게 체계적으로 설명하지 않으면, 해당 시장에 익숙하지 못한 투자자는 이해가 힘든 경우도 있습니다. 또한 잘 알려진 B2C 시장일 경우라도 체계적으로 잘 정리하면, 고객의 문제에 대해 잘 이해하고 있음을 투자자에게 어필할 수 있습니다.

C 해결책(Solution)
: 우리 해결책이 고객에게 주는 핵심 가치를 설명

우리의 제품이나 서비스가 고객의 삶을 어떻게 개선할 수 있는지 설명해야 하며, 단순한 아이디어 수준이 아닌 구체적인 방법과 차별화된 가치를 통해 제대로 문제를 해결할 수 있어야 합니다. 그리고 실제 구체화한 고객의 사례(Use Case)를 들어 설명하면 투자자가 이해하기 좋습니다.

D 왜 지금인가?(Why Now)
: 해당 분야의 역사적 진화 과정을 설명

지금 성공할 수 있는 이유를 최근 동향을 통해 설명할 수 있습니다. 예를 들어 기존에는 기술적인 한계나 규제로 인해 해결할 수 없었던 것이 이제는 상황이 바뀌어 가능해질 수 있고, 혹은 고객의 생활습관이 변하

---

35 기업이 제품이나 서비스의 종합적인 가치를 고객에게 최종적으로 전달하기까지의 중간 단계에서 부가가치가 생성되는 일련의 과정을 의미

면서 이제는 본격적인 트렌드가 형성되어 사업을 시작하기에 적절한 타이밍일 수도 있습니다. 시장의 배경과 함께 설명해도 됩니다.

E 잠재적인 시장의 규모(Market Potential)
: 목표 고객군과 관련 시장의 잠재적인 크기를 명시

기존의 시장에서 특정 영역을 목표로 삼을 수 있으며, 간혹 뛰어난 기업은 새로운 시장을 창조해내기도 합니다. **명확한 목표 고객군과 목표 시장을 명시할 필요가 있으며, 투자자가 보기에 잠재적인 시장의 크기가 충분히 매력적이어야 관심을 가진다는 점을 염두에 두어야 합니다.**

`case`
20세기 말 닷컴 시절의 새로운 '인터넷 트렌드'나 2010년대의 새로운 '모바일 트렌드' 같은 시대의 흐름을 타면 경쟁은 치열해도 폭발적으로 성장하는 시장에서 큰 기회를 얻을 수 있습니다. 반면에 경쟁을 피하는 것만 신경 쓴 나머지 너무 틈새시장만 노리다 보면, 목표 시장의 크기가 너무 작을 수도 있죠.

그리고 요즘엔 TAM/SAM/SOM 형태로 설명해 투자자가 이를 참고해 시장의 규모와 목표 고객군을 추정하기 편하게 작성하기도 하죠. 꼭 이 방식을 따라야 하는 것은 아니고 다른 적절한 방식이 있다면 그것을 써도 됩니다. **특히 새로운 시장을 정의하고 해당 시장의 규모를 추정하기는 여러모로 쉽지가 않은데, 충분히 생각해보고 정의해야 하며 시장**

규모 산정근거엔 객관적으로 보기에도 타당성이 느껴져야 합니다.

> **용어설명**
>
> **A. TAM(Total Addressable Market: 전체 시장)**
> 해당 제품이나 서비스가 속한 분야의 전체 시장.
> 예를 들어 애드테크 기업이라면 전 세계의 디지털 광고 시장이 해당할 수 있습니다. 시장조사 자료를 통해 비교적 쉽게 추정할 수 있죠.
>
> **B. SAM(Service Available Market: 유효 시장)**
> 전체 시장 내에서 자신의 비즈니스 모델이 적용되는 시장.
> 예를 들어 페이스북 광고 전문이고 해외 진출 계획이 있다면 페이스북의 글로벌 광고 시장이 해당합니다. 스타트업은 기존에 존재하지 않는 새로운 비즈니스 모델을 적용하는 경우도 있는데, 이때 관련된 시장조사 자료가 없기에 탑다운 또는 바텀업으로 창의적이면서도 개연성 있게 추정하여야 합니다.
>
> **C. SOM(Service Obtainable Market: 수익 시장)**
> 유효시장 내에서 1단계로 확보 가능한 시장.
> 예를 들어 초기엔 국내 스타트업을 목표 고객으로 하는 페이스북 광고 관련 애드테크 시장을 설정할 수도 있습니다. 주로 바텀업 방식으로 추정하는 경우가 많죠.

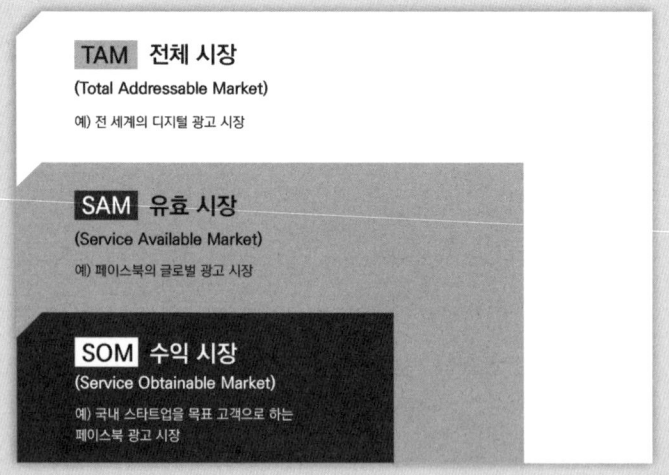

F 경쟁과 대체재(Competition & Alternatives)
: 직/간접적인 경쟁자를 서술하고 경쟁에서 이길 수 있는 전략을 설명

주요 경쟁자가 IR 자료에서 빠지면 투자자는 해당 스타트업의 시장 조사 능력에 의문이 생길 수 있습니다. 관련 경쟁자 조사는 투자 유치뿐만 아니라 사업을 위한 기본적인 비즈니스 모델 작성에도 중요하기에 필수입니다. 그리고 직접적인 경쟁사 외에 목표 시장이 일부 겹치는 간접적인 경쟁사도 분석할 필요가 있습니다.

보통 경쟁사와의 비교 테이블 형태나 시장에서의 위치 형태로 차별점을 설명하기도 합니다. 장점이 늘어나면 단점도 따라서 생기는 트레이드오프 성격도 있으니, 경쟁사보다 모든 면에서 다 뛰어나다고 하기보다는 해결책의 명확한 차별점이나 마케팅 전략, 이미 확보된 고객 수, 기술, 팀의 전문성 등 진입장벽이 있는 독보적인 경쟁우위(Unfair Advantage)를 어필하는 것이 중요합니다.

`case`

패션 커머스 AI 솔루션을 개발하는 '옴니어스'의 프리 시리즈 A 투자 유치 때 IR 자료를 보면, 패션 비주얼 검색엔진인 '옴니어스 렌즈(Omnious Lens)'의 시장 위치는 다음과 같습니다. 일반 텍스트 검색과 비주얼 검색으로 나누고, 다시 일반 서비스 사용자와 패션 서비스 사용자로 나누어 직접적인 경쟁사 이외에도 관련 기업들의 포지션을 보여줍니다.

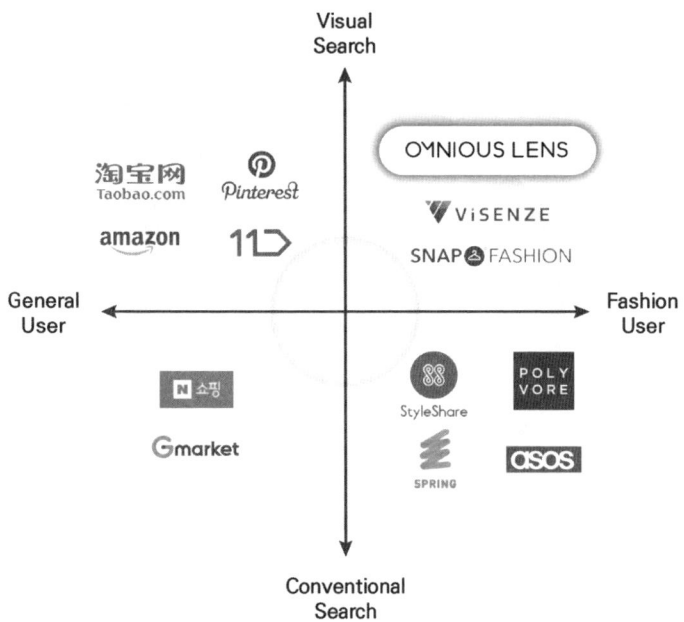

G 비즈니스 모델(Business Model)
: 어떻게 성장하고 수익을 낼 것인지를 설명

수익 모델(Revenue Model) 관련하여 매출/비용 구조와 가격정책이나 유통구조에 대한 설명이 필요합니다. 예를 들어 B2C 서비스의 경우엔 무료 서비스로 제공하고 광고나 커머스로 수익을 내거나 혹은 부분적인 유료화 모델 등도 가능합니다. B2B 서비스에서는 사스(SaaS:

Software as a Service)[36] 형태일 경우 구독형 수익 모델에 부분적인 유료화를 도입할 수도 있습니다. 그리고 설치형이라면 솔루션을 설치할 때 고객에게 주요 비용을 청구하고, 매년 유지보수 형태로 일부 비용을 추가로 청구하는 형태도 가능합니다. 소프트웨어(SW) 제품은 개발비를 제외하고는 별도의 원가가 거의 없고, 사스로 제공할 경우 영업/마케팅 비용을 제외한 유통비가 별도로 소요되지 않습니다. **하지만 하드웨어(HW) 제품일 경우에는 원가가 비용에서 중요한 부분을 차지할 수도 있으며, 유통과정의 물류비용과 중간 마진이나 제품 하자 시 교체나 수리 비용 등도 고려해야 합니다.**

투자자는 이를 구체적인 사례와 숫자로 점검해 보고 싶어 하니, 실제 시제품이나 오픈한 서비스의 수익 모델 가설이 검증된 부분과 서비스/매출 지표를 통해 설득해야 합니다. **이때 지표가 거래액인지 매출인지, 단위는 무엇인지, 누적인지 아닌지 등을 정확하게 서술하여 투자자가 헷갈리지 않게 할 필요가 있습니다.** 그리고 비슷한 경쟁 제품/서비스가 많으니 차별화된 마케팅/영업 채널 전략에 대한 설명도 중요하죠. 참고할 만한 주요 지표는 다음과 같습니다.

---

36 고객이 소프트웨어의 소유권을 갖지 않고 필요로 하는 서비스만 빌려서 이용할 수 있는 클라우드(Cloud) 서비스

분류별 주요 지표

분류	주요 지표
서비스 현황	앱 다운로드 수/가입자 수, UV, MAU/WAU/DAU, MoM, 재방문율
커머스 수익 모델	거래액, 매출, 마진, MoM, 재구매율, ROAS, CAC, 구매 전환율, 객단가
사스(SaaS) 수익 모델	전체 사용자 수/유료 사용자 수, 영업 파이프라인, MRR, ARR, MoM, YoY, CAC, LTV, ARPU, ARPPU

case

예를 들어 '오늘의집'의 경우 콘텐츠와 커뮤니티 서비스에 기반한 꾸준한 사용자 유입으로 고객 획득 비용이 낮고 팬심에 기반한 구매 전환율이 높기 때문에, 중기와 후기 투자 유치 시 상당한 설득력을 가질 수 있었습니다. '옴니어스'의 경우 패션업계의 다양한 목표 고객군에 대한 영업 파이프라인(Sales Pipeline)[37] 현황을 통해 투자자에게 시장의 가능성을 보여줄 수 있었습니다.

주요 지표들에 대한 설명은 다음 콘텐츠를 참고하시기 바랍니다.

※ 참고: 스타트업의 가설 검증과 주요 지표

---

[37] B2B 사업은 다양한 고객군이 존재하며 고객사의 의사 결정 구조도 B2C에 비해 복잡한 편이기에, 고객사별로 단계적으로 설득하며 고객사의 구매 의사 결정을 지원하는 프로세스를 의미

H 팀(Team)
: 공동창업자들과 핵심 멤버들에 대한 설명

가끔 팀에 대한 정보를 빼고 IR 자료를 보내는 경우가 있는데, 이것은 큰 실수입니다. 그리고 멤버의 이름만 쓰는 것은 의미가 없고, **전공이나 어떤 경력이 있는지를 포함해야 합니다.** 개인적으로 자주 하는 질문이 "당장은 아니더라도 미래에 어떤 드림팀이 이 사업을 가장 잘할 수 있을까요?"인데, **주요 멤버들의 이력을 통해 비즈니스 모델에 필요한 핵심 역량과 경쟁력을 어느 정도 가졌는지를 잘 어필해야 합니다.** 그리고 단순히 이름만 올린 외부 어드바이저 등은 너무 강조하지 않는 것이 좋죠.

투자자는 공동창업자들을 비롯한 핵심 멤버들이 각자 어떤 삶을 살아왔고 어떻게 만났는지, 비전은 잘 공유되는지, 각자의 지분은 적절한지,[38] 그리고 얼마나 서로 끈끈한 관계인지도 궁금해하니 IR 피칭 때 보충 설명을 하면 좋습니다.

I 재무(Financial)
: 3년 이내의 매출 계획과 예상되는 비용을 포함

초기 스타트업의 경우 아직 가설 검증 단계이기에 미래 예측지표의 오차가 크기 마련입니다. 따라서 5년은 큰 의미가 없고 3년 이내

---

38 대표나 주요 멤버의 지분이 투자자의 예상보다 아주 낮으면 바람직하지 못함

의 매출계획, 필요한 투자 금액, 그리고 투자금을 예를 들어 인건비/사무실 임대료/마케팅비/원재료비/서버비 등 어떻게 활용할지, 그리고 자금 소진 속도(Burn Rate) 정도가 필요합니다. 꽤 성장한 스타트업이라면 추가로 과거/현재의 현금흐름을 포함한 요약 재무제표, 그리고 미래의 추정 재무제표나 손익분기점 도달 시점 등의 자료가 필요할 수도 있습니다.

J 비전(Vision)
: 만약 계획대로 잘된다면 5년 후에 무엇을 성취할 것인가를 제시

창업자의 꿈과 스타트업의 장기적인 비전을 설명하면 됩니다. 궁극적으로 지향하는 회사의 비전은 무엇이며, 공동창업자들은 비전의 어떤 부분에 끌려서 뭉치게 되었는지 등의 스토리텔링이 좋습니다.

IR 자료, 작성 팁 여덟 가지

여러 스타트업의 IR 자료를 검토하고 조언한 경험을 기반으로 IR 자료를 작성하는데 참고할 수 있는 팁을 정리해 보았습니다.

A 투자자가 식상하다고 느낄 부분은 줄이고 궁금해할 부분에 집중하라

예를 들어 국내 커머스 시장이 나날이 성장하고 있다는 것은 누구나 다 아는 사실인데, 서론에서 이를 장황하게 설명하면 투자자는 지

치게 됩니다. 따라서 본론과 핵심으로 빨리 들어가는 것이 좋죠.

누구나 이야기하는 뻔한 전략이나 열정만을 내세우기보다는 우리만의 차별점과 경쟁우위, 그리고 전문성을 제대로 보여줘야 설득력이 있고 신뢰를 줄 수 있습니다. 그러나 생소한 B2B 영역이거나 어려운 기술 분야일 경우 투자자도 잘 모를 수 있기에 조금 더 상세한 설명이 필요할 수도 있습니다. 투자자 미팅에서 기초적인 질문들이 많이 나온다면 설명이 충분치 못했기 때문일 수 있죠.

분량에 따로 정답은 없지만, 예를 들어 시드 라운드 기준으로 첫 미팅을 위한 자료라면 부록을 제외하고 슬라이드 기준 15~25장 정도가 적당할 수 있습니다. 그리고 투심위 이전의 IR 피칭을 위한 자료라면 분량이 더 많아져 부록을 제외하고 30장 이상이 될 수도 있으며, 실제 예상 피칭 시간에 맞추어 더 간단명료하게 요약할지 아니면 더 구체적인 부분을 추가할지를 판단하면 됩니다.

B What만 있고 How to가 없으면 곤란하다

드물지만, 간혹 자료가 명확하지 않아 30분간의 발표를 했는데도 'What'조차 무엇인지 모르겠는 경우가 있는데, 이건 심각한 문제입니다. **그리고 'What'이 있어도 'How to'가 없으면 목표만 있고 전략이 없다는 것과 같습니다.**

예를 들어 특정한 분야의 버티컬 커머스 시장을 목표로 한다면, "시장의 어떤 고객군을 목표로 단계별로 어떻게 성장하겠다"는 'What' 이외에 "단계별 목표를 경쟁사와 비교하여 어떤 차별점을 가지고 어떤 전략으로 어떻게 공략하여 성취하겠다"는 구체적인 'How to'를 투자자는 듣고 싶어 합니다.

C 지나친 논리적 비약이나 과장은 역효과를 낼 수 있다

투자자들이 이미 아는 사실을 틀리게 이야기하거나,[39] 논리적 비약이 심하거나, 혹은 선두주자인 경쟁사보다 무작정 뛰어나다고 우기는 것은 오히려 신뢰를 잃게 만듭니다. **특히 선택과 집중을 하지 않고 이것저것 다 잘하겠다는 것은 투자자가 가장 싫어하는 형태의 IR 자료입니다. 실제로 자신 있는 것이 하나도 없다는 것처럼 느껴지죠.**

데이터를 외부에서 인용할 때에는 출처가 명확한 객관적인 데이터[40]를 사용해야 하고, 설득력 있는 논리적인 근거에 기반하여 목표 시장 규모, 경쟁력, 그리고 미래 예상 지표를 설명하여야 공감을 얻을 수 있습니다.

case

예를 들어 버티컬 커머스 시장이 아닌 전체 커머스 시장 크기의 수치는, 너무나 방대해서 목표 시장을 산정하는 근거로는 추상적이죠. 그리고 '세계 최고'와 같은 추상적인 수식어는 줄이고 우리의 경쟁 우위에 관한 명확한 단어를 잘 선정하여 작성해야 합니다.

39 투자자가 해당 시장에 대해 이미 많은 자료를 보고 분석했을 수도 있음
40 출처를 명시할 필요가 있음

D 단계적인 로드맵을 보여줘라

로마는 하루아침에 이루어지지 않았듯이, 스타트업은 각 단계를 거쳐 성장하게 됩니다. 미래의 비전을 이야기하되 현재의 단계에서 검증된 가설과 지표는 어떠하며, 다음 단계로 가기 위해 검증해야 할 가설과 지표, 그리고 이를 달성하기 위한 중기적인 전략은 무엇인지가 구체적이어야 하죠. 먼 미래의 추가적인 수익 모델이나 사업 확장은 아직은 요원하기 때문에 투자자에게는 일종의 보너스 정도로만 느껴질 수 있습니다.

E 적절한 스토리텔링을 활용하라

창업 동기나 시장의 현황과 배경, 고객 문제 등에 대해 적절한 스토리텔링이 있으면 좋습니다. **사람은 감성적인 동물이기도 하기에 논리적인 개연성 외에 감동도 있으면 설득과 공감에 유리합니다.**

그리고 예를 들어 단순히 우리의 제품/서비스가 좋다고 주장하기보다는 구체적인 사례와 함께 고객의 평점이나 반응/리뷰 등을 서술해주는 것이 더 현실적으로 느껴져서 효과적입니다.

F 텍스트와 시각 자료를 조화롭게 사용하라

너무 텍스트 위주이거나 반대로 너무 많은 도식과 표를 동원하면 투자자 입장에서 이해하기 힘들 수 있습니다. **따라서 적절한 레이아**

웃을 취해야 하며, 폰트 종류나 크기도 적절한 것을 활용하는 게 가독성에 좋죠. 예쁘게 만들기 이전에 먼저 명확하게 만들어야 합니다. 그리고 필요시 이미지도 적절하게 이용하면 좋고, 특히 기술적으로 이해가 어려운 부분은 데모 동영상[41]이나 스크린샷 등을 활용하면 상대적으로 쉽게 투자자를 이해시킬 수도 있습니다.

case

한 테크 스타트업의 경우 기술적인 부분이 어려워 설명하기가 쉽지 않았습니다. 그래서 3D 동영상이 아니더라도 간단한 2D 동영상으로 구현해 보면 어떻겠냐고 자문하였는데, 실제로 투자자가 쉽게 이해가 가능해진 적도 있죠.

G 어깨에 힘을 빼고 본질적인 자료를 본인 스타일대로 만들어라

자료를 포장하는 것에만 너무 신경 쓰지 말고, 어깨에 힘을 빼고 스스로 솔직하게 장점이 무엇인지를 몇 가지의 키워드로 먼저 정리해 볼 필요가 있습니다. 그리고 그것을 문장으로 정리해보고 다시 약간의 포장과 함께 자료로 정리하면 됩니다.

간혹 자료를 너무 잘 만들려다 보면 자신의 스타일과 다르게 무리하는 스타트업도 있습니다. 나에게 맞지 않는 명품보다는 나에게 맞는 길거리 패션이 낫죠. 너무 잘 보이려는 것에 치중하다 보면 오히려 신뢰를 떨어뜨릴 수도 있는데, 실제로 잘하는 것을 투자자에게 담백

---

41 신기하게도 평소에 잘 시연되던 것이 꼭 IR 피칭 시에는 제대로 작동하지 않는 경우가 많으니, 가급적 직접 시연보다는 데모 동영상 파일을 제작하여 현장에서 재생하는 것을 권장함

하게 제대로 알리는 것이 때로는 효과적일 수도 있습니다.

H 예상 Q&A 자료를 미리 부록에 넣어두면 좋다

　예상 질문에 대비하여 준비한 Q&A 자료를 미리 IR 자료 부록에 넣어두면, 투자자 입장에서는 스타트업이 이미 관련된 이슈를 고민한 흔적이 보여 좋습니다. 그리고 투자자들로부터 반복해서 나오는 질문은 부록이 아닌 본문에 어느 정도 반영하여 보완하는 것도 방법입니다. 투자자의 피드백에 맞추어 IR 자료의 본문과 부록을 지속해서 업데이트할 필요도 있습니다. 국내외 스타트업의 공개된 IR 자료 샘플은 아래 링크에서 확인하실 수 있습니다.

※ 참고: 국내외 스타트업 IR 자료 샘플

IR 피칭, 이렇게 준비해보자

IR 피칭에는 기본적으로 투자사의 파트너/심사역이 대부분 참석하며 경우에 따라 기타 관계자가 함께 참석하기도 합니다. 그리고 간소한 절차를 가진 투자사의 경우 파트너/심사역이 대부분 참석하는 스타트업과의 미팅이 공식적인 피칭을 대신하기도 합니다.

IR 피칭은 일반적으로 1시간 30분 전후로 진행되며, 그중 절반 이하가 발표 시간이고 나머지 절반 이상이 질의응답 시간이라고 보면 됩니다. 기본 발표만 30분 혹은 그 이상이 소요되고 상당한 양의 질의응답도 있기에, 질의응답 없이 5분 전후로 짧게 진행되는 일반 데모데이 피칭과는 디테일에서 차이점이 크다는 점을 염두에 두고 준비해야 합니다.

발표는 기본적으로 스타트업 대표가 해야 하며,[42] **발표와 예상 질의/응답에 대한 리허설을 익숙해질 때까지 여러 번 연습해 볼 필요가 있습니다. 담당 투자자는 그간의 미팅을 통해 이미 많은 내용을 알고 있지만, 다른 파트너/심사역은 처음 듣는 내용도 많을 겁니다. 따라서 IR 피칭은 투자사의 담당 투자자 이외에 다른 파트너/심사역을 설득하는 것이 중요하며 이를 위해 이해하기 쉽고 명료하게 표현할 수 있도록 준비해야 합니다.** IR 피칭 때 주의할 점들을 몇 가지 정리해 보면 다음과 같습니다.

---

42 투자사의 파트너/심사역이 대표를 직접 만날 수 있는 자리이기에, 발표 내용 이외에 대표에 대해서도 많이 알고자 함

IR 피칭 때 주의할 점

- **담당 투자자 이외에 다른 파트너/심사역들을 설득하는 것이 중요하다.**
청중의 이해도에 맞추어 준비하고 과장하지는 말되 충분한 공감과 확신을 줄 수 있어야 한다.

- **리허설은 필수다.**
대본을 외워서 반복하여 연습하는 방법도 있고 대본이 아닌 슬라이드별 필수 키워드만 외우고 자연스럽게 발표하는 방법도 있는데, 자신에게 맞는 스타일을 선택해 준비하면 된다.

- **발표할 때는 자신감을 가지고 진행하라.**
필요하면 적절한 몸짓을 병행하는 게 좋다. 리허설 때 영상을 녹화하여 발표 내용과 함께 자세도 보는 것이 교정에 도움이 된다. 스티브 잡스 스타일이 아닌 본인만의 자연스러운 스타일이 좋다.

- **테크 스타트업은 어려운 기술을 쉽게 설명할 수 있어야 한다.**
도식화, 동영상, 시연 등을 통해 기술을 쉽게 설명할 수 있어야하며, 기술에만 집중하기보다는 비즈니스 모델도 제대로 설명해야 한다.

- **기존 투자자나 선배 창업자로부터 조언을 받아라.**
리허설에 대한 피드백과 예상 질문에 대해 조언을 받아보는 것이 좋다. 그리고 자신도 추가 예상 질문들을 상상해 보고 답변들을 충분히 고민해 보는 것이 좋다.

- **질의/응답에서는 질문의 의도를 파악하는 것이 중요하다.**
그렇지 않으면 긴장하여 질문의 의도와는 다른 동문서답을 하게 될 가능성이 있으며, 솔직하게 답하는 것이 신뢰감을 준다.

- **질문에 대해 너무 예민하게 반응하는 것은 좋지 않다.**
질문에 예민하게 반응하여 투자자와 논쟁에서 이기려는 자세는 지양할 필요가 있다. 마치 개발자가 디버깅하듯이, 투자자는 여러 잠재 리스크들을 찾아내어 질문하는 경향이 있다. 투자자도 스타트업이 본질적으로 리스크가 없을 수 없다는 것을 잘 알고 있으며, 단지 스타트업이 이에 대해 얼마나 고민해 보았는가를 가늠해 보려는 의도이다.

- **투자자의 좋은 질문은 적극적으로 수용한다.**
투자자의 질문에서 스타트업이 미처 생각하지 못한 인사이트를 얻을 수도 있다. 외부인의 관점에서 보는 시각은 의미가 있으니, 공동창업자가 같이 참석한다면 메모하는 것이 좋다.

- **투자자도 정답을 아는 것은 아니다.**
투자자의 의견을 존중하고 참고하되, 투자자에 너무 억지로 맞출 필요는 없다.

보통 IR 피칭이 끝난 당일이나 혹은 수일 이내에 담당 투자자가 IR 피칭 참석자들의 반응과 분위기를 파악하거나, 또는 파트너/시니어 심사역과 논의하여 예비 투심위에 올릴지를 결정하게 됩니다.[43] **담당자 입장에서는 예비 투심위에 올리기 위해 투자심사보고서를 비롯해 많은 준비를 해야 하기에, 상당한 확신이 들어야만 올리게 됩니다.**

---

43 간혹 일부 투자사는 IR 피칭에 바로 연이어 예비 투심위를 진행하기도 함

III 투자 유치, 실제로는 이렇게 진행돼요

5.
우리 회사의
적정 기업가치는 얼마일까?

- 적정 기업가치 판단하기

스타트업이 투자 유치를 할 때 먼저 고려하는 요소가 기업가치와 투자 금액인데, 지표가 아직 부족한 스타트업의 적정 기업가치를 평가하기는 쉽지 않습니다. 그리고 기업가치와 투자 금액 이 두 가지 요소는 스타트업의 지분 희석에도 영향을 미치게 됩니다.

일반적인 기업가치 평가 방법

간혹 스타트업의 자본금이나 주식 액면가가 투자 유치 시 기업가치에 크게 영향을 주는지 문의하는 스타트업도 있습니다. **스타트업의 기업가치는 이런 유형자산보다는 미래의 기업가치를 결정하는 무형자산에 더 큰 영향을 받습니다.** 물론 자본금이 꽤 크다면 기업가치에 '곱하기(X)'는 아니더라도 '더하기(+)' 정도의 영향을 줄 수 있고, 공동창업자들의 의지가 그만큼 크다는 측면에서 투자자가 긍정적으로 생각할 여지가 있죠. 기업가치를 평가하는 일반적인 방법으로는 다음과 같은 세 가지 유형이 있습니다.

A 법적인 평가 방법

흔히 '상증법'이라고 부르는 상속세 및 증여세법상의 평가 방법이 있으며, 비상장주식의 경우 순손익 가치와 순자산 가치를 가중평균하여 산정합니다. 스타트업의 경우 대부분 순이익이 없으며 장부상의 유형자산 가치도 작기 때문에 특히 초기 스타트업을 평가하기엔 적합하지 않은 방법입니다.

B 현금흐름에 기반한 평가 방법

'DCF(Discounted Cash Flow: 현금흐름 할인법)'는 해당 기업이 향후에 벌어들일 미래의 현금흐름을 현재 가치로 할인하여 기업가치를 산출하는 방법입니다. 역시나 초기 스타트업은 영업이익이 나지 않는 경우가 많으며 미래의 현금흐름을 예측하기도 쉽지 않습니다.

C 유사 기업 기업가치에 기반한 평가 방법

PER(Price Earning Ratio: 주가수익비율),[44] PBR(Price Book-value Ratio: 주가순자산비율),[45] EBITDA(Earnings Before Interest, Taxes, Depreciation and Amortization),[46] 유료 가입자 수 등의 지표를 활용하여 동종업계 기업과 비교해 상대적으로 기업가치를 산정하는 방법입니다. 이때 만약 상장사이거나 업계의 1위 기업이면 관련된 프리미엄이 반영되기도 합니다. **이 방법은 주로 상장사나 크게 성장한 기업의 가치 평가에 많이 활용되며, 스타트업의 경우 아직 영업이익이 없지만 매출이 클 때는 PSR(Price Sales Ratio: 주가매출액비율)[47] 지표를 활용하기도 합니다.**

하지만 지표가 거의 없는 초기 스타트업은 위와 같은 일반적인 방법으로는 평가하기가 거의 불가능하며, 객관적인 수치가 없어 투자자별로 편차가 클 수도 있습니다. 예를 들어 같은 스타트업을 두고 A 투

---

44 '주가/주당순이익'으로 계산되며 주가가 수익의 몇 배나 되는지를 보여주는 지표
45 '주가/주당순자산가치'로 계산되며, PBR이 1이면 기업가치가 장부상 가치로서의 순자산과 같음을 의미
46 이자/법인세/감가상각비를 차감하기 전의 영업이익으로, 기업의 현금 창출 능력을 보여줌
47 '주가/주당매출액'으로 계산되며, 주로 성장성에 중점을 둔 기업가치 평가 방법

자자는 50억 원이면 적절한 기업가치라 생각할 수도 있지만, B 투자자는 기업가치 30억 원에도 투자하지 않겠다고 느낄 수 있는 거죠.

투자자의 스타트업 기업가치 고려 요소

객관적인 지표가 적은 초기 스타트업의 기업가치 평가에는 투자자의 주관이 반영될 수밖에 없습니다. 하지만 투자자는 스타트업의 여러 측면을 고려하여 적정한 기업가치를 측정하려 노력합니다. 투자자마다 차이가 있지만, 다음과 같은 요소들이 고려될 수 있습니다.

A 내부 컨센서스(Consensus)

기본적으로 투자사 내부에, 성장률을 고려한 미래의 적정 기업가치에서 역으로 현재의 적정 기업가치를 계산하거나 그간의 투자 경험이나 자체 가이드에 따른 컨센서스가 있기도 합니다. 업종별로 잠재적인 시장의 크기, 스타트업의 경쟁우위, 서비스/제품/수익 모델 등의 진행 단계를 고려하여 산정된 대략적인 적정 기업가치이죠. **그리고 일부 시드 투자자는 기업가치와 투자 금액을 획일화해 고정해 두기도 합니다.**[48]

---

48 첫 투자 유치 시 스타트업과 투자자 간의 과도한 협상 노력은 서로 시간과 리소스 낭비인 경우도 있기 때문

B 미래 성장 잠재력

투자자 입장에서는 현재의 적정 기업가치보다는 해당 스타트업이 미래에 어느 정도까지 성장이 가능한지가 수익 배수 측면에서 더 중요할 수도 있습니다. II장 3.의 '하이리스크 하이리턴(High-Risk, High-Return) vs 로우리스크 로우리턴(Low-Risk, Low-Return)'에서 언급한 "시장이 작아 보여서 투자하기 힘들 것 같습니다"를 떠올려 보세요.

만약 성장 가능성이 투자자의 기대치에 크게 못 미친다면, 투자자로서는 현재의 기업가치라도 상대적으로 낮아야 목표 수익 배수를 달성할 가능성이 생깁니다. 반대로 스타트업의 성장 가능성이 아주 크다면, 투자자 입장에서 현재의 기업가치를 조금 더 높게 평가하더라도 목표 수익 배수에 큰 문제가 안 될 수 있습니다.

case

시장의 한계로 인해 해당 스타트업이 아무리 잘해도 기업가치 200억 원 정도까지만 성장 가능하다면, 최소 3배 이상의 수익 배수가 목표인 투자자 입장에서 100억 원은 물론이고 80억 원의 현재 기업가치조차도 매력적으로 보이지 않을 것입니다. 하지만 투자자가 판단하기에 현재 적정 기업가치는 100억 원 정도로 보이나 향후 기업가치가 1,000억 원이나 2,000억 원까지 성장할 가능성이 커 보이는 매력적인 스타트업이라면, 120억 원 정도도 매력적으로 느껴질 가능성이 있습니다.

C 선행 투자의 기업가치

첫 투자 유치가 아닌 스타트업의 경우, 간혹 후속 투자자가 기존 투자 유치 시점의 기업가치나 지표(매출이나 영업이익이 없으면 서비스 지표를 활용)와 비교해 상대적으로 얼마나 성장했는지를 현재 기업가치 산정에 참고하기도 합니다. **물론 투자자가 정말 매력적인 스타트업이라고 판단한다면, 과거 기업가치는 큰 의미가 없을 수도 있습니다.**

> **case**
>
> 예를 들어 해당 스타트업이 1년 전 시드 투자 유치 때 MAU(월간 활성 사용자) 1만 명에 기업가치 20억 원으로 투자를 받았고, 현재 MAU가 2만 명에 투자 유치 희망 기업가치가 100억 원이라면, 후속 투자자는 100억 원의 기업가치가 과하다고 생각할 수 있습니다. 때로는 이런 이유로 선행 투자 유치 시 계약 클로징(자금 납입)이 너무 늦어지면 후속 투자 유치 때 기업가치에 불리하게 작용하는 경우도 있습니다.[49]

D 시장의 상황

투자자가 고려하는 여러 요소가 있지만, **결국 적정 기업가치는 시장의 수요와 공급에 따라 일종의 경매 형태로 최종 결정되는 편입니다.** 투자자별로 선호도가 다르지만, 인기가 많은 매력적인 스타트업일수록 아무래도 조금 더 높은 기업가치에 투자를 유치할 가능성이

---

49 일반적으로 투자금 납입일이 공식 투자일로 간주됨

커지고, 인기가 적을수록 기업가치가 낮아지거나 혹은 투자 유치 자체가 불가능해질 수 있죠.

개별 스타트업의 매력도 외에, 투자시장 전체의 시중에 풀린 투자금 규모 대비 상대적으로 매력적인 스타트업의 숫자도 스타트업의 기업가치에 영향을 미치며, 경제적인 상황 또한 영향을 미치게 됩니다. 국내의 경우 코로나19 이후 글로벌 유동성이 확장됨에 따라 2022년 상반기까지 국내 스타트업의 기업가치가 과열된 면이 있었습니다. 하지만 이후 글로벌 유동성 축소 및 불안한 국제 정세와 경기 둔화로 인해 대부분의 투자자가 조금 더 투자에 신중해진 상태입니다.

적정 투자 금액과 지분 희석

기업가치와 함께 생각해야 할 부분이 바로 투자 금액입니다. 투자 금액은 필요 자금 규모와 지분 희석 두 가지 측면을 함께 생각해봐야 합니다.

A 필요 자금 규모

스타트업은 후속 투자 유치를 할 수 있을 만큼 성과를 내거나 혹은 손익분기점에 도달할 때까지 필요한 자금을 고려하여 적정한 투자 금액을 산정해야 합니다. 시드 라운드나 브릿지 라운드면 더 짧을 수도 있지만, 보통 1년 6개월~2년 이상 버틸 수 있는 금액을 권장하며, 최소 1년 이상은 버틸 수 있어야 합니다. **시리즈 A 이후는 투자 유치에 드는 기간이 길어지는 경향을 고려하여 가급적 더 넉넉한 자금을 확보해야 합니다.** 그렇지 않으면 투자를 받은 지 얼마 되지 않아 바로 다음 라운드 투자 유치를 시작해야 할 수도 있는데, 이 경우 자금 조달에만 신경 쓰느라 다른 경영활동에 지장이 생길 여지가 있습니다.[50] 특히 기업가치를 예상보다 높게 평가받았다면 투자 금액이 여유로워야 다음 라운드 투자 유치를 위한 지표까지 성장할 시간을 확보하기가 쉽습니다.

그리고 공동창업자들의 급여 책정을 초기부터 높게 하는 것은, 투자자 입장에서는 현금흐름 문제와는 별개로 리스크를 별로 지지 않으면서 남의 돈으로 스타트업을 경영하려는 것처럼 보일 수 있습니다. 따라서 창업의 의지에 대해서도 투자자는 의문을 품게 됩니다. 투자 유치 이후 일반 직원들부터 정상적인 급여를 먼저 지급하고, 공동창업자들은 보통 시리즈 B 투자 유치 이후에서야 정상적인 급여를 받는 것이 가능한 경우가 많습니다.[51]

---

50 만약 이번 라운드 투자금으로 1년을 버틸 수 있으며 다음 라운드는 투자 유치 시작부터 자금 납입까지 6개월이 소요될 것으로 예상된다면, 6개월 뒤에 다시 후속 투자 유치를 시작해야만 함

51 간혹 기존에 제대로 받지 못한 급여에 대한 보상심리로, 투자 유치 이후 급여를 지나치게 높이거나 보너스를 가져갈 경우 투자자가 이슈를 제기할 수 있음. 그리고 설사 급여를 높여도 받을 수 있는 금액에 한계가 있음. 만약에 결혼 등의 이유로 생활 안정을 위한 자금이 필요한 경우, 차라리 회사가 어느 정도 궤도에 올라간 상태에서(예: 시리즈 B 단계) 투자자의 양해를 구해 공동창업자의 일부 지분을 구주 매각하는 것이 현실적인 방법임

B 지분 희석

스타트업은 여러 라운드에 걸쳐서 투자 유치를 지속해서 진행해야 하는데, 최종적으로 공동창업자의 지분 등 우호지분이 너무 줄어들게 되면 스타트업 거버넌스 측면에서 문제가 될 수도 있습니다. 또한 대표의 지분율은 향후 상장 심사 시에도 영향을 끼칠 수 있기에 이러한 이슈는 투자자도 고려하게 됩니다.

투자 금액이 커지거나 혹은 같은 투자 금액일지라도 기업가치가 낮아지면 지분 희석이 커집니다. 따라서 이를 방지하기 위해 기업가치를 높일 수 없다면 낮은 기업가치에 맞추어 투자 금액을 줄여야 할 수도 있습니다. 때에 따라 다르지만, 예를 들어 큰 자금이 필요한 인프라 산업의 스타트업일 경우 누적된 지분 희석률이 높을 수 있고, 상대적으로 소규모 자금으로도 빠른 성장이 가능한 IT 분야 스타트업은 누적된 지분 희석률이 낮을 수 있습니다. 지분 희석률에 정답은 없지만, 현재까지 누적된 지분 희석률을 고려하여 진행하는 것이 좋습니다. 다음의 가상 스타트업 D의 누적 지분 희석률을 참고하세요.

적절한 지분 희석과 넉넉한 투자 금액은 서로 트레이드오프 관계인데, 너무 과한 지분 희석만 아니라면 필요한 투자 금액을 충분히 확보하는 것을 권장합니다.

스타트업 D의 투자 유치 단계별 기업가치/투자 금액과 지분 희석

법인 설립후 연차		0년	1년	2년	3년	5년	6년	8년
단계별 투자 유치		설립	시드	프리 시리즈 A	시리즈 A	시리즈 B	시리즈 C	상장시 공모
금액(억 원)	투자금	0.5 (자본금)	2	7	25	100	200	500 (공모)
	프리 머니 기업가치			18	53	105	400	1,000	2,300
	포스트 머니 기업가치	0.5	20	60	130	500	1,200	2,800
지분율(%)	창업자들+직원들	100%	90.0%	79.5%	64.2%	51.4%	42.8%	35.2%
	시드 투자자		10.0%	8.8%	7.1%	5.7%	4.8%	3.9%
	프리 시리즈 A 투자자			11.7%	9.4%	7.5%	6.3%	5.2%
	시리즈 A 투자자				19.2%	15.4%	12.8%	10.5%
	시리즈 B 투자자					20.0%	16.7%	13.7%
	시리즈 C 투자자						16.7%	13.7%
	공모 참여자							17.9%
			*투자시 투자자의 지분율					최종 지분율

기업가치 협상하기

스타트업 입장에서는 높은 기업가치에 투자를 받고 싶겠지만, 투자자 입장에서의 적정 기업가치[52]는 스타트업의 희망 기업가치보다 낮을 가능성이 큽니다. 따라서 협상의 과정을 거쳐야 하는데, 스타트업은 시장 가능성과 팀의 경쟁력이 매력적이라는 점을 어필할 것이고 투자자는 예상되는 리스크와 미래 성장의 한계 가능성을 상정하여 신중하게 판단하려 할 것입니다. 대체로 다음과 같은 점을 염두에 둘 필요가 있습니다.

---

52   내부 컨센서스도 고려하지만 외부 투자업계의 관례로 보았을 때의 적정 기업가치

기업가치보다 투자 금액 먼저

보통은 첫 미팅 때 희망하는 투자 금액부터 이야기하는 것이 좋습니다. 투자자는 스타트업의 희망 투자 금액에 기반하여 예상되는 지분 희석을 고려해 대략적인 기업가치 범위를 추정하기도 합니다.

`case`

스타트업이 프리 시리즈 A 투자자에게 희망하는 투자 금액이 7억 원일 때, 투자자가 10~15% 지분을 가진다고 가정하면 대략 47억~70억 원 사이의 기업가치로 생각하게 되죠.

때로는 투자자의 빠른 투자를 전제로 스타트업이 첫 미팅 때부터 희망하는 기업가치를 이야기하는 경우도 있습니다.

적정 기업가치보다 너무 과하지 않아야

스타트업이 생각하는 적정 기업가치와 투자자가 생각하는 적정 기업가치는 시작점부터 차이가 있을 수밖에 없습니다. 이후 스타트업과 투자자 각자 생각하는 적정 기업가치의 차이를 협상을 통해 점차 좁혀가게 됩니다. 하지만 스타트업이 처음부터 투자자가 생각하는 적정 기업가치의 200~250%로 지나치게 높은 기업가치를 제안할 경우,[53]

---

53 협상을 위해 일부러 조금 더 높게 제시하는 경우도 있지만, 보통은 스타트업이 생각하는 적정 기업가치가 투자자 생각보다 훨씬 더 높은 경우가 많기 때문

투자자가 시작부터 포기하고 모두 떨어져 나갈 수도 있으니, 처음에 제시할 기업가치를 신중하게 생각해봐야 합니다.

case

만약 투자시장에서 인기가 많다면 투자자가 생각하는 적정 기업가치의 120~130% 정도에서 협상이 될 수도 있습니다. 하지만 보통은 투자자가 생각하는 적정 기업가치의 100%나 그보다 조금 높은 정도로 협상이 되며, 인기가 별로 없다면 투자 유치 자체가 불발될 수도 있습니다.

기업가치는 자존심이 아니다

창업자 입장에서 기업가치를 일종의 자존심으로 여기는 경우도 있는데, 최종 목적지가 아닌 중간 기착지인 기업가치에 너무 욕심을 내는 것은 바람직하지 않습니다. 다른 스타트업과 단순하게 비교해 "우리도 그 정도 기업가치는 인정받아야 해"라고 생각하기도 하지만, 비슷한 지표일지라도 업종별, 시장의 상황과 경쟁 상황, 기타 이유로 인해 해당 스타트업의 기업가치에는 나름의 사정이 있는 경우가 많습니다.

기존 투자자 입장에서는 포트폴리오사의 후속 투자 유치 시 기업가치가 아무래도 많이 높아지는 것이 유리하지만, 그럼에도 불구하고 보통 열에 여덟 정도는 기존 투자자 입장에서도 포트폴리오사가 처음에 희망 기업가치가 좀 과하다고 생각하는 편입니다.

`case`

투자자 입장에서는 해당 스타트업의 희망 기업가치가 과하게 높다고 생각되면, 차라리 더 매력적인 기업가치의 경쟁 스타트업이나 유사 스타트업에 대신 투자를 할 수도 있습니다. 때로는 이런 이유로 여러 투자자가 모두 경쟁 스타트업에 공동 투자를 진행하는 바람에, 뒤늦게 희망 기업가치를 낮추어도 투자 유치에 난항을 겪는 경우도 있죠. 그리고 기업가치에 대한 기회비용은 생각보다 크지 않을 수 있습니다. 예를 들어 100억 원과 120억 원 기업가치를 단순 비교한다면 20억 원이나 차이나는 것처럼 느껴집니다. 하지만 10% 지분을 내어주는 투자 유치일 경우, 투자금이 각각 10억 원과 12억 원으로 실제 기회비용은 2억 원 밖에 차이가 나지 않습니다.

높은 기업가치가 독이 될 수도 있다

투자자 입장에서도 스타트업이 기업가치를 높이기 위해 협상하는 것은 당연하다고 생각하지만, 스타트업이 기업가치에만 과하게 집착할 경우 과연 창업자가 합리적인 판단을 제대로 하는지, 그리고 장기간 동반자로 함께 갈 수 있는지에 대한 의문이 생길 수 있습니다. 그리고 스타트업 입장에서도 기업가치 높이기에만 너무 집착하다 보면, 기업가치 외에 특히 초기 투자 유치 시 중요한 합이 맞거나 필요한 조력을 제공할 수 있는 투자자를 놓칠 수도 있습니다. **더 나아가 투자 유치 기간이 너무 길어지면서 본연의 경영 업무에 소홀해져 기회비용 문제가 생기거나, 최악의 경우 후속 투자 유치 시 오히려 독이 될 수도 있습니다.**

`case`

실제로 한 스타트업은 단순히 기업가치를 후하게 평가해 주는 투자자만 찾은 끝에 결국 다른 투자자의 기업가치의 150%로 평가해 주는 곳으로부터 후속 투자 유치에 성공했습니다. 하지만 최종 투자 유치 클로징까지 소요 기간이 4개월이나 더 걸렸는데, 그 4개월 동안 스타트업이 50% 이상 성장할 수 있었다는 것을 가정한다면 그 기업가치는 높은 것이 아닐 수 있습니다. 어쩌면 4개월 전에 다른 투자자로부터 투자 유치를 빨리 끝내고 사업에 더 집중했다면 그 사이에 더 크게 성장할 수도 있었을 겁니다. 때로는 너무 무리하게 기업가치를 높인 것이 독이 될 수도 있습니다. 실제로 상당히 높은 기업가치로 투자 유치에 성공한 어떤 스타트업은 1년 6개월 뒤 투자금이 소진되었지만, 기업가치에 비례하여 높아진 후속 투자 유치 시 필요한 목표 지표에 크게 못 미치어 다음 라운드 투자 유치 실패로 폐업을 하게 된 경우도 있었습니다.

III 투자 유치, 실제로는 이렇게 진행돼요

6.
마침내 우리 회사가 평가를 받는 순간, 투자심의위원회

스타트업이 투자사의 파트너/심사역을 대부분 만나는 것은 보통 IR 피칭이 처음이자 마지막입니다. 이후엔 담당 투자자가 투자심의위원회(이하 투심위)를 준비하기 위해 투자심사보고서를 작성하고, 투심위와 실사를 진행하게 됩니다.

투심위, 이렇게 준비해요

투심위를 위한 투자심사보고서를 준비하는 과정에서 투자 담당자가 직접 시장을 조사하고 분석하는 것 이외에 스타트업을 찾아가 추가적인 조사나 인터뷰를 진행하기도 하고, 때로는 스타트업 대표와 함께 어떻게 자료를 잘 준비할지 회의를 하기도 합니다. **이는 투자사 내부의 다른 파트너/심사역을 설득하기 위한 자료를 만들기 위한 것이니, 스타트업은 적극적으로 협력할 필요가 있습니다.**

그리고 담당 투자자는 스타트업에 IR 피칭 자료 외에도 공동창업자를 비롯한 핵심 멤버들에 대한 자세한 이력, 추가적인 시장분석 자료, 매출이나 서비스 관련된 세부적인 핵심 지표들, 세부적인 기술 내용과 관련 자료, 기존 투자 계약서 등을 요청하기도 합니다.[54] **이 과정에서 기업 내부의 상세한 세부자료를 전달해야 할 수도 있는데, 만약 우려가 크다면 간혹 투자자로부터 NDA(Non-Disclosure Agreement: 기밀유지 협약서)[55]를 받아 두기도 합니다.** 대체로 후기 투자 유치 시 내부의 상세한 정보 유출에 대한 우려가 있거나, 투자자가 직접 경쟁 제품/서비스를 출시할 가능성이 있는 전략적 투자자(SI)일 때, NDA를 고려할 수 있습니다.

그리고 대략적인 기업가치와 투자 금액에 대해서 미리 논의하지만,

---

54 IR 피칭 자료에 투자심사보고서에 필요한 내용들이 많다면, 담당 투자자가 투자심사보고서를 작성하기가 쉬움

55 사업 기밀이나 주요 정보를 공유할 때 일반적인 사용을 제한하는 계약

투심위 이전에 기업가치와 투자 금액을 비롯해 기타 주요 투자 조건에 대해서는 담당자와 명확하고 구체적으로 협상해야 합니다. **한번 투심위에서 기업가치나 투자 금액 등의 주요 조건이 결정되면 변경이 어려운데, 일부만 수정하려 해도 투심위를 다시 진행해야 하는 경우가 많기 때문이죠.**[56]

투자심사보고서는 IR 자료를 포함해 해당 스타트업으로부터 받은 자료에다 담당자가 별도로 분석한 자료를 보강하여 작성합니다. 투자사마다 양식이 다른데 일반적으로 ▲ 요약정보 ▲ 시장과 회사의 현황과 분석 ▲ 비즈니스 모델 ▲ 재무분석 ▲ 팀 ▲ 투자구조와 조건 ▲ 회수 방법 ▲ 관련 의견 등의 자료를 담아서 정리합니다. 초기 투자자의 경우 A4 기준 10 장 이내의 짧은 분량으로 작성하기도 하지만, 대부분의 투자자는 수십 장에 달하는 상당한 분량의 자료를 준비하여야 합니다. 따라서 실제로 담당 투자자가 투심위를 준비하는 과정에서 기울이는 노력은 상당히 큽니다. 그렇기에 담당 투자자 스스로 먼저 해당 스타트업에 대한 확신을 가지고, 본인뿐만 아니라 다른 파트너/심사역도 설득할 수 있다는 확신이 있을 때 투심위에 올리기로 결정하게 됩니다.

투자사에서 현재 투자 검토를 진행 중인 투자 후보의 수가 많을수

---

56 간혹 기업가치가 최종 확정되지 않은 상태에서 대략적인 범위로 예비 투심위에 올려서 최종 기업가치를 확정하기도 함. 본 투심위의 경우 출자자에게도 주요 조건이 전달되기에, 주요 조건이 바뀌면 투심위를 다시 진행해야 함

록 투심위 일정은 지연될 수도 있습니다. 그리고 만약 다른 투자자와도 미팅을 진행 중이라면 담당 투자자가 공을 들여 투심위에 올리기 전에 미리 이야기하는 것이 예의입니다.[57] 투심위에 통과된 뒤에서야 뒤늦게 다른 투자자도 만나고 있다고 이야기하면 괜히 오해와 분란을 일으킬 수도 있고, 일부 투자자는 인간적인 배신감을 느낄 수도 있으니까요.

실사

투자 실사(Due Diligence)는 예비 투심위 이후 본 투심위 이전에 진행하는 경우가 많은 편이지만,[58] 본 투심위 이후에 진행할 때도 있고[59] 드물게는 예비 투심위 이전에 미리 진행하는 경우도 있습니다. **혹시 관련하여 주요 이슈가 있다면 불필요한 오해를 피하기 위해 미리 담당 투자자에게 솔직하게 이야기해 두는 것이 신뢰를 위해 중요합니다. 그리고 투자 유치를 위해서가 아닌 평소에도 관리 차원에서 증빙자료들을 준비해 두는 것이 좋습니다.** 특히 향후 상장을 목표로 한다면 미리 챙겨두어야죠.

면밀한 검토를 위해 투자사가 아닌 지정 회계법인 등 외부 전문가

---

57 설사 투자자의 이름을 밝히지 않더라도 최소한 다른 투자자를 만나고 있다는 것은 알려야 함
58 본 투심위에 올리기 전에 최종적으로 검증하기 위함임
59 투자 의사 결정을 빠르게 할 수 있는 대신, 본 투심위 통과 이후 실사에서 심각한 문제가 발생하면 결정이 철회될 수도 있음

를 통해 진행하는 경우도 많습니다. 회계실사 자체는 수일 이내에 끝나지만 일정에 따라 1~2주를 기다려야 회계실사가 시작되기도 합니다. 일반적인 실사에서는 대체로 다음과 같은 사항을 점검하게 됩니다.

실사 점검 사항

일반서류	재무/회계 관련	투자 관련	조직관련

· 사업자등록증
· 정관
· 법인 등기부 등본
· 벤처기업확인서
· 주총 및
  이사회 의사록 등
	· 재무제표
	· 부채 현황
	· 통장
	· 세금 완납 증명서
	· 부가세 신고서
	· 세무 조정계산서
		· 주주명부
		· 기존 투자 계약서
		· 주주 간 합의서
		· 스톡옵션
		  부여명세 등
			· 조직도
			· 인사 계약서
			· 급여 체계
			· 4대 보험
			  가입 서류 등

사업관련	지식재산권	기타

· 적법한 인허가 조건
· 협업 계약서
· 외주 계약서 등
	· 상표권
	· 특허등록/출원 현황
	· 프로그램 소스
	  코드 등 저작권
		· 현재 소송 중인
		  안건의 유무
		· 규제로 인한 사업중단
		  가능성에 대한 변호사
		  의견서[60] 등

실사 과정에서 큰 문제가 발견되면 투자 유치에 차질이 생기기도 하지만, 자잘한 이슈들은 오히려 기존에 제대로 준비되지 못했던 부분을 잘 정리할 수 있다는 측면에서 스타트업에 도움이 되기도 합니다.

---

60 규제가 심한 산업 분야의 신규 사업일 경우 주로 해당됨

마침내 투심위다!

투자사에 따라 투심위가 예비 투심위와 본 투심위로 나뉘거나 혹은 한 번으로 끝나기도 합니다. 단계를 나누는 경우는 먼저 예비 투심위를 통과한 뒤 우려되는 부분 등을 보완하여 본 투심위에서 다시 검토하게 되는데, 두 단계로 나뉘었다고 꼭 시간이 더 소요되는 것은 아닙니다. 때로는 한 번의 투심위로 끝나더라도 신중하고 꼼꼼하게 준비하느라 두 단계로 나뉜 경우보다 소요 기간이 더 길 때도 있습니다.

A 예비 투심위

예비 투심위에는 IR 피칭과 달리 스타트업은 빠지고 담당 투자자가 발표하며, 기본적으로 투자사의 파트너/심사역이 대부분 참석하고 때로는 기타 관계자가 함께 참석하기도 합니다. IR 피칭과 비슷한 측면도 있지만 조금 더 길게 진행되며, 다른 파트너/심사역이 IR 피칭 때보다 더 구체적인 질의응답과 함께 토론한 뒤 예비 투심위를 통과시킬지를 결정하게 됩니다.[61]

의사 결정은 참석자들의 점수를 합산하는 총 점수제에 기반하거나, 투표를 통해 참석자의 2/3 이상이 찬성해야 통과되는 경우 등이 있습니다.[62] 혹은 임원급이나 펀드의 핵심운용인력만으로 투자심의위원을

---

61 IR 피칭에 비해 더 격한 토론이 내부적으로 진행되는 편임
62 1인 1표가 아닌 차등표일 때도 있음

별도로 구성하여 투표로 결정하기도 하기도 하는데, 이 경우 투표권이 없는 일반 심사역은 의견만 개진하게 됩니다. 공정한 평가를 위해 간혹 익명으로 투표와 평가를 진행하기도 합니다.

담당 투자자와 미리 협의하였더라도 기업가치나 투자 금액 등의 주요 조건이 예비 투심위에서 조정될 여지도 있습니다. 예를 들어 기업가치가 과하다고 판단하여, 조정된 기업가치를 스타트업이 수용한다는 전제조건으로 예비 투심위를 통과할 수도 있습니다. 이때 조정된 기업가치를 수용하기 힘들다면, 해당 투자사로부터의 투자 유치 진행을 중단하기도 합니다.

그리고 예비 투심위 자체가 상대평가는 아니지만 비슷한 시기에 더 매력적인 스타트업 후보가 있다면, 아무래도 눈높이가 높아져 상대적으로 덜 매력적인 스타트업 후보에게 불리할 때도 있습니다.[63]

B 본 투심위

예비 투심위를 통과한 이후에 담당 투자자는 제시된 의견에 기반하여 우려되는 부분과 보완할 부분을 보강하여 다시 본 투심위 준비를 해야 합니다. **본 투심위는 예비 투심위처럼 파트너/심사역이 대부분 참석하거나 혹은 더 소수의 멤버로 심층적인 토론을 진행하기도 합니다.** 그리고 공식적으로 본 투심위 이전까지 펀드 출자자에게 보고가

---

63 때로는 투자할 만한 후보라고 판단하여도, 펀드 규모의 제한과 사후 관리의 질을 고려한 한 해의 투자 건수를 고려해 상대적으로 더 매력적인 후보에만 투자가 가능할 수도 있음

되기도 하며, 펀드 출자자가 참석하는 경우도 있습니다.[64]

진행 방식은 투자사마다 다른데, 보통은 예비 투심위의 의견에 따라 보강된 부분과 실사 결과 위주로 짧은 브리핑 이후 관련 논의가 진행되기도 하고, 때로는 예비 투심위처럼 보완된 자료까지 포함하여 전체 내용을 모두 발표한 뒤 토론을 진행하기도 합니다. 아니면 실사 결과나 기타 특별한 이슈가 없으면 본 투심위는 자동으로 통과되는 형식적인 절차에 가까운 경우도 있습니다.[65] 그리고 투자결정위원회(투결위) 절차를 추가로 가지는 투자사도 있죠.

의사 결정 과정은 역시 투자사마다 다르지만, 예를 들어 예비 투심위와 달리 보통 참석자 전체의 투표는 드물고 별도로 구성된 투자심의위원들의 투표로 만장일치, 3/4 이상과 같이 결정됩니다. **간혹 담당 투자자가 투심위 통과를 장담하기도 하는데, 예외적으로 투심위 통과를 보장하는 특별의결권을 가진 경우가 아니라면 믿지 않는 것이 좋습니다.** 그리고 일부 투자심의위원의 경우 거부권(Veto)을 행사할 수 있기도 하고, 드물지만 간소화된 투자 절차의 일부 초기 투자자는 참석자 전원이 의견을 개진하지만 사실상 대표 단독으로 결정하는 경우도 있습니다.

본 투심위까지 통과하면 이제 8부 능선까지 온 것입니다. 본 투심

---

64 출자자가 본 투심위에 실제 참석하는 경우는 그리 많지 않으며, 드물지만 때로는 IR 피칭 이전에 미리 출자자에게 보고가 되어 투자 후보에 관심 있는 출자자가 IR 피칭때 참석하기도 함

65 이 경우 통과율은 95% 이상

위 이후에 실사를 진행하는 경우 이때 실사 과정에서 심각한 문제가 발견되거나, 혹은 세부 계약서 문구에서 서로 이견이 생겨 투자 계약이 무산되는 경우를 제외하고는 웬만하면 계약까지 진행될 가능성이 큽니다.[66] 하지만 일부 투자사의 경우 공식 의사 결정 절차와 별개로 관계사의 부정적인 의견 등 비공식적인 절차로 이미 본 투심위에서 통과한 안건을 뒤엎는 일도 있습니다. 따라서 해당 투자사가 투명하고 합리적인 투자 의사 결정 구조를 가진 곳인지를 미리 확인해보고, 계약서에 날인하기 전까지는 주의해야 합니다.

투자사별로 투심위 관련 절차와 일정, 그리고 투자 의사 결정 구조가 각각 다양합니다. 따라서 담당 투자자에게 미리 문의해보고 준비하는 것이 좋습니다.

---

66 '블라인드 펀드(Blind Fund)'는 투자대상 기업을 미리 정하지 않고 투자 분야만 정하고 결성하는 펀드이며, '프로젝트 펀드(Project Fund)'는 구체적인 투자대상 기업을 정한 뒤에 결성하는 펀드임. 따라서 '블라인드 펀드'와 달리 '프로젝트 펀드'의 경우 투심위 통과 이후에 운용사가 출자자들을 설득하여 성공적으로 펀드를 결성해야 하는 과제가 추가로 남아있으며, 주로 프리 IPO 단계의 기업을 대상으로 구주 매입 하거나 신주 유상증자하는 형태가 많음

7.
투자 계약서 쓰기, 너무 어렵다고요?

투자 계약서를 처음 접하는 스타트업은 일반적인 내용임에도 불구하고 이해하기 힘들어하거나 당황하는 경우가 많습니다. 투자 유치에 있어 투자 계약서는 무척 중요한 부분이기에 표준계약서, 해설서, 사례 등을 미리 공부해 둘 필요가 있습니다.

단언컨대 중요한, 주요 투자 조건들

일반적으로 예비 투심위 이전에 주요 투자 조건들을 담당 투자자와 협의한 뒤에 해당 조건으로 예비 투심위에 올리게 됩니다. 때로는 기업가치나 투자 금액이 확정되지 않은 상태에서 대략적인 범위로 올리기도 합니다. 기업가치나 투자 금액과 같은 주요 투자 조건은 예비 투심위에서 확정되거나 혹은 본 투심위 이전에 펀드 출자자에게까지 보고되면 변경이 힘든 경우가 많기에, 미리 담당 투자자와 신중하게 협의해야 합니다.

텀시트의 의미

투자사별로 차이가 있는데 이러한 주요 투자 조건을 이메일이나 구두로 협의하기도 하고, 더욱 명확한 문서인 텀시트(Term Sheet)를 통해 협의하기도 합니다. '**텀시트**'는 **어떤 주식 종류로, 얼마의 기업가치에, 얼마의 금액을 투자하며, 이해관계인의 권한과 의무는 어떤지** 등 투자의 주요 조건들을 정리한 합의서라고 보면 됩니다. 국내에서는 텀시트가 아직 표준이 아니기에 어느정도 구체적인 조건까지 정리되는지는 투자사에 따라 다르며, 투자 계약의 주요 조건을 이메일이나 구두로 협의하는 것으로 공식적인 텀시트를 대신하는 경우도 많

습니다. 이러한 이메일이나 구두로 주요 조건을 협의하는 것도 텀시트를 전달하는 과정과 같으며, 이메일이나 구두로 확정하는 것은 텀시트에 서명하는 것과 같습니다.

텀시트는 법적 구속력이 없는 경우가 많지만, 투심위를 통과한 이후 서로 합의한 텀시트를 최종적으로 확정하면 해당 조건을 계약서 문구 검토 단계에서 다시 바꾸기는 힘듭니다. 따라서 투자 조건 중 기업가치나 투자 금액 등 투심위 통과 뒤 변경이 힘든 조건을 제외한, 그 이외의 협상 여지가 있는 조건에 대해 투자사의 담당자와 논의해 보아야 하며, 주의 깊게 검토한 뒤 확정하여야 합니다. 그리고 간혹 텀시트를 확정하면 투자자가 일정 기간 배타적 협상권을 가질 때도 있습니다. 투자자가 그동안 실사를 진행할 수도 있고, 텀시트에 기반하여 세부적인 계약서 문구 등의 협상을 진행하게 됩니다.

스타트업 입장에서는 투심위 최종 통과를 확신할 수 없기 때문에 실제 필요한 투자 금액보다 많은 금액을 투자할 수 있는 여러 투자자를 동시에 만나는 경우가 많습니다. 만약 여러 투자자의 투심위를 최종 통과하여 필요 투자 금액보다 더 많은 금액이 커밋된다면 그중 투자를 유치할 투자자를 선택해야 합니다. 이때 먼저 투심위를 통과한 투자자를 선택할 수도 있고, 투자 조건, 더 적합한 투자자인지 여부, 담당 투자자와의 인간적인 관계 등을 잘 판단해 선택한 투자자의 텀시트를 확정하거나 이메일과 구두로 투자 조건을 확정하면 됩니다. 만약 투자사 별로 투심위 일정에 시차가 커서 다른 투자사의 투심위

결과를 더 기다려보고 싶다면, 먼저 통과한 투자사의 담당자에게 솔직하게 이야기하고 양해를 구해야 합니다. 다만 스타트업이 너무 시간을 오래 지체한다면, 그 사이에 투자자의 마음이 떠나거나 혹은 투자자가 경쟁/유사 스타트업에 대신 투자를 진행할 가능성도 있습니다. 투심위를 먼저 통과시킨 투자자가 마냥 기다릴 수는 없으니까요.

메일이나 구두상 확정한 것도 포함해 텀시트는 스타트업과 투자자 간의 신뢰와 관련되어 있습니다. 따라서 투심위를 최종 통과하고도 다른 곳의 투심위도 통과하여 다른 곳을 선택할 때 투자 담당자는 실망하는 정도겠지만, 만약 스타트업이 투자 조건을 서로 협의하여 텀시트를 확정한 이후에 다른 투자자로부터 투자를 받기로 변심한다면 투자업계의 스타트업 평판에 좋지 않은 이미지를 남길 수 있으니 주의해야 합니다. 반대로 투자자가 투심위 이후 최종적인 텀시트를 스타트업에 전달한 뒤(메일이나 구두로 최종 투자 조건을 전달한 것도 포함) 특별한 이유 없이 갑자기 스타트업에 불리하게 주요 투자 조건 조정을 원한다면, 이 또한 스타트업에는 상처가 되고 스타트업 업계에서 투자자의 평판에 리스크가 되니 피해야 하죠.

텀시트의 예시

텀시트 예시는 다음과 같습니다. 실제 텀시트는 각 투자사와 각 투자 조건에 따라 다르며, 예시보다 더 상세하거나 간략한 경우도 있습니다.

주요 투자 조건 합의서(Term Sheet)

양측간 협의를 위한 제안서이며, 기업가치나 투자 금액 같은 주요 투자 조건을 제외한 나머지 조건은 상호 협의과정을 통해 변경될 수도 있습니다.

구분	내용
투자자	• 투자사와 투자펀드명
이해관계인	• 대표/공동창업자/핵심 멤버
발행주식의 종류	• 상환전환우선주(제 3자 배정 RCPS)
총 투자 금액	• 총액 10억 원
투자 기업가치	• 투자 전(Pre Money) 90억 원, 투자 후(Post Money) 100억 원 (stock option pool을 포함한 fully diluted 기준)
납입기일	• 계약서 서명 후 2주일 이내

구분	내용
전환우선주 조건	• 우선주 존속기간: 10년 • 전환권리: 우선주 전환권 행사일로부터 그 존속기간 전일까지 보통주로 전환권 있음, 존속기간 만료 다음날 자동으로 보통주 전환 • 희석방지조항: 우선주의 발행가격을 하회하는 주식 발행 시 전환 조건은 하회 발행 가격과 동일하게 조정 • M&A Refixing: 회사의 합병/피인수 시 우선주의 발행가격을 하회하는 전환비율일 경우 전환비율을 조정 • 청산 시 잔여재산 분배 우선권: 1X Non-Participating
상환 조건	• 상환 조건: 배당 가능 재원이 있는 경우 연복리 6%에 해당되는 금액 • 상환 요청 가능일: 납입기일 익일부터 3년 뒤부터
지분관련 사항	• 주식매수선택권(Stock Option) 부여 한도: 발행주식 총수의 10% 이내 • 이해관계인 주식처분 시 투자자의 사전동의가 있어야 함 • 이해관계인 주식매각 시 투자자(또는 지정하는 자)의 우선매수권 보유 • 이해관계인 주식매각 시 투자자의 지분 공동매도권 보유(Tag-Along)
경영관련 사항	• 비상무이사 1인 지명권 • 경영상의 사전 동의 및 협의사항 준수, 보고 및 자료제출 의무 • 이해관계인 3년간 퇴사제한
투자금 사용	• 투자금 사용 용도는 운영비(인건비, 임대료, 마케팅비)로만 제한 및 증빙 자료 보관 의무
주식매수 청구권	• 고의 및 중대한 귀책사유로 회사 또는 이해관계인에 대하여 투자자가 보유하는 회사지분을 매수하여 줄 것을 청구할 수 있음
계약 불이행 제재사항	• 주식인수 대금의 20% 위약벌
배타적 협상권	• 계약조건에 합의한 이후 3주 동안 투자자 외의 다른 3자와의 투자 유치를 진행하지 않음
기타	• 필요한 경우 기타 특약 사항 추가

계약의 당사자는 투자자와 기업, 그리고 이해관계인이 되는데, 이때 이해관계인은 보통 대표나 10% 이상의 지분을 가진 공동창업자는 필수로 포함되는 편이며, 그 외에 10% 이하 지분의 공동창업자나 핵심 멤버의 경우에도 필요에 따라 추가로 포함되기도 합니다. 다만, 지분율이 낮은 이해관계인의 경우, 예를 들어 주식매수 청구권의 연대책임 등 일부 의무에서는 제외되기도 합니다.

계약 시, 이 부분은 꼭 조심하자

계약서 검토와 협상

주요 투자 조건들을 확정한 이후에 계약서 초안을 가지고 다시 세부 문구를 협상하게 되는데, **투자 계약은 스타트업과 투자자 간 권한과 의무관계를 명시하는 문서로 계약 후 이어지게 될 장기간에 걸친 파트너십을 규정하기 때문에 무척 중요합니다.** 따라서 계약 전에 관련 법 조항도 잘 이해하고 투자 계약서를 꼼꼼히 살펴봐야, 수정이 필요한 부분에 대해 협상을 원활히 진행할 수 있으며,[67] 계약을 위반하는 실수를 하지 않을 수 있죠. 개별 투자 계약서에 대한 자세한 사항은 투자 계약 전문 변호사와 상의하는 것도 방법입니다. 계약서에선

---

67 투자자가 보통 표준 계약서 조항이라고 많이 언급하지만, 누구 기준의 표준이냐는 숙제가 있기에, 실제 해당 문구의 의미를 잘 파악하고 관례적으로 어느 정도 통용되는 조항인지를 파악할 필요가 있음

문구의 미묘한 차이나 때로는 쉼표가 어디에 찍히느냐에 따라 해석이 달라지기도 하니까요.

간혹 스타트업 투자 계약에 대해선 경험이 거의 없는 변호사/회계사에게 문의하는 스타트업도 있습니다. 이런 경우 마치 안과 의사에게 치과 질환에 대해 문의하는 것처럼 되어, 오히려 틀린 자문이 혼선만 일으키는 경우가 많습니다. **따라서, 반드시 해당 단계의 투자 계약서를 많이 접해보고 업계의 관행도 잘 이해하는 전문가에게 문의할 것을 권장하며, 경험 없는 변호사보다는 차라리 투자 계약서를 많이 본 기존 투자자나 지인 투자자, 혹은 선배 창업자에게 대략적인 리뷰를 부탁하는 것이 나을 수 있죠.**[68]

case

실제 한 스타트업은 큰 규모의 M&A 계약서에 익숙한 지인에게 조언을 구했는데, 초기 스타트업이 수행하기에 불가능하고 이해조차 힘든 계약 조항에 대한 추가를 조언받기도 하였습니다. 그리고 또 다른 스타트업은 투자 계약서를 한 번도 검토해보지 못한 변호사의 조언을 받고 무작정 이해관계인에게만 유리하게 형사처벌도 가능한 대표의 고의적 배임 등 중대한 귀책사유조차 위약벌을 면책해 달라는 요청도 있었는데, 투자자 입장에서는 당황스러울 수밖에 없었습니다.

---

68   다양한 투자 계약서를 접해본 투자자와 여러 단계의 투자 유치 경험이 있는 선배 창업자가 오히려 해당 문구에 대한 협상 가능 범위에 대한 판단이 용이할 수 있음. 현재 초기 투자 계약서 항목은 몇 년 전보다 조금 더 스타트업 친화적으로 바뀐 편임

스타트업 입장에서는 계약서의 조항마다 최대한 유리한 결론을 끌어내고 싶겠지만, 협상이란 것이 항상 받을 것만 받는 것이 아니라, **줄 것은 줘야 합니다.** 계약서에서 보완해야 할 우선순위를 정해, 높은 우선순위의 조건은 가급적 유리하게 협상하고 낮은 우선순위의 조건은 양보해야 합니다. **그리고 변호사나 지인의 자문을 얻더라도 결국 최종적인 판단은 대표가 직접 해야만 합니다.** 드물지만 때로는 계약서 문구에서 스타트업과 투자자가 서로 팽팽하게 대립하다가 결국 투자 유치가 결렬되는 경우도 있습니다.

한 스타트업 창업자 출신의 투자자가 다음과 같이 이야기하더군요.

"스타트업에 있을 때는 투자 계약서가 너무 투자자의 권리만 보호하는 것 같아 공정하지 않아 보였는데, 정작 투자자 입장이 되어 보니 안전장치를 위한 이런저런 조건들이 더 필요해 보이더군요"

역시 각자 입장에 따라 같은 사안도 서로 다르게 보이기 마련인데, 이러한 입장 차이를 고려하여 적정선에서 계약서 문구를 협의해야 할 필요가 있습니다.

프리 머니(Pre Money)와 포스트 머니(Post Money)

투자 계약 시 기업가치는 프리 머니와 포스트 머니 두 가지가 있습니다. 프리 머니 기업가치는 투자를 받기 전에 인정받는 기업가치를 의미하며, 포스트 머니 기업가치는 투자를 받은 후의 전체 기업가치입니다.

즉 '포스트 머니 = 프리 머니 + 투자금'이 되죠.

투자자가 포스트 머니를 기준으로 이야기하는 경우도 있는데[69], 명확한 커뮤니케이션을 위해 투자자에게 프리 머니/포스트 머니 중 어떤 기준인지 확인이 필요합니다. **특히 공동 투자의 경우 기본적으로 프리 머니로 커뮤니케이션하는 것이 더 명확합니다. 포스트 머니는 투자 금액에 변동이 있으면 프리 머니 기업가치가 바뀌게 되니까요.**

`case`

스타트업이 포스트 머니 100억 원에 10억 원을 투자받았다면, 프리 머니가 90억 원인 셈이며 투자자의 지분은 10%가 됩니다. 이와 달리 만약 포스트 머니 100억 원에 20억 원을 투자받았다면, 프리 머니가 80억 원으로 줄어들게 되며 투자자의 지분은 20%가 됩니다.

그리고 투자자에 따라 현재 발행된 주식만을 고려한 아웃스탠딩 방식이 아닌, 향후에 부여될 스톡옵션 풀까지 모두 행사될 것을 고려하여 완전 지분 희석(Fully Diluted)을 반영한 기업가치를 적용하기도 합니다.

`case`

100억 원 기업가치의 스타트업에 스톡옵션 풀 10%의 완전 지분 희석을 고려하였다면, 향후 10%의 스톡옵션이 주식으로 전환되는 것을 전제로 기업가치가 정해지기 때문에, 스톡옵션

---

[69] 투자자 입장에서는 확보할 수 있는 지분율을 확정하고 싶은 마음에서 이런 경우도 있지만, 스타트업 입장에서는 투자 금액에 따라 프리 머니 기업가치가 고무줄처럼 바뀌는 것이기에 바람직하지 못함

이 주식으로 전환되기 전 상태에서는 기업가치가 약 90억 원 정도로 낮아지게 됩니다. 해외 투자자들은 대부분 완전 지분 희석을 기준으로 기업가치를 산정하며, 국내 투자자의 경우 그럴 때와 그렇지 않을 때가 섞여 있습니다. 이 부분이 텀시트에 명확하게 표기되지 않는 경우도 많으니, 그럴 경우 투자자에게 직접 문의해보는 것이 좋습니다.

투자 유치 시 주요 투자 조건에 따라 스톡옵션까지 고려하여, 현재 주주명부에 기반해 투자 후 지분율 변동을 예측한 캡 테이블(Capitalization Table)[70]을 작성해 보는 것이 필요합니다. 이번 투자 유치 후의 지분율 변동 이외에 미래의 투자 라운드 지분율 희석까지 대략 시뮬레이션하여 계산해 보는 것도 좋죠. 이때 초기부터 너무 과도한 지분이 희석되면 이후 스타트업 거버넌스 구조에 이슈가 생길 수 있으니 주의해야 합니다.

선행조건 및 진술과 보장의 중요성

투자 계약과 관련된 선행조건이 이행되지 않으면 계약이 철회될 수 있으며, 이해관계인의 진술과 보장이 허위일 경우 법적인 책임을 동반합니다. **민사적으로 손해배상을 해야 할 뿐 아니라, 특히 고의적인 중대한 위반은 형사적인 책임으로 확장될 여지도 있기에 주의해야 합니다.** 따라서 투자사의 담당자에게 스타트업의 주요 사항들은 투자

---

[70] 투자 이후 자본금의 변화와 지분 관계 변동을 정리한 표를 의미. 관련 툴로는 해외의 카르타(Carta)와 국내의 쿼타북 등이 있음

계약 이전에 미리 보고하는 것이 신뢰성뿐만 아니라 법적인 책임 차원에서도 필요하죠.

경영상 보고/동의/협의의 준수

스타트업은 투자 계약상 경영상 보고/동의/협의를 준수할 의무를 지게 됩니다. **이 중 특히 경영상 사전 동의는 중요한 부분이며, 이에 대한 위반은 큰 과실이 될 수 있습니다.** 사안이 중대하고 심각할 경우 투자자는 주식매수 청구권을, 그리고 때로는 징벌적인 차원의 위약벌과 지체에 대한 지연배상금까지 요청할 수도 있습니다. 심각한 상황에도 불구하고 투자자가 아무 조치를 하지 않으면, 오히려 투자자가 펀드 출자자에 대해 책임 여지가 발생할 수 있으니까요.

이런 경우 회사뿐만 아니라 이해관계인이 연대하여 책임을 져야 하는 경우도 있으며, 고의적인 중대한 과실(예: 횡령과 배임)로 판단되면 형사적인 책임까지 동반할 수 있습니다. 따라서 사전에 계약 조항을 잘 인지하여 실수로 경영상 사전 동의 관련된 계약 위반을 하는 경우가 없도록 주의할 필요가 있습니다. **특히 투자금의 사용도 계약서상 정해진 용도를 제외하고는 대체로 투자자의 사전 동의가 필요합니다.**

명료하지 않은 계약서는 주의

투자 계약서가 상세할수록 법적으로 더욱 명료해지는 편인데, 이를 간소화하는 과정에서 필수적인 주요 조항조차 생략된다면 문제가 될 수 있습니다. 주로 간소화된 계약서가 많은 초기 투자 과정에서 발생하는 경우가 많은데, 투자자가 악의적인 의도는 없더라도 투자 계약 관련 전문성이 부족하여 생길 때가 많습니다. **스타트업 입장에서는 특히 곤란한 것이 바로 납입기일이 빠지는 것인데, 투자 계약을 했지만 언제 입금될지 모르는 상태에서 마냥 기다려야 하는 것이 큰 문제가 되죠.**

`case`
실제 한 스타트업의 경우 투자자의 자금 조성이 늦어지면서 투자 계약 이후 거의 1년 뒤에야 투자금이 입금된 일도 있었습니다. 결국 스타트업 경영에도 지장이 생겼고, 후속 투자 유치에도 문제가 되었죠. 이외에도 창업자 개인과 법인을 별도의 주체로 제대로 나누지 않거나, 혹은 상법에 위배되는 계약서도 가끔 볼 수 있으니 주의해야 합니다.

협상을 깰만한 독소조항인지를 파악

투자 계약에 있어 계약서 문구 중 어디까지를 협상을 파기(Deal Break)할 만한 독소조항으로 볼 것인가는 각자 판단에 따른 상대적인 면이 있습니다. 단순히 스타트업에 불리한 항목이라고 해서 모두 독소조항이라고 볼 수는 없겠죠. 매력적인 스타트업이라면 불리한 항목을 개선한 계약서로 계약이 가능한 다른 투자자를 시장에서 찾을 수도 있을 겁니다.

만약 독소조항으로 추정된다면 먼저 담당 투자자에게 해당 문구에 대한 정확한 의미부터 문의하고, 문의 결과 수정이 필요하다고 판단되면 다시 수정 가능 여부를 문의하기 바랍니다. **보통 스타트업 입장에서 가장 주의해야 할 독소조항은 투자자의 주식매수 청구권 행사 조항에서 창업자가 연대 책임져야 할 범위가 어디까지인가 하는 부분일 것입니다. 저도 포트폴리오사가 후속 투자 유치 시 기존 투자자로서 조언할 때, 기업가치나 투자 금액 등의 조건도 중요하지만, 이 부분을 꼭 점검해보라고 합니다.** 창업자나 경영진의 고의 또는 중대한 과실(예: 허위 진술과 보증, 심각한 사전 동의 계약 위반)로 인한 부분이라면 자기 책임이 필요하겠지만, 최선을 다하고도 경영에 실패한 부분까지 연대보증을 지게 된다면 투자보다는 채무에 가깝게 되죠.[71] 냉정하게 투자 수익 측면에서만 본다면, 이러한 독소조항이 있더라도 더 높은 기업가치의 투자 조건이 기존 투자자의 이익에 더 유리한 면도 있습니다. 하지만 창업자의 입장을 고려한다면 바람직하지 못한 조항일 수 있기에 조언하는 것입니다.

※ **계약서의 주요 항목 참고: (별지) '스타트업이 알아야 할 투자 계약서의 주요 항목'**

---

71 계약서의 이 조항을 위반하였다고 투자자가 항상 주식매수 청구권을 행사하는 것은 아니지만, 대비하는 차원에서 미리 파악할 필요가 있음

III 투자 유치, 실제로는 이렇게 진행돼요

8.
드디어 투자 유치다!
계약 체결과 투자금 납입

투자 계약서 협상까지 끝났다면 드디어 마무리 단계입니다!
계약 체결과 투자금 납입, 그리고 관련된 법무 처리 절차가 남았습니다.

투자 유치 성공! 어떻게 돈을 받을까요?

계약서 날인 이전에 법무 처리가 필요하기도 합니다. 예를 들어 투자 계약 이전에 종류 주식[72] 추가나 발행 가능 주식 수 증가 등의 정관 변경이 필요할 수도 있습니다. 그리고 첫 투자 유치가 아니라면 기존 투자자에게 이번 투자 유치에 대한 사전 동의가 필요할 수도 있죠. 정관변경이나 신규 이사 선임과 같은 주주총회 의결 사항이 있으면 임시 주주총회 소집을 2주 전에 미리 통지해야 합니다. 그러나 시간이 많이 소요되므로 대부분 주주 전원으로부터 기간단축동의서를 받아 주주총회 소집 절차를 간소화하여 빠르게 진행하는 편이죠.[73]

계약서에 날인까지 되면, 투자자가 몇 주 이내에 투자금을 납입한다는 문구를 계약서에 넣더라도, 보통 더 빨리 납입하는 경우가 많은 편입니다.[74] 하지만 해당 펀드의 기존 자금이 소진되어 추가로 캐피털 콜을 해야 하는 경우에는 조금 더 시간이 걸릴 여지가 있습니다.[75] **그리고 투자자별로 자금을 별도의 법인 통장으로 관리할 것을 요구하는 경우가 많으니 사전에 확인해 보는 것이 필요합니다.**[76]

---

72 보통주보다 이익 배당, 잔여 재산분배, 상환 및 전환, 의결권 행사 등의 다른 옵션이 더해진 주식을 총칭해서 뜻함

73 이때 간혹 예외적으로 일부 주주가 기간 단축에 동의하지 않을 수도 있다는 점을 염두에 두어야 함

74 수탁사에게 펀드 출금을 요청하면 보통 하루가 소요되는 등 빨라도 하루 이상 소요됨

75 캐피털 콜을 해야하는 경우에는 1~2주가 더 소요될 수 있지만, 간혹 신규 펀드 결성이 아직 마무리되지 않은 경우, 미리 예비 투심위까지 진행되었더라도 이후 진행이 홀딩되기도 함

76 추가로 때로는 일시적으로 보관하는 계정인 '별단계좌'로 입금하였다가 유상증자 관련된 등기가 완료된 후 법인계좌로 이체하게 하기도 함

투자금 납입까지 완료되었다면 축하합니다! 그동안 투자 유치를 위해 쏟은 수고가 드디어 결실을 보게 된 것이죠. **투자금까지 입금되어 투자 유치가 최종 마무리되면 유상증자 관련된 등기 등 추가적인 법무 처리를 진행한 뒤, 주권 혹은 주권 미발행확인서, 업데이트된 주주명부와 법인 등기부등본 등을 투자자에게 전달하여야 합니다.** 그리고 홍보 차원에서 스타트업 대표와 투자자의 관련 멘트를 담은 보도자료를 배포하기도 합니다. 이는 투자를 유치한 스타트업은 자금을 확보했을 뿐 아니라 어느 정도 검증을 거쳤다고 볼 수 있기에 인력 채용에 도움이 되기 때문이죠.

전체 투자 절차와 소요 기간

투자가 재판은 아니지만, 전체 투자 절차를 재판에 비유하여 다시 돌아보자면 다음과 같습니다. 첫 미팅 이후 투자사에서 담당 투자자가 정해지면, 처음의 담당자 입장은 스타트업의 가능성을 찾아내는 측면에서는 변호사 역할로, 리스크를 점검하는 측면에서는 검사 역할을 맡은 뒤에, 다시 스스로 판사가 되어 IR 피칭을 진행할지와 예비 투심위에 올릴지를 결정하게 됩니다. 담당 투자자가 일단 투심위에 올리기로 하면 이제 그는 투심위에서 스타트업을 통과시키기 위한 변호사가 되고, 투심위의 다른 파트너/심사역은 각자 의견을 개진하면서 우호적인 변호사 역할이나 리스크를 점검하는 검사 역할을 맡게 됩니다. 최종적인 의사 결정을 하는 투심위 위원들은 일종의 배심원 역할을 하는 것이죠. **결국 담당 투자자를 설득하는 것은 기본이고, 투심위 통과의 가장 큰 숙제는 투자사의 다른 파트너/심사역을 설득하는 것입니다.**[77]

이러한 전체 투자 절차의 소요 기간은 투자 단계에 따라 차이가 납니다. 시드 투자의 경우 자금 납입까지의 투자 절차가 빠르면 한 달 안에 모두 완료되며 길어지더라도 보통 두 달 안에 모두 마무리되는 편입니다. 그러나 일반적인 시리즈 A 투자의 경우 최소 3개월은 소요되는 편이고 더 길어질 수도 있습니다. 프리 시리즈 A 투자는 보통 시드 투자와 시리즈 A의 중간 정도로 소요되고, 시리즈 B 이상의 투자는 시리즈 A보다 소요되는 시간이 더 긴 편입니다. 하지만 개별 투자사별로 차이가 있으니 확인이 필요합니다. 간혹 일정 요건을 만족하는 경우 더 빠른 패스트트랙을 별도로 운용하는 투자사도 있습니다.

전체 투자 절차의 소요 기간은 스타트업의 현금흐름 관리와 직결된 중요한 이슈입니다. 따라서 스타트업은 담당 투자자에게 투자사의 평균적인 소요 기간을 초기에 물어보고, 개별 소요 기간의 편차와 여러 가지 변수를 고려하여 가급적 넉넉하게 미리 투자 유치를 시작할 필요가 있습니다.

---

77 담당 투자자는 투자 의지가 강했지만 투자사의 다른 파트너/심사역 설득에 실패하여 투자가 진행되지 못하는 경우, 향후 투자자가 다른 투자사로 이직한 이후에 다시 투자 인연이 되기도 함

★ 스타트업 인터뷰 | 텀블벅 염재승 대표

tumblbug

"투자자 관점에서 생각하고 정보 제공을…
잘 맞는 투자사 탐색엔 적극적으로"

텀블벅 염재승 대표

창의적인 아이디어만 있으면 자금을 모아 직접 실행해 볼 수 있는 곳이 있다. 이곳에선 지금까지 영화나 출판, 제품 제작 등 2만 6천 개의 프로젝트가 진행되어 1,100억 원 이상 규모의 펀딩이 성사됐다. 바로 크라우드 펀딩 플랫폼 텀블벅의 이야기다.

텀블벅의 염재승 대표는 "투자자들을 분석해 무엇을 원하는지 캐치하고, 피칭 시 그분들이 원하는 것을 제공해 주는 게 좋다"고 말했다. 투자자의 관점에서 생각하고 정보를 제공하라는 설명이다. 또한 "우리와 잘 맞는 투자사를 찾는 게 중요하다는 걸 많이 느꼈는데, 잘 맞는 투자사를 조금 더 적극적으로 찾아보는 게 어떨까 싶다"고 말했다.

이런 염 대표의 조언은 여러 단계의 투자 단계를 거치며 다양한 투자사를 만난 데에서 기인한다. 텀블벅은 2013년 소풍, 2014년 스트롱벤처스, 2015년 네이버와 DCM 벤처스, 스트롱벤처스로부터 누적 20억 원 규모의 투자를 유치한 경력을 갖고 있다. 이후 2020년 6월 텀블벅은 온라인 핸드메이드 마켓인 아이디어스에 인수됐다.

염 대표는 처음 투자 유치를 할 때는 투자 유치에 대한 어려움을 몰랐다고 털어놨다. 그는 "투자자를 찾겠다는 생각 자체가 없던 상황에서 먼저 요청을 받았고 과정도 비교적 순탄하게 진행됐다"며 "서비스를 만들 당시에는 학생 신분으로 서비스를 만든 뒤 학교로 돌아갈 거라고 생각해 투잡 정도로 여겼고 자본시장과 스타트업 생태계가 돌아가는 방식을 전혀 모르고 있었다"고 말했다.

텀블벅에 먼저 투자 제안을 한 투자사의 경우 사업 모델에 대해 이해를 하고 온 경우가 많았지만 그렇지 않은 경우에는 텀블벅의 사업 모델에 대해 설명하기도 쉽지 않았다.

"텀블벅은 완전히 새로운 시장을 만들고 있었기 때문에 시장 상황이나 규모 같은 것을 추정하는 것 자체가 어려웠다. 시리즈 A 당시 이해를 돕기 위해 가장 비슷한 공동구매 모델로 풀어내기 위해 한국에서 캠핑, 유아용품 등 댓글로 거래가 일어나는 공동구매 마켓 등을 추산해서 수치를 제시하려 했는데 잘못된 선택이었다. 공동구매와 우리 서비스는 완전히 다르고 이후에도 그런 형태의 서비스를 전혀 하지 않았기 때문이다."

회사의 지향점과 투자자의 성격이나 목적의 일치도 중요한 요인으로 꼽았다. 그는 "초기 임팩트 투자와 시리즈 A는 차이가 있고, 가치관이 다른 것도 확실히 느껴졌다"고 설명했다. 임팩트 투자의 경우 성장도 중요하지만, 사회적 가치나 환경 등 성장하면서 함께 챙겨야 할 것들이 고려되는데 일반 투자 기관의 경우 이런 고려가 수반되지 않는다. 그러면서 그는 "사회적인 문제를 사업으로 변화하려는 목적이 있는 스타트업이라면 반드시 임팩트 투자를 고려해 보면 좋을 것 같다"면서 "사회적 가치를 고려하는 투자자가 아니라면 사회적 문제를 해결하는 스타트업에는 사업의 방향성에서부터 어려움이 생길 수 있다"고 덧붙였다.

텀블벅이 아이디어스와의 M&A를 진행한 것도 이러한 연장선에 있다. 그는 "텀블벅의 비즈니스는 성장성이 아닌 사회적으로 어떤 임팩트를 만들 수 있는지가 더욱 중요한 비즈니스였기 때문에 당장 다음 달 거래량 증가나 다음 분기 수익 상승과 같이 펀딩 후에 흔히 하는 결정과 다른 결정이 필요했다"면서 "비즈니스의 가치와 정신, 방향을 유지하기 위해서는 자본을 따라가기만 해서는 안 되는 부분이 있는데 자본 중심으로 이야기가 흘러가는 것에 대한 위기감과 자본이 고갈되는 것에 대한 위기감을 동시에 느끼고 있었다"고 말했다. 그는 "아이디어스의 경우 고객에게 도움을 주는 방향이나 창업자로서의 고민이 비슷한 부분이 많아 잘 맞는다고 판단했다"고 덧붙였다.

M&A 과정에서 염 대표가 가장 어려움을 겪은 부분은 총 16명에 달하는 직원의 설득이었다. 초창기부터 믿고 함께했던 한 식구들이었던 만큼, 회사가 매각된다고 하면 그만큼 동요가 있을 수밖에 없기 때문이었다. "다행히 주주들만큼이나 직원들도 이해를 잘해줘서 M&A가 순탄하게 진행될 수 있었다"고 말했다.

염 대표는 초기 투자부터 M&A까지 다양한 과정을 겪으며 투자 단계별로 적시에 적절한 조언을 받을 수 있었다고 했다. 그는 "텀블벅에 처음 투자를 한 소풍(sopoong)은 고객 범위를 확장할 수 있는 제안과 기회를 많이 주셨고, 스트롱벤처스는 다음 단계로 갈 수 있는 후속 투자자를 소개받는 데 도움을, 이후 네이버는 전략투자에 가까웠는데, 서비스를 연계하는 방향이나 전략적으로 합을 맞출 수 있는 방향 측면에서 도움을 주셨다"고 설명했다.

투자 유치 이후 달라진 점으로 염 대표는 '월급을 받게 된 점'을 꼽았다. 시작할 때는 투잡 정도로 여겼지만 투자를 받은 뒤 텀블벅을 보다 비즈니스 관점에서 볼 수 있었고, 생업으로 회사를 운영하는 것에 대해 많은 것을 알게 됐다고 한다. 그는 "직원을 채용하는 것부터 시작해 어려움이 있으면 소통하고, 조언을 구하는 등 정신적인 부분에서 도움을 많이 받고 있다"며 고마움을 표했다.

★ 투자자 인터뷰 | sopoong 한상엽 대표

sopoong

"임팩트 투자는 가장 안정적이면서
수익성 높은 투자…
많은 만남과 리서치로 좋은 팀 찾는다"

sopoong 한상엽 대표

임팩트 투자를 그저 '착한 투자'로만 알고 있다면 생각을 바꿔야 할 것 같다. 2010년대까지만 해도 다소 생소했던 임팩트 투자는 최근 들어 본격적인 성장 국면에 진입하며 2024년 기준 전 세계 투자 운용자산규모 약 1.57조 달러(원화로 약 2,000조 원), 그리고 2019년 이후 연평균 성장률은 무려 21%에 달한다.(글로벌 임팩트 투자 네트워크 GIIN 조사) 소풍의 한상엽 대표는 "임팩트 투자는 이제 가장 안정적인 투자, 가장 전망 좋은 투자, 가장 수익성 높은 투자로 인식이 변해가고 있다"고 강조했다. 한 대표는 "임팩트에 대한 인식도 창업자가 고려해야 할 필수적인 요소로 받아들여지고 있고, 탄소 배출을 줄이는 노력뿐만 아니라, 재생에너지나 탄소 제거 기술, 친환경 식품·농업, 순환 경제 등 기후 테크 분야의 혁신에 자본이 몰리고 있다"고 말했다.

업계 전반적인 분위기도 소풍이 텀블벅에 투자할 때와 비교해 사뭇 다르다. 그는 "2023년 한 해에만 기후 분야에서만 블렌디드 금융(민관자본 혼합 투자) 거래 규모가 전년 대비 약 120% 증가하여 183억 달러에 달할 정도로 대세가 됐다"면서 "예전에는 기업이 사회적 가치를 이야기하는 것에 대해서 익숙하지 않고 비주류적인 느낌이 있었고, 사회적 가치를 지향하는 창업자들이 투자자를 찾아 투자를 받기도 매우 어려웠다"고 돌아봤다. 더 나아가 최근에는 개별 기업 성과를 넘어 사회 전체 시스템에 변화를 이끄는 이른바 시스템 체인지(System Change)에 대한 관심도 크게 높아지고 있다.

임팩트 투자라는 용어 자체도 생소하던 당시 소풍(sopoong)이 텀블벅에 투자하기로 한 이유는 무엇일까. 한 대표는 "사회적 문제나 관점으로 봤을 때 텀블벅의 지향점과 텀블벅이 제시하는 솔루션이 적절하다고 생각했다"고 말했다. 그는 "특히 소풍이 좋아하는 기준인데, 자기 문제에서 시작한 스토리와 창업이기 때문에 누구보다도 끈기를 갖고 오래 해결할 수 있겠다고 생각했고 무엇보다도 이런 접근을 기술 기반으로 접근했기 때문에 효율성과 효과성 모두 달성할 수 있겠다고 판단했다"고 말했다.

소풍이 임팩트 펀드 투자 진행 시 일반적인 투자 유치와 달리 고려하는 점과 소풍만의 기준이 있다. 한 대표는 "사회적 가치가 가장 큰 차이점"이라며 "투자 라운드에 따라서 임팩트 투자에 고려하는 부분이 다르지만, 초기 투자자로서는 세 가지를 중요하게 본다"고 말했다. 이 조건은 소풍에서 'IMP 액션'이라고 부르는 기준이다. I는 의도성(Intention)이다. 사회적 가치를 추구하겠다, 창출하겠다고 하는 의도성, 지향성이 명확한가를 확인한다. M은 측정 가능한지 여부다(Measurable). 소풍은 그래서 임팩트 KPI를 따로 설정하게 했다. P는 가능성(Potential)이며, 최종적으로는 창업팀이 실행 가능성(Actionable)을 가졌는지 본다.

사회적 가치의 유무보다는 큰 사회적 가치가 창출될 수 있는지를 중요하게 보는 것이다. 한 대표는 이와 관련해 다음과 같이 말했다. "초기 단계에서는 이런 의도성이나 지표의 존재 유무, 가능성 등을 고민하지만 실제로 그게 구체적으로 수치가 나와서 그게 의미가 있다 없다를 판단하려면 최소 시리즈 A 이후는 되어야 한다. 투자 단계별로 임팩트 측정이나 고민이 많이 다르다. 그래서 초기 투자사의 관점에서는 창업자의 역할과 성향과 회사에 임팩트 DNA를 심고 키우는 것이 중요하고, 임팩트 지표를 꾸준히 질문하고 임팩트 리포트를 작성하고 내외부적으로 공유할 수 있도록 돕고 있다."

　장기적으로 소풍 벤처스는 임팩트 분야의 유니콘, 즉 사회적 가치와 경제적 가치를 모두 달성하는 거대 스타트업 배출을 꿈꾼다. 한국에서도 이미 탄소 저감 기술로 글로벌 진출에 성공한 스타트업이 나오고 있고, 소셜임팩트 플랫폼으로 수익을 내는 기업도 등장하고 있는 만큼 임팩트 생태계가 자립적인 선순환 구조를 갖추도록 만드는 궁극적 목표를 삼고 있다. "자금 조달부터 경영 지원, 글로벌 진출, 후속 투자 유치까지 전 주기에 걸쳐 함께하기 위해 액셀러레이터와 벤처캐피털의 구조로 소풍 벤처스의 조직을 확장했다"면서 "생태계를 전방위적으로 지원할 수 있는 임팩트 플랫폼을 지향한다"고 밝혔다.

　한 대표는 좋은 팀을 찾기 위해서는 "다리의 힘과 엉덩이의 힘이 필요하다"고 말했다. 여기서 다리란 많이 다니면서 많이 만나고 많이 이야기해야 한다는 의미이며, 엉덩이는 책상 앞에 앉아서 열심히 리서치하고 공부를 해야 한다는 의미다.

　주니어 심사역에게는 다음과 같이 주문했다. 첫째, 대표자의 이야기를 많이 들어줄 것. 둘째, 어설프게 조언하지 말 것. 셋째, 대표자와 1시간 미팅하려면 2시간을 조사하고 갈 것. 한 대표는 "한 팀에 하루를 오롯이 쓴다고 생각하라"고 조언했다.

★ 스타트업 인터뷰 | 소셜빈 김학수 대표

SOCIALBEAN

"투자 거절도 '성장통'...
지역에 국한되지 마라"

소셜빈 김학수 대표

부산에서 새벽 2시 버스를 타고 달려 4시간 만에 도착한 서울. 하루 6개 회사를 돌며 릴레이 미팅을 마친 후 마지막 기차에 지친 몸을 싣는 일도 허다했다. 이렇게 일주일에 이틀 이상을 서울과 부산을 당일치기로 오가며 거래처와 투자자들을 끝없이 만나고 다녔고, 코로나19로 대면 미팅이 사실상 불가능한 상황에서도 투자를 이끌어내는 데 성공하기도 했다.

스타트업 소셜빈의 김학수 대표 이야기다. 소셜빈은 유아, 반려동물, 생활 분야를 중심으로 생활용품 제조를 시작했다. 이후 자체 인플루언서 커머스 플랫폼 '핫트(hott)'를 운영하며 제품 홍보와 커머스 전반에 대한 실질적인 경험을 쌓았으며, 이를 통해 커머스 시장에 대한 깊은 이해를 갖추게 되었다. 다만 수익구조 측면에서 한계를 인식하면서 이에 따라 본래 강점이었던 제품 개발에 다시 집중하게 되었다. 소셜빈은 이를 토대로 빠르게 수익을 회복할 수 있었으며 더 나아가 이를 기반으로 누적 400억 원의 투자를 유치하게 되었다.

김 대표가 창업 정보나 투자자 접근성이 떨어지는 부산에 거점을 고집한 이유는 간단하다. 바로 사업의 '본질'에 집중했기 때문이다. 투자자나 거래처와의 접근성은 떨어지지만 제품 제조나 운영인력 관리 측면에서 부산이 최고의 거점이라고 판단했다. 김 대표는 "서비스 개발은 서울에서 진행하는 등 기능은 나눠놨지만 부산에는 운영인력이 많고 이직률도 낮다"면서 "사업은 특정 지역에 위치해야 한다는 고정관념을 버려야 한다"고 말했다. 김 대표의 첫 투자 유치는 여느 스타트업처럼 순탄치 않았다. 지방에 있는 작은 회사에 불과했고 투자 유치에 대해서는 완전히 무지한 상태였다. 특히 투자자 관점에서 어떤 부분을 어필해야 할지 막막하기만 했다.

김 대표는 "첫 투자 유치이다 보니 어떻게 투자자들을 설득해야 할지 전혀 몰랐다"며 "제품 제조와 유통망 구축이라는 두 마리 토끼를 쫓는 것을 두고 투자자들은 '작은 회사가 선택과 집중을 하지 않고 두 가지를 다 할 수 있겠냐'는 질타가 이어졌다"고 회상했다. 이 와중에도 김 대표는 제품 제조와 유통을 모두 직접 맡아야 한다는 소신을 굽히지 않았다. 결국 김 대표를 믿은 투자자들은 소셜빈을 전적으로 후원하며 성장의 디딤판이 돼 주었다.

투자자들은 이후 사업 자체에 관여하기보다는 핵심 멤버 소개와 이후 투자자 소개 등 '조력'에 집중했다. 소셜빈의 프리 시리즈 A는 카카오벤처스를 통해 2019년 1월에 이루어졌고, 곧이어 시리즈 A 라운드도 2019년 카카오벤처스가 KB인베스트먼트, 플래티넘기술투자, 부산지역대학연합기술지주 등과 공동 투자하며 마무리됐다. 투자를 유치한 뒤엔 성장세에 가속도가 붙었다. 2013년 창업 이후 13명에 불과했던 인력은 투자 유치 이후 100명을 넘어서며 빠르게 늘었고, 제조업이나 관련 플랫폼 창업자들과도 만나서 의견을 공유할 기회도 많아졌다.

프리 시리즈 A 투자를 받은 뒤엔 핫트 플랫폼에 대한 확신이 들면서 시리즈 A와 B 투자도 빠르게 추가 유치할 수 있었다. 특히 시리즈 B 단계에서는 콜드 콜 없이 주로 기존 투자자의 소개로 투자가 진행되며 기존 투자자와 소셜빈 간의 끈끈한 신뢰를 보여주었다. 시리즈 B 투자를 받은 시점은 전 세계적으로 코로나19가 시작된 이후였다. 주요 투자사들의 투자는 중단되거나 보수적으로 집행되고 그나마 기회가 주어졌던 IR 행사들 역시 화상으로 대체되며 설득력이 떨어졌다. 하지만 김 대표는 포기하거나 좌절하지 않았다. 그는 "투자 거절 자체도 성장통"이라고 자신 있게 말했다. 어떻게 사업을 펼쳐나가야 할지 많이 고민할 수 있게 되는 계기가 된다는 점에서다.

김 대표는 제조업의 혁신을 통해 소비자에게 좋은 제품을 제공하는 것을 가장 중요한 소셜빈의 경영 원칙으로 삼고 있다. 고객이 진정으로 원하거나, 불편을 해소해 줄 제품만을 선별해 출시함으로써 브랜드 인지도를 확보해 왔다. 이렇게 쌓아온 인지도를 기반으로 새로운 제품을 지속적으로 개발·출시하며 꾸준한 성장을 이어왔으며, 그 결과 소비자들로부터 높은 신뢰를 얻는 데 성공하였다.

일례로 유아용품 브랜드인 '퍼기', '리틀클라우드', '아띠래빗', '아띠빠스'는 아기의 안전과 부모의 편리함을 모두 잡은 제품군으로 분류되며, '노멀라이프', '르메이드', '실리프랑' 등 생활용품 브랜드는 높은 실용성과 세련된 디자인으로 자리 잡았다.

이와 같은 가치관을 토대로, 소셜빈은 2026년 IPO를 준비하며 사업을 확장하고 있다. 김 대표는 "다들 조직 내에서 하고 싶은 일을 자금이 부족해서 못하면 안된다"며 "기존에 투자 유치를 받은 창업자를 만나 노하우를 공유 받는 것, 그리고 핏에 맞는 투자자를 찾는 게 중요하다"고 조언했다.

투자 유치 시, 반드시 읽어야 할 팁들

투자 유치 과정은 절대 쉽지 않으며, 공동 투자를 비롯해 투자 유치 시 추가로 고려해야 할 점도 있습니다.

IV. 투자 유치 시, 반드시 읽어야 할 팁들

1.
투자 유치도
'본업'의 일부이다

스타트업이 "투자 유치를 빨리 마무리하고 다시 본업에 집중하고 싶어요"라고 하는데, 크게 보면 투자 유치도 본업의 일부라 할 수 있습니다. 때로는 스타트업이 자금 부족으로 가설을 검증해 볼 기회를 놓치고 꿈을 접어야 할 수도 있는데, 투자 유치는 가설을 검증할 기회를 가지게 해 준다는 측면에서 무척 중요하죠. 따라서 투자 유치도 본업의 일부라고 생각하고 전념해야 합니다.

간혹 에이전시에 투자 유치 대행을 요청하는 경우도 있는데, 본인이 직접 해야 할 일을 타인에게 의존하는 것은 여러모로 바람직하지 않고 투자자도 창업자의 의지와 능력을 의심하게 됩니다. 실제 크게 성장한 상장기업에 대한 M&A나 유상증자 전문 주관사가 아닌, 단순한 스타트업 투자 유치 에이전시가 의미 있는 성과를 제대로 내는 경우는 거의 없습니다. 그리고 이러한 에이전시가 제대로 된 산출물이나 성과 없이 보수를 요구하여, 법적 분쟁이 생기기도 합니다. 따라서 차라리 기존 투자자나 지인 투자자, 또는 선배 창업자에게 투자 유치에 관한 자문을 구하는 것이 낫습니다.

2.
사업처럼, 투자 유치도 쉽지 않다

아직 시작 단계이고 미래가 불확실한 초기 스타트업의 비전을 믿어 주는 투자자를 만나기란 절대 쉽지 않기에, 우리 회사를 제대로 알아 주는 투자자는 소수일 수밖에 없습니다. 따라서 투자를 거절당했다고 실망할 필요가 없고 거절에 익숙해져야만 합니다. 그 과정에서 의미 있는 의견을 들었다면 겸손히 받아들이고, 또 다른 투자자를 만나 우리의 비전을 이해시키고 설득하여 공감을 끌어내도록 노력해야만 합니다.

투자 유치 과정은 전혀 쉽지 않지만, 대부분의 스타트업이 필연적으로 거쳐야 하는 과정입니다. **"매도 먼저 맞는 것이 낫다"라는 이야기처럼 차라리 초기 투자 유치 때 고생을 하며 익힌 경험이, 이후에 다음 라운드 투자 유치 시 시행착오를 줄여 주기도 합니다.** 간혹 초기 투자 유치를 너무 수월하게 진행한 스타트업이, 후속 투자 유치 때 안일하게 대응하여 힘든 과정을 겪거나 투자 유치 실패로 사업을 접어야 하는 경우도 있죠.

IV. 투자 유치 시, 반드시 읽어야 할 팁들

3.
첫 단추가 중요하다

첫 단추를 제대로 끼워야 하듯이 적합한 투자자로부터 초기 투자 유치를 진행하는 것은 매우 중요합니다. 초기부터 잘못된 투자 유치를 진행할 경우, 그로 인한 결과가 사업 성장에 있어서 여러모로 악영향을 끼치기도 하죠.

'블랙 투자자'를 주의해야 한다

간혹 투자 계약 시 스타트업에 너무나 불합리한 비상식적인 조항을 넣거나, 또는 투자 이후에도 비정상적인 관여를 하는 블랙 투자자가 있습니다. **아무리 자금이 급하더라도 이런 투자자는 투자 이후 스타트업에 여러모로 악영향을 끼칠 가능성이 크기에 가급적 피해야만 합니다.**

`case`

드물지만, 정부 지원금을 빌미로 스타트업에 뒷돈을 요구하는 투자자도 있는데, 이 경우 창업자나 대표도 공범으로 간주하여 형사 처벌 대상이 될 수도 있으니 특히 주의해야 합니다. 초기 투자자의 경우 검증되지 않은 투자자도 많은 편이니 투자 업계에서 평판 체크를 한 뒤, 비정상적인 면이 발견된다면 주의할 필요가 있습니다. 만약 기존 주주 중에 블랙 투자자가 있으면, 구주인수 등의 형태로 블랙 투자자가 주주에서 빠져야만 후속 투자 유치가 가능해지기도 합니다.

합이 맞아야 결과도 좋다

투자자들은 각자의 이력과 투자 단계 등에 따라 성향도 편차가 있는데, **가급적 창업자의 비전이나 사업 방향 그리고 경영 방식과 합이 맞는 투자자라면 좋은 인연이 될 수 있습니다.** 만약 합이 정말 잘 맞는 적극적인 투자자를 만났다면, 투자 유치 진행을 하고 있지 않더라도 투자를 받는 것이 좋을 수도 있습니다.

case

투자자의 경력은 일반 금융권, 회계사, 변리사, 컨설턴트, 이학/공학박사, 언론인, 창업자, 실무 경험자 등으로 다양합니다. 예를 들어 일반 금융권과 회계사 출신의 투자자의 경우 지표와 재무제표를 중요시하는 경향이 있으며, 후기 투자 유치 시 재무 관련된 조언을 얻기에 유리합니다. 그리고 실무 경험자 출신의 투자자의 경우 실제 해당 분야 사업에 조언을 얻기 좋고, 창업자 출신의 투자자는 초기 창업자의 고충을 더 잘 이해할 수도 있습니다.

반면에 합이 잘 맞지 않는 투자자와는 시너지가 나기 어렵고, 때에 따라 오히려 역효과가 날 수도 있습니다.

case

투자 유치 때의 기대와 달리, 투자 유치 이후에 투자자가 신규 투자에만 급급하여 사후 관리를 소홀히 하면 실망할 수 있습니다. 그리고 만약 투자자가 창업자와 사사건건 의견이 충돌하여 빠른 의사 결정이 필요한 스타트업의 발목을 잡는다면, 잘못된 인연일 수도 있습니다. 특히 후기 투자자가 평소와 달리 너무 초기 스타트업에 투자한 경우, 간혹 성장한 중견기업의 경영 방식을 초기 스타트업에 무리하게 요구하는 실수를 하기도 합니다. 이러한 경우는 고등학교 교사가 유치원생 눈높이에 맞지 않은 수업을 하는 것과 같은데, 로켓에 비유되는 스타트업이 날아갈 수 없게 붙잡는 형태입니다.

스타트업은 여러 사례를 고려해 적합한 투자자를 선택할 필요가 있습니다.

해외 투자 유치[1]는 조금 더 신중하게

간혹 아직 준비가 미흡한 초기 스타트업이 무리하게 글로벌 투자자로부터 해외 투자 유치를 고집하는 경우도 있는데, 우리가 그럴 준비가 되었는지와 지금이 적합한 시기인지 고려해 볼 필요가 있습니다. 해외 투자자로부터의 투자 유치는 난이도도 높을 뿐만 아니라, 언어나 상법상 차이로 인해 실사나 투자 계약서 작성 과정에서 시간이 더 소요되는 편입니다.[2] 또한 해외 투자 유치를 위해 선행 요건으로 미국 델라웨어나 싱가포르에 법인을 이전하는 플립(Flip)[3] 절차가 필요할 수도 있는데, 절차도 복잡하고[4] 이후 국내 투자사로부터의 투자 유치나 지원사업에 제약이 생기기도 하니 신중하게 판단하여야 합니다.[5]

case

스타트업 A의 경우 준비가 제대로 안 된 상태에서 해외 투자 유치를 위해 처음부터 미국 법인으로 시작했지만, 해외 시장에서 성과가 아직 없어 해외 투자자로부터의 투자 유치에 실패하

---

1 국내의 해외펀드 운용사를 제외한 해외 현지의 투자자로부터의 투자 유치를 의미

2 때로는 주요 서류들을 모두 영문으로 번역하여 공증해서 보내야 하기도 함

3 한국 법인이 해외에 법인을 설립한 후 해외 법인을 모회사로 만들고 기존 한국 법인을 다시 자회사로 만드는 절차

4 비용도 많이 들고 절차도 복잡하기에, 해외 투자자로부터의 투자 유치가 확정되었거나 혹은 충분히 가능한 상태에서 진행해야 하는 것은 기본임. 반면에 너무 뒷 단계 투자 유치 시 진행할 경우, 실제로는 지분 스왑 형태지만 세무적으로는 국내 법인 지분을 고가에 매각하는 형태가 되기에 양도소득세 이슈가 생길 수 있음

5 국내 투자자가 해외 법인에 투자하는 것도 가능하지만 주목적이 국내 법인 대상인 경우가 많음. 그리고 국내 지원사업의 경우 TIPS와 같이 글로벌 진출을 염두에 두고 설계된 사업은 플립한 국내 스타트업도 지원 가능하지만, 그렇지 않은 지원사업도 있음

게 됩니다. 해외 법인의 운영과 관리 부하도 너무 컸고, 국내 투자자로부터 투자를 받기로 전략을 수정한 뒤, 국내 법인으로의 역 플립을 진행했으나 미국 법인 청산은 더욱 복잡하고 어려웠습니다. 결국 시간이 지연되면서 관심을 받았던 국내 투자자로부터의 투자 유치에도 실패하고 사업을 접게 됩니다. 물론 해외 법인이 사업 실패의 주원인은 아니었지만, 이로 인해 여러모로 발목이 붙잡힌 것이 원활한 사업 진행에 지속적인 걸림돌이 된 것이었죠.

※ 참고: 센드버드 김동신 대표가 알려주는
'미국 법인으로의 전환 - Delaware Flip에 대한 방법'

IV. 투자 유치 시, 반드시 읽어야 할 팁들

4.
공동 투자 시 고려할 점

보통 시드 라운드나 프리 시리즈 A는 단독 투자 혹은 두 곳 정도의 공동 투자가, 그리고 시리즈 A 이상은 조금 더 여러 곳의 공동 투자가 주를 이루게 됩니다. 뒤로 갈수록 아무래도 전체 투자 금액이 커지기 때문에 다수의 공동 투자 형태로 진행되는 경우가 많아지게 되죠. 단독 투자와 달리 공동 투자는 추가로 고려해야 할 점이 있습니다.

클럽딜과 멀티클로징

공동 투자는 크게 클럽딜(Club Deal), 멀티클로징(Multi Closing) 혹은 두 가지가 혼합된 방식으로 진행이 됩니다.

클럽딜(Club Deal)

클럽딜은 공동 투자를 진행하는 여러 투자자가 한 번에 동일한 계약을 진행하는 방식입니다. 목표한 총 투자 금액에 도달하지 못할 경우 투자가 집행되지 못하는 조건부로 투심위를 통과하는 경우도 있습니다.[6]

장점은 경영상 사전 동의, 이사회, 주주총회, 등기 등의 투자 계약에 필요한 법무 절차를 한 번에 같이 진행할 수 있다는 점입니다. 단점은 공동 투자를 진행하는 투자자중 일부가 투자하지 않기로 결정할 경우, 같이 진행 중인 다른 투자자에게도 부정적인 영향을 끼칠 수 있다는 점입니다.

case

예를 들어 스타트업 B가 목표한 총 투자 금액이 30억 원입니다. 다섯 곳에서 투심위를 진행하여 그중 두 곳의 투자자에서 각각 투자금 10억 원씩 총 20억 원이 투심위를 통과했다고 가정해 보겠습니다. 일반적인 클럽딜이라면 두 곳의 투자자와 투자 계약을 한 번에 진행하여 비교적 단기간에 공동 투자 유치를 마무리하게 됩니다. 그러나 총투자 금액이 30억 원이 된다

---

6 투자자 입장에서는 해당 라운드에서 목표했던 투자 금액이 충분히 확보되지 못할 경우, 스타트업이 후속 투자 유치까지 원활한 사업 진행이 힘들다고 생각할 수 있기 때문임

는 전제하에 통과된 조건부 클럽딜이라면, 나머지 10억 원을 일정 기한 내에 또 다른 투자자의 투심위를 통과해 확보하지 못하면 공동 투자 전체가 무산될 수 있죠. 따라서 이때엔 투자자 후보를 넉넉하게 확보할 필요가 있습니다.

멀티클로징(Multi Closing)

첫 투자자가 먼저 투자를 진행한 뒤, 이후 다른 투자자가 같은 주요 조건으로 추가로 공동 투자를 진행하는 방식입니다. 이때 예를 들어 6개월과 같이 시차가 너무 클 경우엔 기존 투자자가 같은 기업가치로 투자하는 것을 동의하지 않을 수 있기에, 일정 기한 내에 진행해야 하죠.

장점은 한 번에 같이 투자를 진행하지 않기 때문에, 다른 투자자의 부정적인 의사 결정 영향이 제한적이라는 점입니다. 기업가치를 비롯한 주요 조건은 기존 투자 계약 조건을 대부분 따르기에 추가 투자는 조금 더 빨리 진행될 수 있지만, 실제 법무 절차를 별도로 진행해야 한다는 번거로움과 전체 공동 투자 유치 기간이 늘어날 수 있다는 것은 단점입니다. 그리고 투자자로서는 충분한 투자 금액 확보를 위해 멀티클로징보다는 클럽딜을 더 선호하는 편이기에, 투자자에게 멀티클로징을 설득해야 할 때도 있습니다.

`case`

스타트업 C가 총 20억 원의 투자 유치를 멀티클로징으로 진행한다고 가정해 보겠습니다. 먼저 한 투자자가 10억 원 투자를 진행한 뒤 2개월 이내에 같은 주요 조건으로 다른 투자자가 최대 10억 원까지 공동 투자를 진행할 수 있습니다. 만약 뒤의 투자자가 10억 원이 아닌 5억 원만 투자를 진행하기로 한다면, 추가로 5억 원을 투자할 투자자를 기한 내에 더 물색하거나 목표 금액을 채우지 못하더라도 15억 원으로 투자 라운드를 클로징 할 수도 있습니다.

혼합된 방식

클럽딜과 멀티클로징의 복합적인 방식으로 진행도 가능합니다.

case

스타트업 D가 30억 원을 투자 유치할 때, 먼저 20억 원은 10억 원씩 두 투자자가 클럽딜로 진행하고 나머지 10억 원에 대해서는 시차를 두고 멀티클로징으로 진행을 할 수도 있습니다. 다만 이 방식은 기존 클럽딜 투자자가 20억 원을 먼저 투자 집행하는 것에 동의해야 할 필요가 있습니다.

리드 투자자가 중요하다

공동 투자 시 클럽딜과 멀티클로징 모두, 투자 진행을 주도하는 리드 투자자(Lead Investor)가 무척 중요합니다. 보통은 가장 큰 금액을 투자하는 투자자가 리드 투자자가 되는 경우가 많으며 공동 투자자 간 여러 가지 이견 조율을 하는 창구 역할도 합니다

case

총 20억 원을 공동 투자한다고 했을 때 리드 투자자가 10억 원, 나머지 두 공동 투자자가 각각 5억 원씩 투자할 수 있습니다. 때로는 공동 투자자들이 리드 투자자의 투자심사보고서를 참고하기도 합니다.

투자자의 확신이 강하고 펀드 규모상 리드할 투자 금액이 된다면, 리드 투자자를 자처할 수 있습니다. 하지만 만약 이런 투자자가 없다면, 예를 들어 투자자 열 곳에서 관심을 보이더라도 모두 "리드 투자자가 나타나면 본격적으로 공동 투자를 검토하겠습니다"라는 답변을 들을 수도 있습니다. 그렇게 되면 투자가 더 진행이 되지 못할 수도 있죠.

초기 투자의 경우엔 단독 투자 형태도 많지만, 중기 투자부터는 공동 투자 형태가 많기에 리드 투자자와 공동 투자자로 나뉘게 됩니다. **이렇게 공동 투자를 진행할 경우 스타트업은 먼저 리드 투자자 후보에 집중할 필요가 있습니다. 마치 매칭 펀드처럼 리드 투자자가 없다면, 공동 투자 진행이 불가능하기 때문이죠.** 따라서 해당 투자자가 어느 정도로 긍정적인 반응을 보이는지 뿐만 아니라, 리드 투자자가 될 의향이 있는지도 확인할 필요가 있죠.

공동 투자자 후보는 리드 투자자가 결정되고 난 뒤 구할 수도 있으며, 리드 투자자가 공동 투자자 후보를 소개하거나 리드 투자자와 협의 후 공동 투자자 후보를 결정할 수도 있습니다. 만약 리드 투자자의 투심위를 통과하지 못해 새로운 리드 투자자를 구해야 하는 경우가 발생한다면, 이는 공동 투자자를 구하는 것보다 훨씬 높은 난이도가 되죠. 그리고 일부 공동 투자자의 투자 거절이나 투심위 탈락은 다른 공동 투자자에게 부정적인 영향을 끼칠 수도 있습니다.

IV. 투자 유치 시, 반드시 읽어야 할 팁들

5.
투자 유치 시
중요한 커뮤니케이션

―

스타트업이 투자자와의 커뮤니케이션 실수로 인해 투자 유치에 차질이 생기는 경우도 있습니다.

명확한 커뮤니케이션

커뮤니케이션 실수로 서로 오해하는 일이 없도록 명확하게 커뮤니케이션을 하는 것이 중요합니다. 또한 투자 유치 진행 현황에 대한 여러 정보를 투자자 후보에게 적절한 시기에 업데이트하는 것이 좋습니다.[7]

case

때로는 스타트업이 여러 투자자와 기업가치에 대해 협상하는 과정에서 희망 기업가치를 낮출 수 있습니다. 이때 다른 투자자에게 너무 늦게 업데이트할 경우 불필요한 의심을 품게 만들 수 있습니다.

그리고 기억에 의존하기보다는 투자 미팅 일지를 준비해, 투자자별/일자별로 간략한 논의 내용과 진행 단계, 그리고 투자자의 투자 의지 강도를 기록해 두어야 합니다. 투자자는 이제 연애를 시작하려는 단계인데 스타트업은 이미 결혼을 생각하는 온도 차가 생길 수 있습니다. 그러므로 현재 진행 단계, 투자 절차상 전환율, 투자자의 의지 강도 등에 기반해 투자 성사 확률을 고려해봐야 합니다. 여러 투자자를 만날 경우 확률이 높은 투자자에 조금 더 우선순위를 두고 진행하는 것이 좋죠.

또한 스타트업이 투자를 거절해야 할 상황이 생길 수도 있습니다. 예를 들어 단독 투자일 때, 여러 개의 투심위를 통과했지만 한 투자자

---

7 공동 투자일 경우 특히 리드 투자자와의 커뮤니케이션이 중요

로부터만 투자를 받아야 하는 경우나, 공동 투자일 때 투자받을 룸이 부족하여 투자를 받지 못할 때입니다. 이때, 투자자에게 아쉬움과 함께 정중하게 거절하며 향후 또 다른 투자 인연의 기회를 남겨두는 것이 좋습니다.

행복한 고민일 수 있지만, 만약 계획한 총투자 금액보다 투심위를 통과한 투자 금액의 합이 커질 경우(오버부킹 되었을 경우) 리드 투자자와 협의하여 합리적으로 결정할 필요가 있습니다. 대략 다음과 같은 방법들이 있는데, 이 중 적절한 방법을 잘 선택해야합니다.

> **오버부킹 되었을 경우**
> 1) 지분이 조금 더 희석되더라도 투심위를 통과한 모든 투자자의 투자 금액을 받기
> 2) 계획한 총투자 금액에 맞추어 투자자의 투자금액을 비례하여 줄이기[8]
> 3) 시차가 어느 정도 있으면, 투심위 통과 순서에 맞추어 선착순으로 일부 투자자만 투자 받기
> 4) 투자 금액이 큰 순으로 일부 투자자만 투자를 받기
> 5) 투심위 통과 순서나 투자 금액 순과 별개로 조금 더 합이 잘 맞고 큰 조력을 줄 수 있는 투자자를 전략적으로 선별하여 투자 받기

적극적인 커뮤니케이션

투자 유치를 진행할 때엔 일정 기간 여러 투자자를 한꺼번에 만나

---

[8] 투자 금액을 줄이는 경우 투심위를 다시 열 필요가 없을 때도 있지만, 투심위를 다시 열어야만 하는 경우에는 이 방법을 실행하기 어려울 수 있음

투자 유치 업무에 집중하는 것이 좋습니다. 길게 시차를 두고 만나게 되면, 일반 경영 업무와 투자 유치 업무로 분산되는 기간이 장기화되면서 오히려 비효율적일 수도 있습니다. 간혹 해외에 있는 한국계 스타트업이 국내에 들어와서 투자자를 띄엄띄엄 만나는 경우도 있는데, 스타트업의 업무 집중력도 떨어지지만, 투자자와의 커뮤니케이션도 연속성이 떨어져서, 투자 유치가 제대로 진행되기 힘들 수 있습니다. 어느 정도 일정 기간 국내에 머물면서 집중적으로 투자자들을 만날 필요가 있죠.

여러 투자자를 만나다 보면, 리스크를 많이 고려하는 투자자의 속성상 스타트업의 단점에 대해 공격도 많이 받을 것입니다. 그리고 일부 주니어 심사역의 배려나 숙련된 커뮤니케이션의 부족으로 속상할 수도 있습니다. **하지만 이에 대해 화를 내거나 상처를 받기보다는, 외부의 다양한 의견 중의 하나일 뿐이며 담당자가 아직 미숙한 면이 있다고 생각하고, 마음을 가라앉히고 차분하게 대응할 필요가 있습니다.**

그리고 스타트업이 자주는 아니더라도 중간에 먼저 연락하는 등 어느 정도 능동적일 필요가 있습니다. 업데이트된 정보를 전달하여 투자 담당자의 관심을 계속 환기하고, 현재 투자 의지 정도를 검토해 보면 좋죠. 그럼에도 불구하고 답변이 뜸하다면, 투자자의 검토 우선순위에서 밀렸을 가능성이 크기에 아쉽지만 다른 투자자 후보를 찾아보아야 할 수도 있습니다.

★ 스타트업 인터뷰 | 센드버드 김동신 대표

 SendBird

"해외 투자 유치를 노린다면 델라웨어 플립 고려를… 모든 투자 과정에는 진심으로, 포기하지 말고 끝까지 가야"

센드버드 김동신 대표

"포기하지 말고 끝까지 가라고 말하고 싶다. 사람이 충분히 똑똑하고, 열심히 하고, 도덕적으로 올바른 선택을 한다면 기회는 언제든 온다. 버티지 못하고 포기하면 기회를 놓칠 수 있다. YC(Y Combinator) 유니콘 포트폴리오사도 성공하기 위해서는 10년이 넘게 걸린다. 운 좋게 초반에 성과가 잘 나오는 회사도 있지만, 10년 뒤를 보고 사업을 해야 한다는 각오로 시작한다면 아이템도 더 신중하게 고를 수 있다. 잘 버티면 기회는 온다고 생각한다."

채팅 API 전문 기업에서 AI 에이전트 기업으로 변신한 센드버드 김동신 대표의 말이다. 센드버드는 뉴욕, 런던, 싱가포르 등 전 세계 7개 거점을 기반으로 모바일 앱이나 웹에서 사용자 간 커뮤니케이션을 구현해주는 개발자용 솔루션과 고객 상담 및 문제 해결 자동화용 AI 에이전트를 제공한다. '도어대시', '틴더'로 잘 알려진 '매치그룹', '늅' 등 글로벌 빅테크 기업들을 주요 고객사로 두고 있으며, 그 결과 매달 3억 명의 사용자가 센드버드의 솔루션을 통해 대화를 나누고 있다.

이를 토대로 피봇 전까지 합하여 총 7번의 투자 유치 과정에서 3,000억 원 이상의 투자금을 유치하는데 성공했다. 센드버드의 성장 비결은 무엇일까. 김 대표는 글로벌 진출과 이를 위해 YC로부터 투자를 받은 게 도움이 컸다고 답했다. 그는 "B2B 사업 특성상 문화적, 지리적 의존도가 낮은 편인데 글로벌 진출을 했기 때문에 서비스가 더 성장할 수 있었고 투자 유치도 성공했던 것 같다"고 말했다.

김 대표는 창업 초기 단계인 스타트업이 미국에서 투자 유치를 진행하려면 델라웨어 플립(Delaware Flip)을 하는 게 좋다고 강조했다. 델라웨어 플립이란 미국 법인을 본사로, 한국 법인을 자회사로 만드는 회사 구조의 전환을 의미한다. 김 대표가 블로그에 올린 델라웨어 플립에 관한 글은 아는 사람들은 다 아는 플립 교과서처럼 여겨진다. 초기 스타트업은 사업성보다 법인 구조 혹은 계약서 이슈 등의 구조적인 문제로 투자 유치가 어려운 경우도 많기 때문이다. 아시아계 펀드 외 미국에서 투자를 받으려면 법인 설립, 미국 소유 지식 재산권 등에 대한 여러 가지 숙제를 풀어야 하는데 플립이 되어 있으면 훨씬 수월하다.

해외 투자자를 대상으로 한 피칭 시 중요한 요소로는 '나를 명료하게 설명하는 능력'과 '상대방에 대한 파악'을 꼽았다. 김 대표는 "우리가 하는 사업을 최대한 명확하고 간략하게 피칭할 수 있어야 한다"며 "이는 초기 팀들이 잘 못하는 부분 중 하나"라고 지적했다. 이어 그는 "해당 벤처캐피털에서 어떤 파트너가 본인의 사업 영역에 주로 투자를 하고 있는지에 대한 정보를 잘 파악하고 피칭을 해야 한다"고 강조했다.

미국은 분야에 대한 전문성이 높은 파트너들이 그 분야에 10~20년 동안 투자하는 경우가 대부분이다. 그런 파트너들은 본인의 전문 분야에 오랜 기간 투자를 하므로 그 사업에 대한 카테고리, 히스토리, 업계 네트워크 등에 대해서 잘 알고 있다. 이 때문에 투자사에 대한 정보를 모으고, 투자 받을 파트너 이름, 투자사 컨택 방법 등을 스스로 잘 찾아서 진행할 필요가 있다. 대부분의 경우 회사 홈페이지에서 파트너들의 정보, 파트너의 투자 이력, 관심사에 대한 인터뷰 등을 열람할 수 있다.

가능한 최대한 실행력을 보여주는 것 또한 중요하다. 불안정하더라도 빠르게 실행을 여러 번 해서 학습한 뒤 결과를 보여줄 수 있어야 한다는 의미다. 그는 "우리가 시도한 것, 시도할 것 등을 보여주고 알려줌으로써 우리 조직이 빠르고 모멘텀이 있는 조직이라는 것을 어필할 수 있다"고 말했다.

김 대표가 알려준 해외 투자 유치 시 참고해야 할 사항은 다음과 같다. 스타트업은 투자자들이 우리 회사에 투자하고 싶도록 마켓을 만들어야 하고, 마켓 메이킹을 위해서는 투자 유치 진행 시 모든 투자자가 같은 시간대에 같은 양의 정보를 가질 수 있도록 해야 한다.

펀드 레이징 목표를 잡은 이후엔 펀딩 일정 체크도 필수다. 미국의 경우 펀드 레이징 가능한 시즌은 빅 시즌인 1~6월(7, 8월 휴가)과 스몰 시즌인 9~12월(크리스마스 전)이 있다. 빅 시즌에 진행 예정이라면, 만들어 놓은 파트너 리스트를 들고 시작해야 한다. 다만, 콜드 콜은 피하는 것이 좋고, 소개받을 창구가 있으면 더 좋다. 투자자들에게 메일을 보낸 뒤, 펀드 레이징 계획과 함께 3~4주 뒤 미팅 일정을 잡는다. 시리즈 A의 경우 30~40개 정도의 투자자를 만나야 한다. 이 기간에 만나는 투자자는 모두 같은 IR 자료(IR Deck)를 봐야 하고, 첫 미팅과 텀시트 받을 타임 라인도 제시해야 한다.

첫 번째 미팅을 2주 동안 진행하면 추가 미팅에 대한 여부를 알 수 있고, 데이터 요청이 들어오는데 제공 가능한 데이터 중 모든 투자자가 물어보는 최대공약수의 자료를 준비해두면 번거롭게 매번 자료를 만들

필요가 없어진다. 두 번째 미팅 후 3주 차에는 텀시트가 오는 투자자가 있는지 확인하고, 강한 확신이 드는 투자자들이 있다면, 다른 투자자들에게도 텀시트를 받을 수 있는지 먼저 물어보면서 최종 투심위를 할 수 있는 투자자 리스트를 만든다. 이후 텀시트를 바탕으로 투자 조건 등을 확인하면서 투자 받을 수 있는 투자자에 대한 범위를 좁혀야 한다.

김 대표는 "스타트업이 더 주도적으로 투자 유치를 진행할 수 있어야 하고, 이상적으로는 투자 유치 기간이 한 달을, 되도록 석 달 이상은 넘어가지 않도록 타이트한 일정에 진행하는 게 좋다"고 말했다. 또한 그는 "모든 투자 유치 과정에서는 자신감은 있되 거만하지 않은 태도로 임해야 하며, 진심으로 프로페셔널 하게 사업을 운영할 수 있다는 믿음을 심어줘야 한다"고 강조했다.

더 나아가 글로벌 진출을 꿈꾸는 한국 스타트업들에게는 "플립, 투자 유치 단계부터 이미 글로벌 스탠다드에 맞춰서 많은 것을 준비해야 한다"면서 "글로벌 시장에 맞는 언어 능력을 물론이고, 진출하고자 하는 문화권에 대한 이해도 높여놓는 걸 추천한다"고 말했다.

★ 스타트업 인터뷰 | 버킷플레이스 이승재 대표

 오늘의집

창업경진대회 문 두드리다 초기 투자 유치로 이어져.. "투자 유치는 결혼과 같다"

버킷플레이스 이승재 대표

"투자 유치는 결혼과 비슷하다. 서로 책임이 따르고, 미래를 함께 만들어가는 관계이기 때문이다."

오늘의집을 운영하는 버킷플레이스 이승재 대표는 투자 유치를 단순한 자금 조달이 아닌, 신뢰 기반의 '파트너십'이라고 강조한다. 그는 늘 이 같은 마음으로 투자 유치를 진행했고, 좋은 파트너들을 만나면서 신뢰를 기반으로 사업을 확장해왔다. 버킷플레이스는 '버킷리스트'를 실현해 주는 공간이라는 의미를 담아, 사람들이 평생 꿈꿔온 집을 함께 만들어가는 플랫폼을 목표로 시작됐다. 이승재 대표와 함께 공동창업자인 김진식도 초창기 팀에 합류해 의기투합했다.

사업 초창기, 이 대표는 "당시는 아직 준비가 부족해 투자를 받을 수 있는 단계가 아니라고 판단했다"고 회고한다. 그래서 경험을 쌓고 자금을 확보하기 위해 창업 경진대회에 도전했지만, 수상에는 실패했다. 하지만 이 자리에서 전환점이 생겼다. 심사위원으로 참여한 매쉬업벤처스의 이택경 대표가 버킷플레이스를 눈여겨보았고, 이후 미팅을 통해 빠르게 투자로 이어졌다. 초기의 투자 유치는 결과적으로 '운'이 따랐지만, 이 대표에게는 의미 있는 시작이었다.

진짜 어려움은 그다음이었다. 프리 시리즈 A 단계에서 IR(투자자 대상 발표)을 수차례 진행했지만, 번번이 거절당했다. 매쉬업벤처스가 주최한 비공개 IR 데모데이인 '매쉬업데이'를 기점으로 수많은 투자자를 만났지만, 공통된 질문은 "콘텐츠 서비스로 돈을 벌 수 있느냐"는 의심이었다. 오늘의집은 초기에는 사용자가 자신의 집 사진을 공유하는 콘텐츠 중심의 서비스였다. 누구나 쉽게 집 꾸미기 자료를 찾을 수 있도록 하는 게 핵심이었다. 그러나 콘텐츠만으로는 수익 가능성에 대한 의문이 따라붙었다.

이 대표는 이를 정면 돌파했다. 지표를 개선해 성장성을 입증하고, 수익 모델을 구체화해 사업성 증명에 성공했다. 일례로, 콘텐츠 안에 제품 정보를 연결하는 자체 태그 버튼(+) 기능을 개발했고, 사용자가 사진을 보며 가구와 소품에 대한 정보를 자연스럽게 확인할 수 있게 만들었다. 이 과정을 통해 '커머스 전환'이라는 새로운 가능성을 보여주며, 결국 매쉬업벤처스의 소개로 만난 본엔젤스 등으로부터 프리 시리즈 A 투자를 유치하는 데 성공했다.

시리즈 A와 시리즈 B 추가 라운드 투자 유치 이후, 버킷플레이스는 글로벌 투자 유치에 나섰다. 하지만 물리적인 거리보다 더 큰 장벽은 문화와 시스템의 차이였다. "상법 구조, 계약 관례가 한국과 다르고, 환전 문제 등 고려해야 할 요소가 많았다." 결국 IR 발표와 문서 준비 등에서 영어권 문화에 익숙한 팀원들의 조력을 얻어 2020년 11월, 770억 원 규모의 시리즈 C 투자가 극적으로 성사됐다. 마침 미국 실리콘밸리 기반의 본드 캐피털(BOND Capital) 파트너가 한국에 체류 중이었고, 비바리퍼블리카 이승건 대표의 소개로 미팅이 성사됐다. 이 대표는 해외 투자 유치를 하기 전에 "꼭 해외 투자를 받아야 하는가, 혹은 준비가 충분히 되었는가를 철저히 고민해야 한다"고 덧붙였다.

본드 캐피털은 평소 '콘텐츠+커뮤니티+커머스' 결합 모델에 높은 관심을 갖고 있었고, 오늘의집의 서비스 방향과 자연스럽게 맞아떨어졌다. 이 대표는 이 투자사에 대해 "2014년 이들이 발행한 인터넷 트렌드 보고서에서, 콘텐츠·커뮤니티·커머스가 결합된 수직적 산업(Industry Vertical) 모델이 유망하다는 내용을 보고 큰 감명을 받았는데, 6년 뒤 그곳에서 투자를 받을 줄은 상상도 못했다"고 말했다. 오늘의집이 글로벌에서 독창적인 모델이고, 또 인테리어라는 분야가 아직 충분히 개척되지 않은 영역이기에 향후 글로벌 확장이 가능하다는 점이 투자자의 확신을 이끌어낸 것이다.

이 대표는 투자 유치 이후 "가장 큰 변화는 책임감"이라고 회고한다. "외부에서 우리의 가능성을 보고 큰 자금을 투자했으니, 그 기대에 부응하기 위해 더욱 긴장하면서 일할 수밖에 없다."

그는 투명한 커뮤니케이션을 강조한다. 투자자에게는 최대한 많은 정보를 솔직하게 공유하고, 필요한 사항은 요청하는 방식으로 신뢰 기반의 파트너십을 구축했다. 이 와중에 투자자들이 제공하는 도움도 시기에 따라 달랐다. 초기 투자자들은 네트워킹, 피어 러닝(Peer Learning), 후속 투자 유치 등의 도움을 줘서 큰 힘이 되었고, 중후기 투자자들은 채용, 재무, 비즈니스 모델 등 구체적인 현안에 대해 실질적인 조언과 지원을 아끼지 않았다.

현재 오늘의집은 콘텐츠-커뮤니티-커머스(3C)를 연결한 플라이휠 구조를 통해 빠르게 성장하고 있다. 최근에는 첫 가구 브랜드인 'layer(레이어)', 가구 배송 서비스 '원하는날도착', 하자나 지연 같은 피해를 보상해 주는 '오늘의집 시공책임보장' 등의 서비스를 내놓으며 고객 만족도를 높여가는 중이다.

이에 힘입어 2024년 기준 오늘의집은 매출 2,879억 원, 영업이익 5.7억 원, 당기순이익 52.6억 원을 기록하며 '유니콘은 만성 적자 기업'이라는 세간의 의심을 깨뜨리는 데 성공했다. 더 나아가 일본을 비롯, 글로벌 시장 진출에도 박차를 가하고 있다.

이 대표는 투자 유치를 준비하는 스타트업들에게 몇 가지 조언을 남긴다. 우선, 원하는 투자사는 반드시 미리 만나봐야 한다는 조언이다. "간혹 진짜 투자 받고 싶은 곳과 미팅을 갖기도 전에 펀딩이 클로징 돼버리는 경우가 있으니, 기회를 놓치지 마라." 기업가치보다는 투자사에 집중하라는 조언도 덧붙인다. "기대보다 낮은 기업가치에 투자를 받는다고 해서, 사업 본질에 문제가 생기는 건 아니다. 중요한 건 투자가 필요한 적기에 우리를 믿어주는 좋은 파트너를 만나는 것이고, 그들과 함께 계획을 실현해 나가는 일이다."

★ 투자자 인터뷰 | 매쉬업벤처스 이택경 대표

MASHUP VENTURES

"초기 투자의 핵심은 창업자와 투자자 사이의 믿음이 제일 중요"

매쉬업벤처스 이택경 대표

이택경 대표가 이승재 대표를 처음 본 건 2013년 서울대 연구 단지의 한 스타트업 행사에서였다. 이후 이 대표는 심사위원을 맡은 2014년 한 창업 경진대회에서 버킷플레이스의 이승재 대표를 다시 만났고, 별도의 미팅을 잡았다. 그는 "당시 인테리어 쪽 비즈니스 아이템에 관심이 많았는데, 이승재 대표를 만나보니 서비스를 시작하게 된 동기나 비전도 좋았고, 전략적으로 관련 비즈니스를 하나씩 가설 검증해가며 잘 진행해 나갈 수 있는 팀이라는 느낌을 받았다"고 회상했다. 그는 "버킷플레이스는 학습능력과 실행력이 좋은 공동창업자 멤버들이 함께하고 있었는데, 종합적으로 인테리어 시장에서 잘 성장해 나갈 수 있는 자질을 갖춘 팀이라고 판단해 빠르게 의사 결정을 했다"며 투자 결정 배경에 관해 설명했다.

이택경 대표가 투자 이후 가장 신경썼던 부분은 버킷플레이스의 사업 방향이었다. 비슷한 분야의 포트폴리오사 사례를 참고해, 이승재 대표와 긴 논의 후 광고보다는 커머스 수익 모델을 먼저 시작해야 한다는 답을 내렸다. 매쉬업벤처스는 버킷플레이스에 자금 이외에도 초기에 경영 관련 여러 조언과 후속 투자 유치 지원 등의 조력을 하였다.

2014년 여름 투자한 지 만 10년이 넘은 지금 시점에서 이 대표가 보는 버킷플레이스는 어떨까. 이 대표는 "조급해하지 않고 꾸준히 기본기를 다지며 한 단계씩 성장해 나가는 것이 버킷플레이스의 강점"이라며 "기업과 투자자 모두가 처음 예상했던 시장 크기보다 더 크게 성장한 케이스"라고 평가했다. 그는 "첫 투자 검토 시 보았던 IR 자료의 목표 고객 시장 규모가 7,758억 원이었는데, 2020년 거래액이 이미 이를 넘어섰다"며 웃었다. 이 대표는 "버킷플레이스가 이처럼 투자자의 예상보다 훨씬 크게 성장할 수 있었던 것은 고객이 진짜 필요로 하는 가치를 준다는 비즈니스의 본질에 꾸준하게 충실했던 점, 그리고 이승재 대표와 핵심 멤버들이 기업의 성장과 변화에 맞추어 같이 빠르게 성장했던 점을 들 수 있다."고 이야기한다.

이택경 대표는 좋은 팀을 찾기 위해 동분서주한다. 내부 파트너 및 심사역과 함께 모든 콜드 메일을 검토할 뿐 아니라 포트폴리오사나 스타트업, 투자, 산업, 학계 각 분야의 지인들을 통해 추천도 적극적으로 받는다. 스타트업 피칭 행사/경진대회/오피스아워/대학 창업 관련 강의와 행사 등에도 적극적으로 참석하면서 창업자와의 접점을 최대한 많이 갖기 위해 노력하고 있다. 외부 노출이 적은 잠재력 있는 창업자를 찾기 위해 스타트업 미디어나 SNS의 유망 인재를 체크하는 등 온라인 발굴 노력도 게을리하지 않는다. 그는 "팀 검증에는 정성적인 판단이 필요하기에 딱딱한 사무실 미팅 외에 티타임이나 식사 등 조금 더 편한 자리에서 시간을 가지며 솔직한 이야기도 듣고 교감을 이루고자 하는 편"이라고 말했다.

또한, 최근 글로벌 시장 진출이 필수가 되어가는 스타트업 업계 트렌드에 맞추어, 포트폴리오사 글로벌 진출 조력에도 많은 노력을 기울이고 있다. 매쉬업벤처스는 지난 2년간 글로벌 창업자 출신의 파트너들을 대거 영입하고, 선배 창업자, 산업 전문가 등으로 구성된 어드바이저 네트워크 또한 글로벌로 확장했다. 뿐만 아니라 미국, 일본, 동남아 등 현지 투자자 및 전문가들과 글로벌 유망 스타트업 발굴을 위해 협업하고, 포트폴리오사의 글로벌 진출 기회 마련을 위해 현지 네트워크 형성, 후속 투자 유치에 도움되는 프로그램들을 운영하고 있다.

이 대표는 "포트폴리오사들의 후속 투자 유치 과정을 지켜본 경험상, 창업자는 일반적으로 두세 번의 투자 유치 경험이 쌓여야 비로소 감을 어느 정도 잡는 것 같다"며 첫 투자 유치를 준비하는 스타트업에게 다음과 같이 조언했다. "투자 유치는 누구나 힘들다. 결국 실제로 해봐야 제대로 알 수 있지만, 그래도 처음 투자 유치를 진행할 때에는 투자자, 투자 유치 프로세스, 계약서 등에 대해서는 기본적인 내용은 알고 진행하는 것이 시행착오를 줄이는 데 도움이 될 것이다. 그리고 초기 투자 유치일수록 우리의 비전을 믿고 공감해 주는, 신뢰감이 가는 투자자를 선택하는 것이 좋다."

매쉬업벤처스가 정기적으로 진행하는 설문조사에서 포트폴리오사들이 가장 마음에 들었던 지원으로, 네트워킹(Peer Learning 포함), 경영 및 글로벌 진출 관련 조언, 후속 투자 유치 지원에 이어 '멘탈 관리'가 예상보다 높은 비율을 차지했다고 한다. 이 대표는 "초기의 여러 힘든 상황을 헤쳐나가야 하는 창업자의 고충이 느껴졌다"며 "사업이 잘될 수 있도록 직접적인 도움을 주는 것도 중요하지만, 확실히 창업자에게는 본인의 비전을 믿어주고 공감해 주는 사람이 옆에 있는 것이 필요하다. 매쉬업벤처스 또한 그런 역할을 하고자 노력하고 있다."고 말했다.

주니어 심사역에게는 다음과 같이 조언한다. "기업에게 단순한 자금 지원 외에도 애정을 가지고 조력해서 실제 가치를 더해줄 수 있는 방법을 고민해봐야 한다. 그리고 심사역 또한 커뮤니케이션 능력이 중요한데, 창업자 입장에서 한 번 더 생각해보고 배려하는 자세로 커뮤니케이션에 임해야 한다."

V
투자 유치 이후 유의할 점

드디어 투자 유치에 성공하였습니다! 이후 유의할 점은 무엇이 있을까요?

V. 투자 유치 이후 유의할 점

1.
투자 유치가 사업의 성공을 의미하는 것은 아니다

투자 유치는 결코 사업의 성공을 의미하는 것이 아니며 사업을 위한 수단으로, 단지 가설을 검증해 볼 자금을 확보한 것입니다. 여러 가설 검증 단계를 거쳐야 하는 스타트업에게 투자 유치는 끝이 아닌 다음 단계의 시작을 의미하기에 안심해서는 안 됩니다.

case

예전에 '새롬기술'[1]이 코스닥 상장 후, 3,700억 원의 유상증자에도 불구하고 결국 진행하던 무료 인터넷 전화 제공 서비스인 '다이얼패드' 사업을 접게 됩니다. 저도 그 당시 '다음(Daum)'에 있으면서 '새롬기술'의 유상증자 소식을 듣고 "저 정도의 자금 규모라면 사업이 실패하기도 쉽지 않겠다"[2]고 생각했던 기억이 납니다. **하지만 결과를 보면, 결코 자금이 사업의 성공을 보장하지 않는다는 것을 알 수 있습니다.**

---

1 2000년 닷컴 버블 시절 코스닥에서 한때 시가총액 5조 4,000억 원대를 기록하여 당시 포스코와 현대자동차의 시가총액을 추월하기도 하였음. 하지만 대규모 자금을 투자한 '다이얼패드' 사업이 안정적인 수익 모델을 확보하지 못하면서 관련 사업을 접게 됨
2 25년 전의 3,700억 원을 인플레이션을 감안해 현재 가치로 환산하면 훨씬 더 큰 금액이 됨

V. 투자 유치 이후 유의할 점

2.
투자 유치 이후 더 중요한 현금흐름

큰 자금을 투자받을수록 그만큼 현금흐름 리스크가 더 커질 수도 있습니다.

case

예를 들어 프리 시리즈 A 투자 유치를 한 스타트업 A의 월 비용이 약 4,000만 원이라 할 때, 급하면 한두 달 필요 자금을 융통하는 것이 불가능하지는 않을 겁니다. 그러나 시리즈 B 투자 유치를 한 스타트업 B의 경우, 조직 확장으로 인해 월 비용이 약 4억 원이라 할 때, 현금흐름에 문제가 생긴다면 한 달 필요한 자금조차도 융통하기가 쉽지 않게 됩니다. 따라서 현금흐름에 더욱 꼼꼼하게 신경을 써야 합니다.

그렇다고 스타트업이 현금흐름에만 지나치게 신경을 쓴 나머지, 자금을 아끼기만 하는 것은 바람직하지 못합니다. **스타트업은 성장을 위해 투자 자금을 받았기 때문에, 현금흐름에 신경을 쓰면서도 목표한 지표를 달성하기 위하여 필요 인력 채용과 마케팅 등 적재적소에 자금을 효율적으로 활용할 필요가 있습니다.** 현금흐름 관리와 목표 지표 달성이라는 두 마리의 토끼를 같이 잡아야 하죠.

V. 투자 유치 이후 유의할 점

3.
투자 유치 이후 더 중요한 커뮤니케이션

투자 유치 이후에도 투자자와의 커뮤니케이션이 중요합니다. 이제는 한 배를 탄 동반자로서 함께 협력하여 사업을 성공시키기 위해 노력하게 됩니다.

이사회, 주주총회, 경영간담회

해외 투자자로부터의 투자 유치 이후엔 주로 이사회를 중심으로 투자자와 커뮤니케이션이 진행되지만,[3] 국내 투자자로부터의 투자 유치 이후엔 이사회 외 투자자와의 주기적인 경영간담회를 통해 주요 경영 현황을 보고하고 투자자의 조력을 받기도 합니다.

case

초기 투자자일 경우 경영간담회의 주기는 짧으면 한 달 이내일 수 있으며, 수시로 메일이나 전화로 필요한 사항을 같이 논의하기도 합니다. 후속 투자 유치 이후 투자자의 수가 많아지면, 경영간담회의 주기는 격월, 분기, 혹은 반기와 같이 길어지기도 하고 때로는 전체 투자자가 다 같이 모이기 힘들면 나누어 진행하기도 합니다.

정기 주주총회 때에는 재무제표 승인이나 배당에 관한 결의 등 일반적인 안건 외에 연간 사업 계획을 투자자에게 보고하고 자문을 얻기도 합니다. 그리고 스톡옵션 부여를 비롯한 기타 주주총회가 필요한 의결 사항 중 정기 주주총회 때까지 기다릴 수 없는 경우, 임시 주주총회를 통해 처리하게 됩니다.

경영 보고와 사전 동의 및 협의

특히 투자자로부터 경영상 사전 동의나 협의를 필요로 하는 사항은 절차에 따라 적법하게 진행하도록 주의해야 하며, 계약에 따라 정기

---

3   이사나 이사회 참관인(Observer)으로 선임된 투자자 중심으로 커뮤니케이션이 진행됨

적인 보고 의무도 성실히 이행할 필요가 있습니다. 이러한 정기 보고는 스타트업 스스로 정리해보는 차원에서도 도움이 될 것입니다. 그리고 이외에도 주요 이슈가 생겼을 땐 가급적 빨리 투자자에게 보고하는 것이 좋습니다. 회사의 상황, 문제에 대해서 지속해서 공유가 되어야지 투자자도 해결 방안에 대해 함께 고민하고 해결책을 마련할 수 있기 때문입니다.

다만, 투자자에 따라 비교적 편하게 보고하고 논의를 해도 무방한 경우도 있고, 조금 더 격식을 갖추어 보고하고 논의하기를 선호하는 경우도 있기에, 상황에 맞추어 대응하는 것이 좋습니다.

월간 보고서 요청 항목 예시

항목	내용
주요 지표 현황	각 제품이나 서비스에 적합한 KPI (Key Performance Indicator: 핵심 성과 지표)
재무 현황	월간 거래액/매출/비용, 남아있는 현금 규모와 이 현금으로 버틸 수 있는 지속가능한 시간(Runway)
서비스/제품 개발 진행 현황	개발 중인 서비스 진척 현황
마케팅/영업 활동 현황	주요 마케팅 채널, 제휴 파트너, 영업 파이프라인을 포함한 마케팅과 영업 관련 현황
멤버 현황	신규 합류, 퇴사한 인력 등 현재 멤버 현황, 현재 구인 중인 포지션 현황
기타 사항	투자 유치를 포함한 기타 주요 이슈, 투자자의 조력이 필요한 사항 등

`case`

투자자가 위와 같은 항목을 간략하게 한 장 정도의 월간 보고서로 작성해 달라고 요청할 수도 있고, 혹은 대신 조금 더 격식을 갖춘 분기별 보고서를 요청할 수도 있습니다. 담당 파트너/심사역이 이러한 보고서를 확인한 뒤에 경영간담회를 진행하면, 조금 더 효율적인 회의 진행이 가능해지죠.

투자자의 조언

투자자의 조언이 항상 맞는 것은 아닙니다. 때로는 스타트업이 투자자의 잘못된 조언을 무작정 믿고 따르다가 실패에 이르는 경우도 있습니다. 하지만 후속 투자 유치를 비롯해 투자자가 익숙한 분야의 자문은 큰 도움이 되기도 합니다. **그리고 스타트업의 성공에 대한 정답은 없을지라도, 실패에 대한 공통된 오답 노트는 있습니다. 외부 시각에서 스타트업을 간접적으로 많이 경험한 투자자의 자문은, 이러한 실패와 관련된 시행착오를 줄일 수 있는 측면에서 참고할 필요가 있습니다.** 제가 예전에 여러 스타트업을 만나 투자하고 자문하면서 현장에서 느낀 스타트업의 공통된 실수를 정리한 콘텐츠를 참고하셔도 좋습니다.

※ 참고: 자주 하는 스타트업의 실수 30 + 1

투자자에게 조력을 요청할 때엔 능동적이고 구체적일 필요가 있습니다. 투자자가 도움을 줄 수는 있어도 대신 일을 해주는 것은 아니기에, 스스로 능동적으로 움직여야만 합니다. 그리고 투자자는 여러 포트폴리오사를 동시에 관리하고 있기 때문에, 상황을 상세하게 잘 알고 있는 내부인과 달리 구체적인 상황을 충분히 공유하지 않으면 제대로 이해가 힘들 수도 있습니다.

`case`

예를 들어 스타트업이 "자금이 조만간 모두 소진되는데 어떻게 해야 하죠?"라는 식으로 무책임하고 막연하게 투자자에게 모든 것을 떠넘기는 것은 곤란합니다. 이런 경우 자금이 소진되기 전 여유 있게 미리 준비해야 하고, 또한 투자자에게 구체적으로 조력을 요청하는 것이 효과적이죠. 예를 들어 "현금 흐름으로는 자금이 6개월 뒤에 모두 소진될 것으로 예상되는데, 브릿지 투자로 이 정도 규모의 자금을 빠르게 투자 의사 결정을 해 줄 만한 투자자 후보 소개가 가능할까요? 그럴 경우 저희가 지표나 어떤 부분을 어필하는 것이 좋을까요?"와 같이 이야기하는 것이 좋습니다.

V. 투자 유치 이후 유의할 점

4.
투자자 간 합과 경영 의사 결정 구조

스타트업과 투자자 간의 합도 중요하지만,
투자자와 투자자 간의 합도 중요합니다.

투자 유치를 단계별로 계속 진행하다 보면, 투자자의 수가 늘어나면서 모든 투자자의 의견을 일치시키기가 쉽지 않습니다. 투자자별로 투자 목적, 이해관계, 성향이 각각 다를 수 있기 때문이죠.

case

예를 들어 전략적 투자자(SI)가 스타트업의 성장보다 계열사와의 시너지에 중점을 두고자 하여, 재무적 투자자(FI)와 이해관계 충돌이 날 수도 있습니다. 또한, 같은 재무적 투자자(FI)일지라도 생각하는 스타트업의 성장 방향이나 경영 방식에 서로 차이가 있어, 경영 의사 결정 시 이견을 제시할 수도 있죠. 특히 스타트업의 M&A나 청산 시 회수를 할 때, 그리고 후속 투자 유치 시에도 투자자 간 의견이 충돌할 때가 있습니다.[4]

서로 합이 잘 맞는 투자자로부터 공동 투자를 유치하면 이상적이겠지만, 현실적으로 투자자의 수가 많아지면 어느 정도의 이견이 생기기 마련입니다. 따라서 초기 투자 유치 시에는 가급적 소수의 투자자로부터 투자 유치하는 것을 권장하며, 공동 투자 유치 시에도 서로 잘 알거나 합이 맞는 투자자로부터 투자 유치를 하면 좋습니다. **투자 유치 횟수가 많아져 투자자의 수가 많아지면, 주주 간 합의서를 통해 투자자 간 의견 차이가 있을 때 합리적인 경영 의사 결정 구조를 가질 수 있도록 재정비할 필요가 있습니다.**[5]

---

4 간혹 통상적 관례에 반하는 비상식적인 의사 결정을 하는 투자자도 있는데, 이 경우 해당 투자자가 투자업계에서 좋지 않은 평판과 함께 공동 투자 기피 대상이 되거나, 심하면 해당 투자자의 포트폴리오사도 후속 투자 기피 대상이 될 때도 있음

5 특히 경영상 사전 동의가 필요한 사항을 투자자 전원 동의가 아닌, 예를 들어 우선주 지분의(투자자 지분의) 3/4 이상 동의 등 합리적인 구조로 변경할 필요가 있음

V. 투자 유치 이후 유의할 점

5.
사업은 결국
본인의 몫이다

___

해당 분야 경험이 있는 투자자는 여러 방면에서 도움이 될 가능성이 큽니다. 이외에도 투자자는 다양한 이력과 투자 경험에 기반한 인사이트로 창업자의 시야를 넓히는 데 도움을 줄 수도 있고, 다양한 네트워크를 제공할 수도 있습니다.

하지만 투자자는 어디까지나 2% 부족한 부분을 채워주는 조력자일 뿐이며, 실제 최종적인 판단과 실행은 주연인 창업자와 경영진의 몫입니다. 간혹 투자자에게 헬리콥터 부모(Helicopter Parent)[6]의 역할을 기대하는 창업자나 혹은 헬리콥터 부모의 역할을 하려는 투자자도 있는데, 투자자는 공동창업자가 아니기에 사업은 창업자 본인이 주체적으로 진행해야만 합니다. 하늘은 스스로 돕는 자를 돕기 때문이죠.

---

6 헬리콥터처럼 자녀 주변을 맴돌며 과잉 보호하는 부모

★ 스타트업 인터뷰 | 리멤버앤컴퍼니 최재호 대표

Remember

"투자란 공감을 받아내는 일…
단계별 실행방안 이해시켜야"

리멤버앤컴퍼니 최재호 대표

"투자 유치란 비전을 잘 전달하고 공감을 받아내는 일이다. 서비스가 나오지 않은 상태에선 미래에 대한 꿈과 이를 이룰 수 있는 단계별 실행방안을 이해시키는 게 큰 과제일 수밖에 없다."

2014년 명함 관리 서비스 애플리케이션 '리멤버'로 시작해 비즈니스 플랫폼으로 성장하고 있는 리멤버앤컴퍼니. 이 회사의 최재호 대표는 초기 투자 유치에 있어 가장 중요한 키워드로 '검증'과 '증명'을 꼽았다. 리멤버앤컴퍼니는 지금까지 6번에 걸쳐 누적 2,000억 원의 투자 유치에 성공했다.

최 대표는 "먼저 제품과 시장의 궁합(Product Market Fit), 쉽게 말해 내가 만들고 있는 제품이 시장에서 소비자들이 정말 원하는 제품인가를 검증하는 게 첫 번째 과제"라며 "그 다음엔 확장성(Scale-Up)이 있는지에 대해 증명을 해야 한다"고 조언했다.

리멤버앤컴퍼니의 경우 명함 관리 서비스의 규모를 키우고, 이를 기반으로 다른 서비스를 얹어 플랫폼을 만들 수 있다는 것을 보여줘야 했다. 또 이를 기반으로 발생하는 매출도 증명해야 했다. 그는 "투자 유치라는 것이 우리의 사업을 섹시하게 잘 어필한다고 성공하는 것은 아니라고 생각한다"며 "어떻게 투자자들을 혹하게 할지보다는 사업이 잘되게 하려면 어떻게 해야 하는지에 대한 접근과 생각이 중요하다"고 덧붙였다.

그렇다면 이런 투자자들과의 인연은 어떻게 시작됐을까. 연결고리가 전혀 없는 사람에게 무작정 메일을 보내는 콜드 메일(Cold Mail)

을 보내기도 했고, 오프라인 행사에서 받은 명함으로 연락을 해보기도 했다. 콜드 메일로 응답이 없을 땐 지인에게 부탁해 소개를 받기도 하고, 서비스가 나온 이후엔 리멤버 사용자라면서 투자자로부터 직접 연락이 오기도 했다.

최 대표는 "기본적으로 투자자는 자금을 주는 가치가 절대적인 가치"라며 "그리고 투자자는 주주로서 이해관계를 함께 안고 있는 사람들이다. 회사의 전체 목표에서 우리가 어디까지 왔는지, 앞으로의 계획과 방향에 대해 공유가 돼야 한다"고 말했다. 회사가 어떤 상황에 있는지, 무엇이 문제인지, 과제가 무엇인지를 투자자들이 알지 못하면 도움도 받기 힘들다는 게 최 대표의 생각이다. 그는 "서비스가 잘 되고 있는 것처럼 말하고 싶은 경우가 많을 텐데 그럴 필요가 없다"면서 "어떤 시도를 했고, 어떤 성과가 있었고, 무엇이 안 됐는지를 투명하게 공개하는 게 회사를 믿어주는 분들에 대한 예의"라고 부연했다.

"투자 유치는 다음 목표까지 가기 위한 자금을 받는 것이다. 돈을 먼저 계산하기보다는 각 목표에 달성하기까지의 인력과 구체적인 계획을 짜야 한다."

일단 투자 유치가 이뤄지면 사업은 본궤도에 오르기 유리하게 된다. 우선 인사채용에 있어 용이해진다. 지원자들이 시장이나 회사의 전망을 잘 판단하기 어려울 때 간접적인 판단을 하는 데 도움이 된다. 얼마나 많은 투자자가 이 회사에 관심을 가지고 투자했는지를 보면서 잠재력을 가늠할 수 있다. 또 투자 유치로 인해 서비스나 제품이 변하는 것은 아니지만 외부로부터 자금을 받다 보니 외부 주주의 이익을 극대화해야 한다는 책임도 커진다.

최 대표는 "투자를 받을 때마다 조직의 성장도 달라지는데, 현 규모에서 어떤 점을 잘 챙겨야 하는지, 다른 회사는 비슷한 상황을 어떻게 극복했는지에 대해 투자사 포트폴리오사들끼리 사례를 공유하면서 (Peer Learning) 도움을 받았다"면서 "선배 스타트업을 개인적으로 먼저 만나는 경우도 있지만, 동일 투자사의 포트폴리오사들과 교류의 장이 만들어지면서 공유되는 정보를 통해 참고하며 큰 도움이 됐다"고 전했다.

어느 정도 덩치가 커진 스타트업들은 기업공개(IPO)나 인수합병(M&A) 같은 엑시트 전략을 고민하게 된다. 창업할 땐 그럴 생각이 없었다고 해도 일단 투자를 받으면 엑시트에 대한 의무가 생기기 때문이다. 기존 투자자들뿐만 아니라 외부 투자자들과도 엑시트 전략에 대해 논의를 하게 된다.

빠르게 성장하며 이른바 '직장인들의 필수 앱'으로 성장했던 리멤버앤컴퍼니도 예외는 아니었다. 이 회사는 해외 진출과 동시에 서비스나 사업적으로 더 큰 성장을 도모하기 위해 지난 2017년 12월 네이버/LINE에 한때 인수되었으나, 이후 추가 투자 유치 과정에서 지분구조가 변동되며 네이버/LINE 계열에서 벗어나 독립적으로 운영되고 있다. 최 대표는 창업 초기 시절부터 네이버의 자회사로 합병된 이후와 그리고 독립한 현재까지도 여전히 경영을 맡고 있다.

그는 "리멤버앤컴퍼니는 사업 성장 단계별로 적합한 투자자의 구성으로 변경해온 케이스"라며 "초기의 재무적 투자자들을 전략적 투자자로, 또 재무적 투자자와 전략적 투자자의 조합으로 변경했다"고 말했다. 최 대표는 이어 "회사 성장 시기에 따라 중요한 아젠다가 있었고, 늘 그 상황에 가장 적합한 사업의 파트너들을 주주로 모시는 결정을 해왔다"고 밝혔다.

그는 M&A 제안을 받았을 때도 여전히 사업의 본질을 고민하라고 조언했다. 어떤 파트너와 함께 하는 것이 사업을 위한 것인지 질문을 단순화시켜 고민하라는 얘기다. 최 대표는 "사업을 잘되게 하는 방향을 선택하는 것이 창업자의 역할이기 때문에 이 질문들에 대한 답변을 스스로 해보는 것이 좋을 것 같다"며 "사업을 위해서 무엇이 더 좋은 선택인지를 가장 큰 가치로 두고 선택을 해야 한다"고 역설했다.

★ 투자자 인터뷰 | 네이버/LINE

NAVER LINE

"네이버/LINE이 전개 중인 사업과의 시너지 집중 검토…해외 진출 시 철저한 현지화와 '처음 접하는 놀라운 경험' 제공해야"

네이버/LINE

네이버/LINE은 잠재성이 큰 사업 기회를 물색하던 중 '인재 찾기' 서비스를 생각해냈다. 그러던 중 리멤버앤컴퍼니가 가진 사용자와 데이터베이스를 활용하면 인재가 모인 플랫폼을 구축하기 최적일 것이란 생각에 이르렀고, 리멤버 서비스의 창업자를 수소문해 만나게 됐다. 네이버/LINE과 리멤버앤컴퍼니가 만나게 된 첫 계기다.

이런 첫 만남으로 한때 인수까지 이어진 결정적 계기는 무엇일까. 네이버/LINE은 이렇게 설명했다.

"당시 최재호 대표님과의 첫 만남에서 리멤버앤컴퍼니가 그리고 있는 비전에 대해 들었다. 그 비전이 네이버/LINE이 잠재적 사업 기회로 생각하던 영역과 일치했기에 함께 만들어가고 싶다고 생각했다. 기존에 리멤버를 만들어온 서비스 경쟁력과 네이버/LINE의 인프라, 그리고 전 세계에 구축한 LINE의 글로벌 입지 등을 접목하면 더 큰 사업을 만들어 낼 수 있을 것으로 판단했고, 또한 국내에서는 네이버 서비스와 연계한 시너지도 충분히 가능하다고 판단했다."

물론 인수할 때 고민되는 부분도 있었다고 한다. "외부에서 영입되는 스타트업 팀이 어떻게 하면 네이버/LINE과 함께 최고의 역량을 발휘할 수 있을지를 고민했다"며 "고심 끝에 시너지를 최대화할 수 있는 최적의 구조를 제안했다"고 말했다.

이를 위해 네이버/LINE은 인수 직후 리멤버 서비스가 LINE의 주요 시장인 일본에 진출을 준비할 수 있도록 도왔다. LINE의 일본 현지 팀에서 필요한 업무를 지원하고 LINE 플랫폼을 활용한 서비스 연계를 통해 시너지를 내며, 시장 진입 초기 단계에서 일본 시장에 무사히 안착하고 확장할 수 있도록 했다. 또한 네이버/LINE의 AI 연구 조직인 클로바팀과 광학문자인식(Optical Character Recognition) 기술에 관한 공동 연구를 진행한 결과물을 서비스에 적용하기도 했다.

리멤버가 일본 시장에 진출할 땐 일본 시장에서 LINE을 국민 모바일 플랫폼으로 성공시키기까지 겪었던 시행착오와 성공의 경험을 나누었다고 한다. 네이버/LINE은 "일본인들만의 특성이나 감성, 그리고 한국인과 크게 다르지 않은 보편성에 대한 부분들도 함께 공유하며 한국에서 성공한 리멤버 서비스가 일본에서도 잘 안착하고 확장해 나갈 수 있도록 조언했다"고 설명했다.

리멤버 사례에서 보듯 네이버/LINE이 투자를 검토할 때 가장 중요하게 보는 부분은 네이버/LINE이 전개하고 있는 사업과의 시너지와 추후 재무 성과로 이어질 수 있는 성장성이다. 또한 시장의 다른 플레이어들과 비교해 어떠한 경쟁력과 차별점을 가졌는지를 중점적으로 보고 있다고 말했다.

해외 시장 진출을 노리는 스타트업에게는 철저한 현지화 전략의 중요성을 강조했다. 네이버/LINE은 "특히 일본과 같이 한국과 비슷하면서도 다른 나라의 경우, 그 국가의 사용자의 특성과 성향을 면밀하게 파악하는 것이 관건"이라면서 "끊임없이 사용자 니즈에 집중하는 것, 그리고 변화무쌍한 환경 속에서 사용자의 니즈에 부합하는 솔루션을 남들보다 한 발자국 빠르게 제공하여 '처음 접하는 놀라운 경험'을 주는 것이 가장 중요하다"고 힘주어 말했다.

국내 투자자 10명에게 물어보았다

Q. 투자 검토 과정에서 가장 어려운 점은 무엇인가요?

- 스타트업이 정보를 솔직하게 공유하지 않을 때 어려워요.

- 너무 높은 기업가치를 제안할 때 투자 검토가 어려워요.

- 창업자의 능력과 신뢰성을 평가하는 과정이 어려운 것 같아요.

- 투자 후보 발굴(딜 소싱)과 검토하고 있는 산업에 대한 기한내 빠른 이해가 쉽지 않아요.

- 투자 의사 결정에 이르는 전 과정이 어려워요.

- 제대로 준비되지 않은 채 투자 유치를 시작한 스타트업과 보조를 맞추는 일이 힘들어요.

- 시장 및 수익모델 검증과 지표에 대한 판단을 할 때 힘들어요.

- 팀의 경쟁력 측정과 판단이 힘든데, 특히 초기 스타트업일수록 더 어려워요.

Q. 투자 과정 중에서 가장 개선되었으면 하는 부분과 그 이유는 무엇인가요?

- 스타트업은 다른 팀이나 분위기에 영향을 받지 않고 창업자 스스로 적정한 기업가치를 판단하면 좋겠어요.

- 스타트업이 IR을 진행할 때 심사역이 최대한 빠르게 산업에 대한 이해를 할 수 있도록 사업에 대한 데이터와 시장에 대한 충분한 설명이 필요해요.

🅐 투자자가 간혹 리스크를 피하기 위해 계약서에 과도한 조항을 기재하는 경우가 있어요. 예를 들어 부채인지 투자인지 경계가 불명확한 경우도 있어요.

🅐 다른 투자자가 무모하게 높은 기업가치(밸류에이션)로 딜을 가로채는 경우가 있어요.

🅐 투자사의 실사 과정에서 개선이 필요한데, 초기 스타트업의 경우 투자 전 자산 부채 실사 과정에서 간소화가 필요하고, 중기/후기 단계의 스타트업의 경우 투자 전 자산 부채 실사 프로세스를 더욱 강화할 필요가 있어요.

Q. 투자를 진행하면서 스타트업 또는 대표와 의견 차이가 가장 많이 났던 부분 혹은 의견 조율이 어려웠던 부분은 무엇인가요?

[1순위] 🅐 기업가치 협상이 어려워요.

[2순위] 🅐 투자 조건 협의에서 의견 차이가 많아요.

🅐 결국 회수를 계획하는 투자자 입장에서는 실제 시장에서의 기업가치가 과할 경우, 현실적인 조율이 어려워요.

🅐 주식 매수 청구권 관련해 가능한 것들을 조율하는 부분에서 의견 차이가 많아요.

🅐 스톡옵션 가격과 신주 발행 가격 차이가 극단적으로 나는 경우도 있어요.

🅐 국내 투자 계약서상 사전 동의는 모두에게 받아야 하는 부분인데, 우선주 주주의 일부만 동의받으면 된다고 요청하는 경우가 종종 있어요.

Q. 투자 미팅을 할 때 스타트업 또는 대표가 이 정도는 미리 알고 오면 좋겠다고 생각한 부분이 있다면 어떤 점인가요?

- 어떤 영역에 주로 투자하는지, 경쟁 회사에 투자한 회사인지 등 투자자에 대한 기본 정보는 알았으면 좋겠어요.
- 회사의 기업가치(밸류에이션)나 투자 단계에 대한 이해가 있었으면 해요.
- 구체적인 마일스톤 계획과 회사의 재무 상황은 알았으면 좋겠어요.
- 기본적인 투자 계약서 용어를 알고 투자 유치를 진행했으면 해요.
- 투자 관련해 모르는 부분은 알려주면 됩니다. 모르는 것을 배울 때 대표님들의 태도를 볼 수 있어 투자 판단에 도움이 되는 경우도 있어요.
- 팀원들이 서로 사업계획서를 놓고 가능한 많은 질문과 답변을 해보고 투자자를 만나면 좋을 것 같아요.

Q. 스타트업과의 미팅에서 꼭 하는, 나만의 옥석 가리기 질문이 있다면 무엇인가요?

- 앞으로 가장 걱정되는 것은 무엇인가요?
  실제로 걱정되는 핵심을 이야기하는지 아닌지, 솔직한지를 확인해봐요.
- 3년 후(혹은 5년 후) 해당 회사가 어떤 모습이기를 원하나요? 그것을 위해 현재 노력하고 있는 일이 실질적으로 잘 연결이 되어 있다고 판단하나요?
- 핵심 멤버들은 어떻게 만나서 같이 사업을 하게 되었고, 어떻게 그들을 설득했나요?
  투자 유치(투자자 설득)와 멤버 영입(입사자 설득)은 본질적으로 유사하다고 생각해요.
- 이 사업을 왜 하는 건가요?
- 국내외 경쟁사는 어떤 곳이 있나요?
- 주요 직책의 핵심 인재는 어떻게 채용할 것이며 향후 조직 관리는 어떻게 할 계획인가요?
- 직원들의 퇴사율, 최근 퇴사한 핵심 인력과 퇴사 사유는 무엇인가요?
- 대표님은 어디에 시간을 가장 많이 쓰고 계시나요?

Q. 투자 후보를 주로 어떻게 찾으시나요? 가장 많이 하는 방법을 알려주세요.

- **1순위** 투자사 네트워크 활용
- **2순위** 포트폴리오사 추천(스타트업 대표님 추천) & 지인 소개(투자나 스타트업 생태계가 아닌)
- **3순위** 피칭 행사 또는 민간/공공 프로그램 심사위원 참가
- **4순위** 콜드 메일 pool 활용 & 스타트업 관련 미디어 등을 통해 발굴
- **5순위** 산업 종사자들의 추천

Q. 스타트업과의 미팅에서 들어본 가장 당황스러운 질문은 무엇인가요?

- "내가 사업을 키워서 의장이 될 건데, 그때 투자사를 만들면 대표로 앉혀주겠다. 어떠냐?"라는 질문이요.

- 심사역의 개인사나 정치 성향을 물어볼 때 당황스러워요.

- "저는 VC 대부분을 잘 알고 있습니다"라는 식의 표현으로 시작하는 질문들이요.
  실제로는 한두 명의 심사역만 알 뿐인데, 마치 VC 전체를 잘 아는 것처럼 이야기함.

- "향후 기업가치 100조의 글로벌 회사가 될 텐데, 제가 투자자 중 당신을 처음으로 찾아왔다. 영광이라고 생각하지 않나요?"라는 질문이요.

- 첫 미팅에서 1시간 남짓 미팅 후, "그럼 언제 입금이 되나요?"라고 질문할 때요.

- 대뜸 "어떻게 하면 투자를 받을 수 있나요?"라는 질문을 했을 때 당황스러웠어요.

Q. 투자 검토를 진행할 때 스타트업 또는 대표에 대한 평판 조회를 했다면 누구에게 했나요? 또는 향후 평판 조회를 하게 된다면 누구에게 할 계획인가요? 그리고 그 이유는 무엇인가요?

1순위 대표 및 창업자의 전 직장 동료
가장 객관적으로 말해줄 수 있다고 판단해서요.
개인적으로 아는 것보다 일로 얽혀본 관계가 더 중요하다고 생각해요.

2순위 타 스타트업 대표
실제로 그들의 업과 사람에 대해 잘 아는 분들이기 때문이에요.

3순위 투자사 내부 팀원 & 타 투자사
대표가 말한 내용에 대한 검증이나 일하는 방식 등을 확인할 수 있어요.
투자 후보의 대표가 투자 의사 결정에서 차지하는 비중이 워낙 높기 때문에 다각도의 대면 레퍼런스 결과가 중요할 것으로 보여요.

4순위 관련 기관 등 업계 관계자(기타: 연관 업무를 하는 업체, 같은 분야 연구자)
투자 영역이 워낙 다양한 곳과 같이 일해야 하는 분야라 공동 연구 등을 한 사람의 평이 중요하다고 생각해요. 인공지능 분야는 학문적으로 뛰어난 것보다는 사업 분야에 대한 지식도 중요한데, 이 부분을 얼마나 공부하는지 알기 위해서는 평판 조회가 중요한 것 같아요.

Q. 투자 성사 여부와 상관 없이 투자 유치를 진행하면서 가장 인상 깊었던 스타트업 또는 대표가 있다면 누구입니까? 그 이유는 무엇인가요?

A 스타트업의 ㄱ대표님 – 항상 밝고 에너지가 넘치는 분이에요.
상대를 배려하면서 본인과 회사의 이해 관계도 잘 챙기셔서 믿음이 갑니다.

B 스타트업의 대표님 – 커머스를 전혀 모르는 사람임에도 불구하고 IR을 통해서 커머스 발전 방향과 향후 전망, 그리고 어떤 부분을 타겟으로 회사를 창업했는지 논리적이고 설득력 있게 발표했던 모습이 인상적이었어요. VC를 했던 5년 동안 가장 인상적인 IR이었어요.

C 스타트업의 ㅂ대표님 – 진솔하며 사업의 본질에 대해 끊임없이 고민하는 모습이 인상 깊었어요.

D 스타트업의 ㅂ대표님 – 핵심 인력들에게 많은 지분을 부여함으로써 동기 부여를 확실히 하였고 이해관계를 일치시켰던 모습이 인상적이었어요.

- **E 스타트업의 ㅇ대표님** – 자기 팀과 사업에 대한 자신감과 해박한 지식을 갖추고 있었고, 설명 또한 전혀 어렵지 않게 잘 진행했으며 설득력도 좋았습니다. 오래 전 얘기지만 시리즈 A 라운드의 투자 의사 결정까지 매우 빠르게 진행되었는데, 전략적 투자자(SI)의 큰 투자에 밀려 결국 계약서를 쓰지 못한 것이 아쉬웠습니다.

- **F 스타트업의 ㅇ대표님** – 생애 전반에 걸쳐 이루고자 하는 바(개인의 미션)와 사업의 비전이 매우 잘 연결되어 있는 분이세요. 미션을 이상적으로만 바라보지 않고 한 단계 한 단계 실질적으로 구현하고 계신다는 점이 인상적이었어요.

- **G 스타트업의 ㅎ대표님** – 2015년 시리즈 A 투자 라운드 때, 자사가 보유한 동적 보안 모듈 기술에 대한 확고한 믿음과 기술적 우위가 오히려 과장이 심한가 싶었는데, 현재까지 후속 투자 유치와 사업 확장 등 모든 면에서 잘해주고 계세요.

- **H 스타트업의 ㅅ대표님** – 한편의 드라마 같은 인생역전 스토리, 성공하기까지 불굴의 의지 등이 인상 깊었어요.

- **I 스타트업의 ㅍ대표님** – 쉽지 않은 사업에서 진심으로 사업을 대하고 성과를 만들어내는 모습이 인상적이었어요.

- **J 스타트업의 대표님** – 데이터 분석 중심의 채널 운영, 새로운 팀들을 키울 수 있는 팀 구조와 방향성 등 유튜브 채널 운영을 잘하던 팀이었어요.

Q. 투자자가 말하는 "이런 스타트업 또는 대표는 믿고 거른다(피한다)!"

- 현재 환경과 상황을 탓하며 지금 못하는 이유가 잔뜩인 대표님
  결국 대표 자신의 역량이 무엇인지 모르는 분
- 직원의 퇴사가 잦은 회사
- 거짓말을 하거나 말이 바뀌는 사람
- 정보 비대칭을 가지고 치팅(cheating) 게임이 비즈니스라고 생각하는 유형
- 창업자 대표 1인에게만 과도하게 지분 등 인센티브가 집중된 경우
- 창업자 자신은 욕심이 전혀 없고 사회를 위해 또는 직원들을 위해서만 일하고 있다고 말하는 경우
- 시간 약속을 30분 이상 늦는 경우

- 조직 운영 경험이 미흡한 대표
- 회사의 핵심 자산(차별적 역량이나 기술)에 대해서 뚜렷하게 설명하지 않는/못하는 대표
- 시장에 친화력이 낮은 대표
- 투자자 조언을 전혀 듣지 않으려는 대표
- 첫 미팅에서 접대를 하려 하거나 화를 내는 대표

Q. 투자자가 말하는 "이런 투자자는 가급적 피하세요!"

- 투자 단계나 분야가 다른 투자자

  결국 시간 낭비인 경우가 많으며, 많은 이야기를 나누고 자료를 보내도 "아직은 너무 초기 단계라 다음에 보겠다"고 귀결하거나, 반대로 "너무 후기 단계여서 투자금이나 펀드가 애매할 수 있다"라는 답변을 듣는 경우가 많기 때문.

- 홍보와 실제가 다른 투자자
- 해당 업계에 대해서 잘 모르는 투자자
- 클럽딜 위주로 리드투자자를 따라 공동투자만 하고, 사후 관리를 엉성하게 하는 투자자
- 거만하거나 갑질하는 투자자
- 매출만 물어보는 투자자
- 기업 가치(밸류에이션)는 올리면서 투자금은 오히려 줄이는 투자자
- 회사내용도 잘 모르면서 투자를 쉽게 결정하는 투자자
- 스타트업 대표의 설명은 듣지 않고 자기 얘기만 하는 사람 또는 아무런 리액션이 없는 투자자

  좋은 투자자는 '창업자의 얘기를 잘 듣는 사람'이라고 생각해요. 잘 듣고 좋은 질문을 많이 하는 사람을 선택하시면 될 것 같아요.

- 예비 투심위/본 투심위 전에 본인이 의사 결정을 다 한 것처럼 이야기하는 투자자

Q. 투자 검토 미팅을 처음하는 주니어 심사역에게 꼭 해주고 싶은 말이 있다면 무엇인가요? (To. 주니어 심사역에게)

- 면접도 직원을 완벽히 파악할 수 없듯, 투자 전 미팅으로 스타트업을 파악하는 것도 힘듭니다. 가능한 수차례 미팅을 시간 간격을 두고 진행해, 그 회사의 진척도와 발전 속도를 본다면 실수를 줄일 수 있습니다.

- 투자자가 상상해야 할 영역과 공부해야 할 영역이 있습니다. 질문하기 위해서는 먼저 나 스스로 공부를 많이 해야 할 필요가 있습니다.

- 비판적인 견해보다는, '이 사업에 실제로 큰 돈(10억~1,000억)이 투자된다면 세상이 어떻게 바뀔까?'하는 창의적인 상상을 하며 미팅에 임하는 게 중요한 것 같습니다.

- 초기 투자의 경우에는 내가 의사결정을 못해서 시간을 너무 끌지 마시길 바랍니다.

- 모든 것이 레퓨테이션이라는 것을 잊지 마시고, 창업자를 존중하는 태도로 미팅에 임해주시면 좋겠습니다.

- 정말 원하는 투자라면 삼고초려가 아니라 10고초려 하세요.

- 또래 심사역끼리 몰려다니시며 시간 낭비하기보다는 제대로 공부와 고민을 많이 하세요.

- 창업자의 입장에서 회사를 어떻게 키울 것인가를 고민해보면 좋겠습니다.

- 남에게서 기회를 받기보다는 기회를 만들어서 남에게 나눠주는 존재가 될 필요가 있습니다.

- 미팅하려는 스타트업의 사업 영역과 해당 스타트업의 발자취에 대한 기초적인 정보는 공부하고 미팅을 진행하기를 권유합니다.

- 잘 들으세요. 이해가 안 되면 질문하세요.

- 질문을 통해 기업의 내용을 가능한 많이 이해하고, 대표와 같은 꿈이 그려지는지 보세요.

부록

1.
투자 유치 이외의
자금 확보 방법

자금 확보를 위해 투자 유치 이외에도 대출과 스타트업 지원 프로그램 활용을 고려해 볼 수 있습니다.

대출

큰 매출이 발생하고 있거나 담보 여력이 있는 중견기업 이상이 아니라면, 일반 금융권에서 큰 자금을 대출받는 것은 불가능에 가깝습니다. **따라서 초기 스타트업이 충분한 규모의 대출을 받으려면, 일반적으로 기술보증기금, 신용보증기금의 보증을 통하거나 중소벤처기업진흥공단의 정책자금 대출을 받아야 합니다.** 이 중 기술보증기금과 신용보증기금의 보증은 동시에 받을 수 없고, 각 프로그램에 따라 자격 요건에 차이가 있으니 확인이 필요합니다.

적정 요건을 갖추고 해당 프로그램에 신청한 뒤, 심사를 통과하게 되면 중소벤처기업진흥공단으로부터 직접 대출을 받거나, 기술보증기금과 신용보증기금으로부터 관련된 보증서를 발급받아 이에 기반해 일반 금융권으로부터 대출을 받게 됩니다. 보증료가 추가되기는 하지만, 정책자금 특성상 보증료를 고려해도 일반 금융권의 신용 대출 금리보다는 낮은 금리로 대출이 가능하기에 유리합니다.

주요 보증 기관

스타트업 지원 사업

정부기관, 지방자치단체, 그리고 스타트업 관련 민간기관에서 다양한 창업 지원 프로그램을 운영하고 있습니다. 이러한 프로그램은 지원 사업 형태이기 때문에, 일정 비율의 자기 부담이 있을 수 있어도 별도 상환 의무는 없는 경우가 많습니다.[1]

스타트업이 많이 신청하는 프로그램으로는 보통 수천만 원이 지원되는 '창업패키지' 지원 사업이나 ▲ 특허 ▲ 해외진출 ▲ 데이터 입력 등을 지원해주는 다양한 '바우처' 지원 사업이 있습니다. 기술력을 갖춘 스타트업이라면 R&D 지원 사업(TIPS 등)도 고려해 볼 수 있습니다. R&D 지원 사업은 난이도가 높고 성공 시 일정 부분 납부 의무가 있는 경우가 많은 대신, 지원 금액이 수억 원대로 높습니다. 일부 테크 스타트업은 R&D 자금이 필요하지만 투자자는 어느 정도 성과가 나와야만 투자가 가능하다고 하여, 어려움을 겪기도 합니다. 이럴 때 R&D 지원 사업 활용을 고려해 볼 수 있습니다.

스타트업 지원 사업 정보가 필요하다면?

K-Startup 창업 지원 홈페이지
k-startup.go.kr
다양한 창업지원 프로젝트 정보 확인 가능

기업마당
www.bizinfo.go.kr
중소기업 지원사업 정보 확인 가능

---

[1] R&D 지원 사업의 경우 성과에 연동하여 어느 정도의 약정 기술료를 납부하기도 하며, 최종 과제 평가에서 불성실 실패를 받은 경우 지원금을 모두 반납해야 할 수도 있음(성실 실패의 경우에는 해당사항 없음)

그러나 지원 사업은 신청부터 중간 보고, 종료까지 수행해야 하는 페이퍼워크와 의무적으로 참석해야 하는 프로그램 등의 부하가 생길 수 있습니다. 또 지원금은 정해진 용도로만 사용해야 하는 제약도 있습니다. **따라서 스타트업의 사업 방향과 맞는 필요한 지원 사업에만 신청할 필요가 있습니다.** 특히 스타트업이 본연의 사업을 통한 매출이 아닌 이러한 지원 사업에만 의존해 나간다면, 지원 사업에 매몰된 기형적인 형태가 될 수 있기에 주의해야 합니다.

2.
국내 주요 투자자 유형

국내 주요 투자자 유형에 대해 살펴보겠습니다.[2]

---

2 중소벤처기업부 관할의 투자자 유형은 2023년 12월에 시행된 법규를 기준으로 정리함

주요 투자자 유형

조직	분류	투자 규모	투자자 유형	관할 부처
개인	엔젤	대체로 아래로 갈수록 투자금이 큰 편임	개인 엔젤	중소벤처기업부
			전문개인투자자	중소벤처기업부
			투자형 크라우드 펀딩	금융위원회
			엔젤클럽(엔젤 네트워크)	중소벤처기업부
조직	소형 VC		창업기획자(액셀러레이터)	중소벤처기업부
			산학연협력기술지주회사	교육부
			창업·벤처 전문 사모집합투자기구 운용사	금융위원회
	일반 VC		벤처투자회사	중소벤처기업부
			유한(책임)회사	중소벤처기업부[3]
			해외펀드 운용사	국적에 따른 관할 국가 기관
	일반 금융권		신기술사업금융전문회사	금융위원회
			기타 금융기관 (은행, 증권사, 자산운용사, 캐피털사, 보험사)	금융위원회
			기관전용 사모집합투자기구 운용사	금융위원회
	공공기관 직접 투자		한국벤처투자(KVIC)	중소벤처기업부
			기술보증기금	중소벤처기업부
			신용보증기금	금융위원회
	일반 법인		일반 주식회사	(별도로 없음)

A 개인 엔젤

조직이 아닌 한 명의 개인 자격으로 엔젤투자.

B 전문개인투자자

'벤처투자 촉진에 관한 법률'에 따른 최근 3년 이내 1억 원 이상 엔젤투자 실적을 보유하는 등 적정 요건을 충족시키는 개인. '벤처투자 촉진에 관한 법률'에 따라 적정 요건을 충족시킬 경우 사모 방식의 펀드인[4] '개인투자조합'을 결성할 수 있음.

---

3   벤처투자조합을 운용하는 경우에 한함
4   개인투자조합이나 벤처투자조합은 49인 이하로 제한된 사모 방식 출자만 가능함. 공모 방식과 달리 사모 방식은 공개적으로 출자자를 모집할 수 없음

C 투자형(증권형) 크라우드 펀딩

온라인 플랫폼을 통해 불특정 다수의 일반 대중으로부터 투자를 유치, '자본시장과 금융투자업에 관한 법률'이 개정되면서 국내에서도 가능해짐.
예: 오픈트레이드 등

D 엔젤클럽(엔젤 네트워크)

일종의 신디케이션(Syndication) 형태로 다수의 개인이 그룹으로 진행하는 엔젤투자. '벤처투자 촉진에 관한 법률'에 따라 적정 요건을 충족시킬 경우 사모 방식의 펀드인 '개인투자조합'을 결성할 수 있음.
예: 넥스트드림엔젤클럽, AI엔젤클럽, 초기의 매쉬업벤처스 등

E 창업기획자(액셀러레이터)

'벤처투자 촉진에 관한 법률'에 따른 최소 자본금 1억 원 이상으로 적정 요건을 충족시키는 법인. 사모 방식의 펀드인 '개인투자조합'을 결성할 수 있으며, 추가적인 요건을 충족시킬 때 사모 방식의 펀드인 '벤처투자조합'을 결성할 수도 있음.
예: 매쉬업벤처스, 블루포인트파트너스, 스파크랩, 퓨처플레이, 프라이머 등

F 산학연협력기술지주회사(이하 기술지주회사)

'산업교육진흥 및 산학협력촉진에 관한 법률'에 기반하여 산학협력단/대학/연구기관이 보유하는 지식재산권의 사업화를 목적으로 기업에 투자하여 지분 소유가 가능하도록 설립한 법인. 주로 초기 스타트업에 투자를 하는 편임.
예: 고려대학교 기술지주회사, 부산대학교 기술지주회사, 서울대학교 기술지주회사, 연세대학교 기술지주회사 등

G 창업-벤처 전문 사모집합투자기구(PEF: Private Equity Fund) 운용사 (이하 창업-벤처 PEF 운용사)

'자본시장과 금융투자업에 관한 법률'에 따라 기존의 '기관전용 PEF'가 경영권 인수 또는 경영 참여에 해당하는 투자만이 가능한 것과 달리, '창업-벤처 PEF'는 스타트업에 대한 소규모 지분 투자가 가능. 창업-벤처 PEF는 조합 형태가 아닌 사모 방식의 합자회사 형태로서 창업기획자나 벤투사의 투자조합과 비슷한 역할

로 운용됨. 창업-벤처기업에 50% 이상 투자해야 하는 의무가 있음.
예: 베이스벤처스[5], 패스트인베스트먼트 등

H 벤처투자회사(이하 벤투사)

'벤처투자 촉진에 관한 법률'에 따른 최소 자본금 20억 원 이상으로 적정 요건을 충족시키는 법인. 사모 방식의 펀드인 '벤처투자조합'[6]을 결성할 수 있음.
예: 본엔젤스, 스마일게이트인베스트먼트, 신한벤처투자, 에이티넘인베스트먼트, 우리벤처파트너스, 한국투자파트너스, IMM인베스트먼트, LB인베스트먼트, SBI인베스트먼트, SBVA, KB인베스트먼트 등

I 유한(책임)회사(LLC: Limited Liability Company, 이하 LLC)

대다수의 국내 투자사가 주식회사 형태인 것에 비해, LLC는 해외와 유사한 유한(책임)회사 형태의 투자사임. '벤처투자 촉진에 관한 법률'[7]에 따라 별도의 자본금 제약은 없으며 적정 요건을 충족시키는 법인. 사모 방식의 펀드인 '벤처투자조합'을 결성할 수 있음.
예: 뮤렉스파트너스, 위벤처스, 프리미어파트너스, BNH인베스트먼트 등

J 해외펀드 운용사

국내에서 펀드가 결성되는 역내펀드(On-shore Fund)와 달리 해외에서 결성되는 펀드를 운용하는 운용사. 운용사와 펀드가 다른 국가에 있으면, 각각 해당 국가의 법규에 근거하여 설립 및 결성 이 진행되기도 함.
예: 500 Global Management Korea, Altos Ventures, Big Basin Capital, Korelya Capital, Sazze Partners, Storm Ventures 등

---

5 창업-벤처 PEF 운용사, 벤투사 두 가지 라이선스 보유

6 이전에 '중소기업투자조합'과 '한국벤처투자조합'은 2020년 8월 관련 법규 개정으로 '벤처투자조합'으로 통합됨

7 이전에 창업기획자와 중소기업창업투자회사(현 벤투사)는 '중소기업창업 지원법'에 기반하고 'LLC'는 '벤처기업육성에 관한 특별조치법'에 기반하였으나, 2020년 8월 관련 법규 개정으로 '벤처투자 촉진에 관한 법률'로 통합됨

K 신기술사업금융전문회사(이하 신기사)

'여신전문금융업법'에 따른 최소 자본금 100억 원 이상으로 적정 요건을 충족시키는 법인. 벤투사와 달리 융자업무도 가능함. 스타트업에 주로 투자하는 곳도 있고, 프리 IPO 기업이나 다른 분야에 주로 투자하는 곳도 있음. 사모 방식의 펀드인 '벤처투자조합'과 '신기술사업투자조합'을 모두 결성할 수 있음.

예: 롯데벤처스, 미래에셋캐피탈, 포스코기술투자, 하나벤처스 등

L 기타 금융기관

최근엔 은행, 증권사, 자산운용사, 캐피탈사[8], 보험사 등의 일반 금융기관도 스타트업에 투자를 진행하기도 함. 자기자본, 사모 방식/공모 방식의 관련 법규에 따른 펀드, 그리고 신탁 등의 형태로 투자를 진행함. 펀드 형태의 경우 일반 스타트업 투자의 펀드와는 달리 만기가 짧거나, 혹은 만기가 없어 수시로 환매가 가능하기도 함. 따라서 일부를 제외하고 주로 스타트업보다는 환금성이 높은 상장사 주식이나 채권 등에 투자하는 편.

예: 메리츠증권, 신한은행, 쿼드자산운용, DS자산운용 등

M 기관전용 사모집합투자기구 운용사(이하 기관전용 PEF 운용사)

헤지펀드로도 운용되는 '전문투자형 사모집합투자기구'와 달리, '기관전용 사모집합투자기구'는 '자본시장과 금융투자업에 관한 법률'에 따라 10% 이상의 지분 취득이나 이사 선임 등 경영지배 목적의 요건을 갖춘 투자만이 가능함. 따라서 일반 스타트업에 대한 투자보다는 주로 크게 성장한 스타트업이나 일반 기업의 M&A 관련하여 운용됨. 기업의 지분이나 핵심자산을 매수하여 경영권을 획득한 뒤에, 사업 구조 조정이나 기업 지배구조 개선을 통해 기업가치를 높여 매각함으로써 이익을 얻는 '바이아웃(Buy-Out)' 투자 방식을 많이 활용함.

예: 스톤브릿지캐피탈, 프리미어파트너스[9], 프랙시스캐피탈파트너스, IMM PE 등

---

[8] 다수의 증권사와 캐피탈사는 신기사를 겸임하기도 함

[9] 창업-벤처 PEF와 기관전용 PEF의 경우 운용사 라이선스가 아닌 합자회사 형태의 일종의 펀드 라이선스임. LLC인 프리미어파트너스는 적정 요건을 갖추어 추가로 PEF 운용사로도 등록되었음

N 한국벤처투자(KVIC: Korea Venture Investment Corp.)

한국벤처투자는 창업-성장-회수-재투자의 선순환 벤처생태계 구축을 목표로 2005년 설립된 중소벤처기업부 산하 공공기관. 한국벤처투자는 모태펀드를 통한 간접 투자 이외 엔젤투자매칭펀드[10], 일자리매칭펀드[11], R&D매칭펀드[12] 등의 운용을 통해 초기 스타트업에 대한 직접 투자도 일부 진행하였거나 혹은 진행 중.

O 기술보증기금(이하 기보), 신용보증기금(이하 신보)

'기보'와 '신보'는 주로 기업의 성장 가능성과 기술력 등을 평가한 뒤, 은행을 통한 대출을 보증하는 것이 주 업무. 매출이 부족하거나 담보 능력이 약한 중소기업/벤처기업도 보증을 통해 큰 자금을 대출받을 수 있게 하여, 자금 융통을 원활하게 하는 역할을 함. 최근에는 보증 업무 외에 직접 투자도 일부 진행 중.

P 일반 법인

일반 기업이 전략적으로 투자하거나 여유 자금을 운용하여 이익을 얻고자 할 때 투자하는 형태. 이외에 국내나 해외에서 펀드를 결성하기 힘들거나 복잡할 때 펀드 대신 일반 주식회사 형태로 설립해 투자를 진행하기도 하는데, 이 경우 법인의 주주들이 펀드의 출자자에 해당되는 셈.
예: 네이버 D2SF[13], GS리테일, 초기의 프라이머[14] 등

---

10 엔젤 투자자 등이 투자한 금액에 매칭하여 초기 스타트업에 투자함

11 일자리 창출 성과가 우수하고 새로운 일자리 창출이 기대되는 기업에 매칭하여 투자함

12 민간 VC의 R&D 자금 투자에 매칭하여 투자함

13 '네이버 D2SF'는 별도의 법인이 아닌 내부의 CVC 조직이기에, 투자 시 '네이버 주식회사' 형태로 투자가 진행됨

14 '프라이머'는 초기에 '프라이머 시즌1', '프라이머 시즌2' 등 각각 주식회사를 설립하여 일종의 개별 펀드처럼 운용하였음

3.
투자 관련 정보

투자 관련된 다양한 온라인/오프라인
정보 목록을 정리해보았습니다.

투자협회 목록

투자협회 목록

한국엔젤투자협회 home.kban.or.kr
- 전문개인투자자/엔젤클럽 목록 제공.
- 엔젤 투자 관련된 각종 정보 제공.

초기투자액셀러레이터협회 k-aia.or.kr
- 액셀러레이터(창업기획자)를 비롯한 초기 투자를 집행하는 기관투자자 협회(▲ 창업기획자 ▲ 벤투사 ▲ 기술지주회사 ▲ CVC 등 타 투자자 유형의 초기 투자사도 포함.)
- 초기 투자사 회원사 소개 및 홈페이지 링크 제공.

한국벤처캐피탈협회 kvca.or.kr
- 벤처캐피탈협회 회원사(벤투사 및 일부 신기사)의 소개 및 홈페이지 링크 제공.
- 벤처투자 관련 정보와 통계를 제공.

TIPS jointips.or.kr
- TIPS 운영사(투자사) 소개 및 홈페이지 링크 제공.
- TIPS 관련 정보 제공.

여신금융협회 crefia.or.kr
- ▲ 신용카드업 ▲ 시설대여업 ▲ 할부금융업 ▲ 신기술금융업을 영위하는 여신전문금융회사 회원사 소개 및 홈페이지 링크를 제공.
- 신기사 목록은 별도로 제공.

펀드 목록

펀드 목록

한국모태펀드   www.vcs.go.kr/web/portal/rsh/list

- 민간 VC가 결성하는 벤처펀드에 정부 부처가 종잣돈을 출자하는 개념. 창업/벤처기업의 투자 활성화 및 성장을 지원함.
- 모태출자펀드 운용사를 투자업종/소재지/결성 금액/명칭으로 검색이 가능하고, 리스트 상에서 결성일, 결성총액, 존속기간, 운용사명, 소재지, 홈페이지 정보 확인 가능.

성장사다리펀드   kgrowth.or.kr

- 모펀드를 비롯해 자펀드 관련 소개 정보 제공.

벤처투자회사 전자공시   diva.kvca.or.kr

- 벤투사의 투자실적, 재무제표, 인력현황 확인 가능.
- 벤투사 및 창업기획자가 결성한 벤처투자조합현황을 통해 순수민간펀드를 포함한 모든 펀드 정보와 기준수익률 등 자세한 정보 확인 가능.

스타트업/투자 미디어 목록

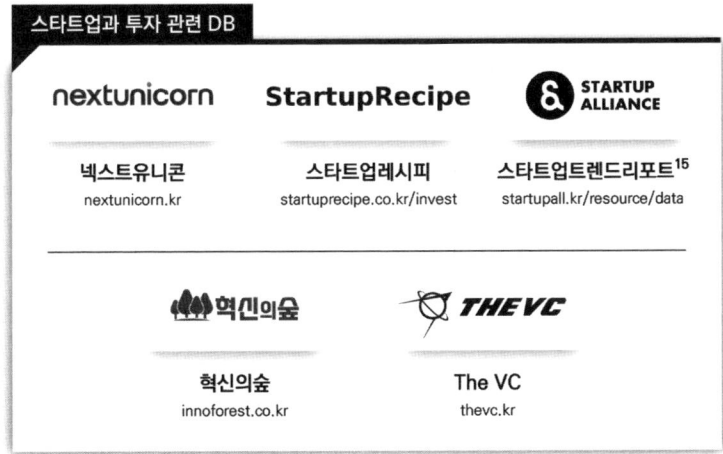

15 스타트업얼라이언스에서 매년 발행하는 트렌드 리포트로 창업자, 투자자, 스타트업 재직자 등의 스타트업 생태계에 대한 생각을 확인할 수 있음

오프라인 행사 목록

투자 관련 행사

정주영 창업경진대회
정주영창업경진대회 startup.asan-nanum.org

'아산나눔재단'에서 매년 진행하는 실전형 창업지원 프로그램으로 '아산나눔재단'이 운영하는 청년 창업 지원 프로그램과 연계해 다양한 혜택 제공. 투자자도 참가하는 공개 피칭 행사도 포함됨.

컴업스타즈 comeup.org

30여 개 국가의 다양한 스타트업, 투자자, 대기업과 함께 하는 글로벌 스타트업 페스티벌. 리그제로 운영되는 투자자도 참가하는 스타트업 공개 피칭 행사도 포함됨.

STARTUP ALLIANCE
테헤란로클럽 시리즈 www.startupall.kr/programs/info?tab=1

'스타트업얼라이언스'에서 진행하는 행사로 투자를 포함하여 다양한 주제별 스타트업 네트워킹 및 트렌드 강연 진행.

KDB NextRound
KDB 넥스트라운드 nextround.kr

'KDB 산업은행'에서 매주 진행하는 투자자 대상 비공개 피칭 행사. 호스팅 파트너가 스타트업을 추천하고 해당 IR 라운드를 주관함.

Welcome to TIPS welcometotips.com

투자사인 TIPS 운영사 및 선배기업과의 만남을 통해 다양한 정보교환과 네트워킹 기회를 제공.

오피스아워 행사

dcamp
디캠프 오피스아워 dcamp.kr/index.php/event?category=2

'디캠프'에서 진행하는 투자자나 전문가와의 1:1 미팅.

MARU°
마루커넥트 maru.org/office/connect

'마루(MARU)'에서 진행하는 투자자나 전문가와의 1:1 미팅.

컴업스타즈 comeup.org

30여 개 국가의 다양한 스타트업, 투자자, 대기업과 함께 하는 글로벌 스타트업 페스티벌.
투자사와의 1:1 미팅 행사 'On the Comeup'도 포함됨.

4.
정책자금 사례
- 한국모태펀드

국내에서는 아직 순수 민간펀드보다 정책자금의 출자를 받은 펀드의 비중이 높은 편이기에, 국내 투자 생태계에서 정책자금의 역할은 큽니다. 이러한 정책자금 중 실제 한국모태펀드의 사례를 살펴보도록 하겠습니다.

배경

2000년대 닷컴버블 이후 중소벤처기업의 자금 조달이 어려워지자 중소벤처기업부는 이에 대한 대책으로 2005년 '한국모태펀드'를 결성하였습니다. 올해로 20주년을 맞이한 '한국모태펀드'는 민간 VC가 조성하는 펀드에 출자하는 '펀드 오브 펀드(fund of funds)'로서, 중소벤처기업에 안정적인 자금 공급 역할을 해왔습니다.

운용 구조

기본적으로 '한국모태펀드'는 기업에 직접 투자하지 않고 민간 VC가 결성하는 펀드에 출자하는 간접 투자 형태입니다. 민간 VC는 '한국모태펀드' 출자를 바탕으로 금융기관, 연기금, 일반 기업, 개인 등의 민간 자본을 유치하고, 창업/벤처기업에 선별적으로 투자하고 회수하게 됩니다. 중기부/문체부/과기정통부/고용부/보건복지부 등 10개 부처가 '한국모태펀드'의 출자자로 참여 중입니다.

'한국모태펀드'는 '한국벤처투자(KVIC)'에서 전담 운용하고 있으며, 관련 홈페이지(www.vcs.go.kr/web/portal/rsh/list)에서 주 투자 분야와 운용사 정보 등을 확인할 수 있습니다.

한국모태펀드 운용 구조

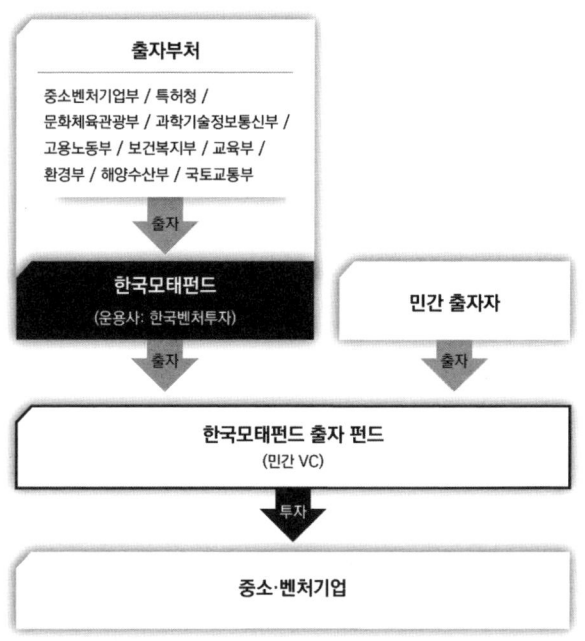

성과

2024년 기준 성과는 다음과 같습니다.

한국모태펀드 출범 이후 벤처투자조합 총 운용자산 규모는 11.7배 성장

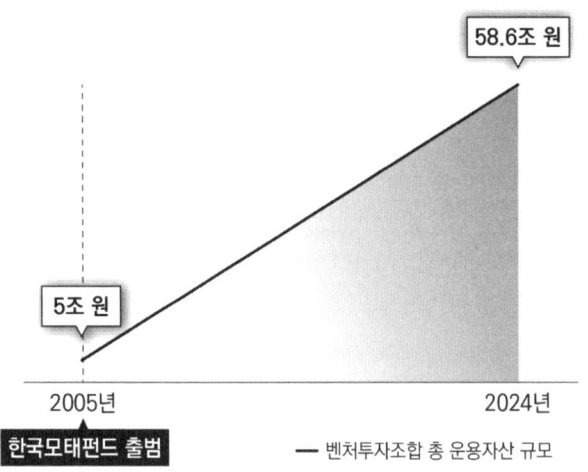

국내 유니콘 기업 21개 중 20개 사는 한국모태펀드 투자를 받아 성장

유통/서비스		
yello mobile	옐로모바일	
L&P COSMETIC	엘앤피코스메틱	
MUSINSA	무신사	
Kurly	컬리	
OASIS	오아시스	
위메프	위메프	
디지털/IT 서비스		
NOL	야놀자	
zigbang	직방	
오늘의집	버킷플레이스	
RIDI	리디	
MEGAZONE CLOUD	메가존클라우드	
TRIDGE	트릿지	
당근	당근마켓	
bithumb	빗썸코리아	
여기어때	여기어때	
BIG THE KCD	한국신용데이터	
금융		
toss	비바리퍼블리카	
바이오/의료		
IICOMBINED	아이아이컴바인드	
게임		
igaworks	아이지에이웍스	

5.
투자자의 실제 사례 1
- 매쉬업벤처스

'매쉬업벤처스'(www.mashupventures.co)의 사례를 살펴보도록 하겠습니다. 2025년 기준이며, 일부 사항은 향후에 변경될 수도 있습니다.

개요

MASHUP VENTURES

　매쉬업벤처스는 다음(Daum) 공동창업자인 이택경 대표를 비롯해 니어스랩, 퍼블리, 몰로코 등을 성공시킨 창업자 출신 파트너들로 구성된 초기 스타트업 전문 투자사입니다. AI, SaaS, 딥테크, 디지털헬스케어, 커머스, 라이프 스타일 등 IT 전 분야 유망 스타트업에 투자하며, 지난 10여년 동안 오늘의집, 마이리얼트립, 리멤버, 눔, 캐시워크, 시프티, 비블, 블리몽키즈 등 200여 개의 스타트업에 초기 투자를 집행했습니다. 매쉬업벤처스는 새로운 가능성을 가장 빨리 발견하고, 실전 경험을 바탕으로 창업자의 꿈을 함께 이루어 나가고 있습니다.

운용 펀드

펀드 종류

펀드명 | 매쉬업엔젤스 가치성장벤처투자조합2,3호

결성 연도 | 2023년

펀드 규모 | 총 275억 원

존속 기간 | 각 조합 10년(추가 2년 연장 가능)

투자 기간 | 5년

투자 단계 | 시드 라운드 중심(일부 프리 시드, 프리 시리즈 A 포함)

투자 금액 | 투자 건당 1~5억 원(팔로온 투자 비포함 금액)

투자 분야

AI, SaaS, 딥테크, 디지털헬스케어, 커머스/라이프 스타일/콘텐츠 서비스 및 플랫폼 등 IT 전 분야에 걸쳐 투자를 진행합니다. 테크 분야 기업은 글로벌 진출이 가능한 것이 중요하며, 특히 처음부터 글로벌 시장에서 고객 확보가 가능한 스타트업을 선호합니다. 선입견을 가지고 특정 트렌드에만 연연하기보다는, 혁신 가능성이 있는 다양한 분야의 스타트업에 투자합니다.

투자 후보 발굴 채널

'매쉬업벤처스'는 다양한 채널을 열어놓고 특정 기간에만이 아닌, 수시로 투자 후보를 발굴하고 있습니다. 기본적으로 인바운드 콜드 메일도 검토합니다. 또한 관심있는 분야에 대한 조사와 분석을 통해 새로운 스타트업 발굴에 노력을 기울이고 있으며, 포트폴리오사의 소개나 다양한 분야의 지인 네트워크, 경진대회, 데모데이, 온라인 검색 등 다양하게 발굴 채널을 활용합니다.

A 인바운드 콜드 메일
'매쉬업벤처스'가 스타트업의 첫 기관투자자가 되는 경우가 대부분이기에 기존 투자자가 후보를 추천하는 경우는 적습니다. 따라서 인바운드 콜드 메일도 적극 검토하고 있으니, 공식 메일(idea@mashupventures.co)로 정식 투자 검토 요청 메일을 보내면 됩니다.

B 지인 네트워크
포트폴리오사나 출자자, 그리고 기 구축된 다양한 스타트업/투자/산업/학계의 지인 네트워크를 통해 혁신적인 스타트업을 발굴하고 있습니다.

C 오프라인 행사
'매쉬업벤처스'에서 자체 진행하거나 혹은 외부에서 진행하는 다양한 오프라인 행사도 중요한 발굴 채널입니다. 창업토크콘서트/1:1 혹은 그룹 멘토링/경진대회/데모데이 등에 파트너/심사역들이 가급적 많이 참석하려고 노력하고 있습니다.

D 아웃바운드 연락
산업/기술 동향 분석 후에 관심 있는 분야의 스타트업을 기사나 스타트업 DB 사이트를 통해 온라인으로 검색하기도 하고, 또한 SNS를 통해 유망한 인재를 추적하여 관심 있는 창업자/예비 창업자에게 저희가 먼저 연락하기도 합니다.

투자 절차

매쉬업벤처스 투자 절차

'매쉬업벤처스'의 투자 절차는 다음과 같습니다.

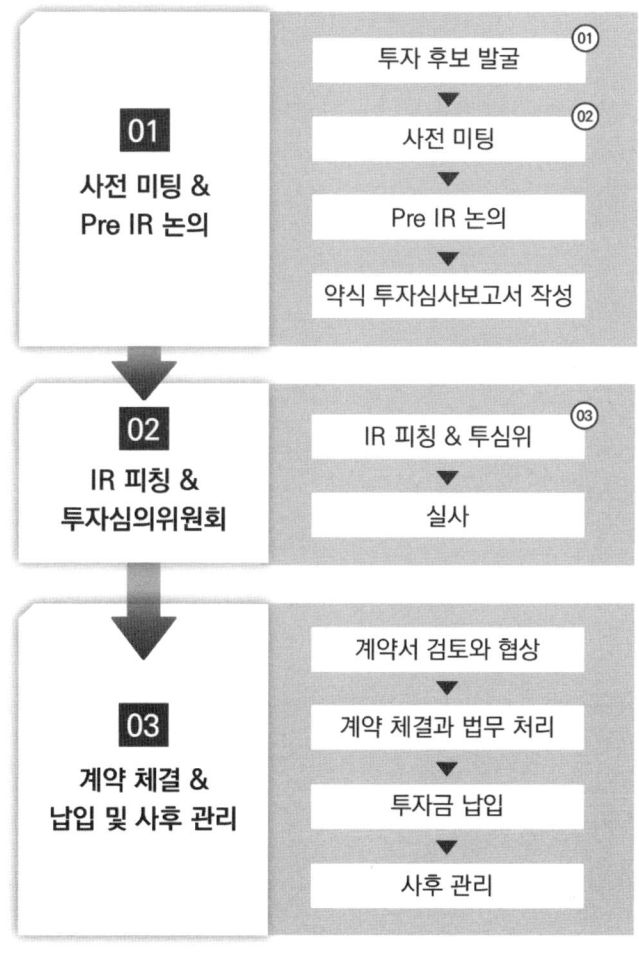

① ~ ③ 중간 의사 결정이 필요한 단계

A Pre IR 논의

스타트업이 IR 피칭을 하기 이전에, 담당 투자자가 요약 보고서를 작성하여 다른 파트너/심사역에게 전달하고 Q&A 및 관련 논의를 진행합니다. 아무래도 스타트업보다 투자자가 대신 보고하는 것이 더욱 명확하게 커뮤니케이션 되는 것도 있고, 이때 논의된 내용에 기반해 스타트업에게 IR 피칭 때 보완할 내용을 피드백 주기도 합니다.

B IR 피칭(창업자 PT)과 투심위

예비 투심위와 본 투심위를 따로 나누지 않고, IR 피칭 후 같은 날 바로 연이어 투심위를 진행합니다. 따라서 투심위에서 담당 투자자가 별도로 발표를 진행하지는 않습니다. 그리고 담당 투자자가 다른 파트너/심사역에게 어필하고 싶은 부분이 있다면, IR 피칭 이전에 해당 스타트업에게 미리 관련 부분 보충 자료 준비를 요청하거나, 혹은 투심위에서 별도로 직접 준비한 추가 자료를 간단하게 브리핑하며 다른 파트너/심사역을 설득합니다.

C 실사

주로 초기 스타트업에 투자하기에, 회계적으로 복잡하게 실사를 진행하기보다는 일반 서류와 함께 주주구성이나 현재 남은 잔금과 채무 현황 그리고 월 평균 경비 등을 위주로 점검합니다.

전환율

연간 투자 프로세스별 전환율 사례를 보면 아래 도표와 같습니다. '매쉬업벤처스'의 경우 예비 투심위와 본 투심위가 별도로 분리되어 있지 않습니다. 그리고 IR 피칭을 진행한 팀은 연이어 투심위를 진행하게 되어 100% 투심위에 올라가게 됩니다. 첫 미팅 전환율은 30%로 높은 편인데, 이는 초기 스타트업이 대부분 지표나 자료만으로 판단하기에는 한계가 있어 가급적 첫 미팅까지 많이 진행하기 위해 노력하기 때문입니다.

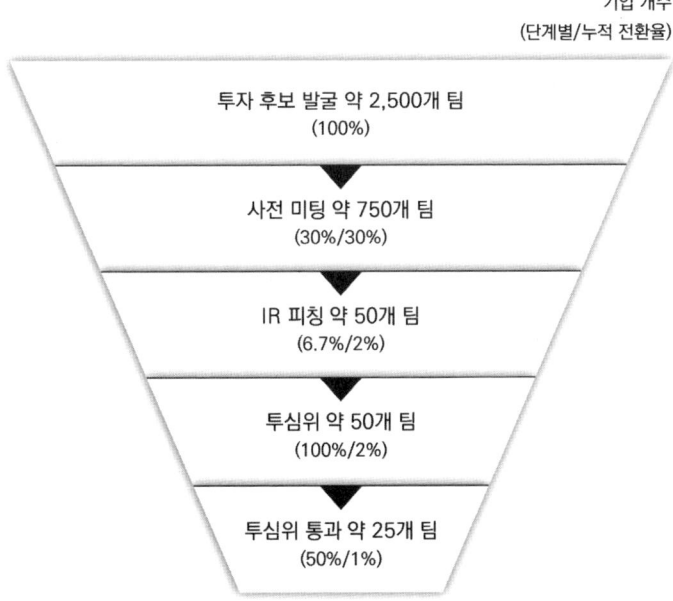

매쉬업벤처스 단계별 누적 전환율

투자 절차 일정

'매쉬업벤처스'는 첫 미팅부터 투자금 납입까지 빠르면 4주 이내에 마무리하려고 노력하는 편이며, 패스트 트랙으로 진행될 경우 최단 3주 이내에 끝날 때도 있습니다.

매쉬업벤처스 투자 절차 일정

분류	절차	절차별 소요 기간	분류별 소요 기간
사전 미팅 & Pre IR 논의	투자 후보 발굴	1~2주	2~5주[16]
	사전 미팅 & Pre IR 논의 & 약식 투자심사보고서 작성	1~3주 (조금 더 지켜보기도)[16]	
IR 피칭 & 투자심의위원회	IR 피칭 & 투심위	2시간~1주[17]	2일~1주
	실사	1일	
계약 체결 & 납입	계약서 검토와 협상	수일~2주	수일~3주
	계약 체결과 법무 처리	1일	
	투자금 납입	1일[18]~수일	
총 투자 절차 소요 기간			3~9주[16]

16 아직 판단하기가 힘들어 사업 진행을 조금 더 지켜볼 필요성이 있다고 생각하면, 서비스 오픈 이후나 지표가 조금 더 나온 뒤에 다시 미팅을 진행하기도 함

17 보통 당일에 투심위 결정이 나는 편이지만, 확신이 부족할 경우엔 1주일 정도 추가 시간을 가지고 자료를 더 조사하거나 미팅을 추가로 진행해 보완한 뒤 최종 의사 결정을 함

18 수탁사에서 펀드 출금 처리에 최소 하루가 소요됨

투자 기준

'매쉬업벤처스'의 투자 대상이 초기 스타트업이라 투자 검토 시 '팀'과 '시장'을 주로 보며, 이 두 가지 요소 중 팀에 조금 더 중점을 둡니다. **"해결하려고 하는 문제가 고객의 진정한 고충(Pain Point)이 맞는가? 그리고 그것을 제일 잘 해결할 수 있는 팀인가?"** 에 대한 결론이 투자를 결정하는데 중요한 기준이 됩니다.

팀

해당 사업과 관련된 팀의 '조직 역량'도 중요하지만, 창업 동기와 꿈의 크기, 집념 등 '태도' 또한 중요하게 생각합니다. 또한 원활한 커뮤니케이션 능력을 바탕으로 능동적인 학습 능력과 빠른 실행력을 갖춘 팀을 선호합니다. 팀의 결속력도 염두에 두며,[19] 해당 사업과 관련된 경력도 참고합니다.

`case`

예를 들어 다음과 같은 경력의 팀은 더 관심을 가지고 검토하는 편입니다.
- AI/SaaS/딥테크 분야: 국내외 빅테크나 기존 AI/SaaS/테크 기업(해당 도메인 선도기업 혹은 혁신적인 스타트업) 출신 팀, 앞서서 최신 기술을 개발 중인 연구실/학부 창업팀 등
- 커머스/라이프 스타일/콘텐츠 등 기타 IT 분야: 국내 포털이나 대형 커머스 출신의 PO/PM/사업개발/서비스 기획 경험이 있는 팀, 해당 도메인에 대한 경험과 지식이 충분한 팀 등
- 그 외 연쇄 창업자나 스타트업 경험이 있는 팀 등

---

19 '어벤져스' 같은 팀은 공동창업자들이 도중에 창업을 포기해도 돌아갈 곳이 많기 때문에 결속력이 강하지 않으면 오히려 일반 팀보다 쉽게 깨지기도 한다는 점을 염두에 둠

다만, 경력으로만 판단하기에는 한계가 있기 때문에 충분한 시간을 두고 비즈니스 모델에 대한 토의를 진행합니다. 이러한 토의를 통해 시장과 사업 관련하여 얼마나 파악하고 있는지 등 팀의 역량을 판단합니다.

시장

초기 스타트업인 점을 고려하여, 비즈니스 모델 관련해서는 고객의 강한 니즈나 혁신 가능성, 그리고 관련된 파급효과가 얼마나 있는지를 중요하게 판단합니다. 가설 검증이 된 지표가 있으면 더 좋겠지만, 아직 서비스를 오픈하지 않거나 제품을 개발하지 않았더라도 비즈니스 모델에 대한 많은 고민의 흔적과 성공 가능성이 보인다면 투자가 가능합니다.

그리고 시장이 확실히 크지는 않아도 최소한 작지는 않아야 하며, 시장의 성장 가능성도 중요합니다. 스타트업의 현재 지표도 참고하지만, 성장 속도나 차별화된 경쟁우위를 중시하는 편입니다.[20]

※ 참고: 매쉬업벤처스 투자 결정 사례

---

20 초기 스타트업의 지표만으로는 해당 비즈니스 모델의 일부 가설을 검증하더라도, 해당 스타트업의 경쟁우위까지 검증하기 힘들 수 있기 때문임

의사 결정 구조

IR 피칭 & 투심위

'매쉬업벤처스'는 담당 파트너/심사역[21]을 포함해 투자팀 전원이 발굴 회의에서 투자 후보 기업에 대해 논의를 거친 뒤, IR 피칭 & 투심위 진행 여부가 결정됩니다. '매쉬업벤처스'는 파트너, 벤처파트너, 심사역 전원이 IR 피칭에 참석하는 것을 기본 원칙으로 하며, 때로는 관련 분야의 전문인 출자자나 외부 전문가도 참석합니다. IR 피칭 이후 연이어 투심위에서는 참석한 모든 파트너/벤처파트너/심사역/출자자/전문가가 의견을 개진합니다.

최종 의사 결정 구조

최종 의사 결정은 투자 후보 기업에 대한 강한 담당 의지가 있는 파트너/벤처파트너가 있어야 하며, 만장일치 합의는 아니기에 전체 파트너/벤처파트너 중 반대가 없으면 통과됩니다. 최종 의사 결정 과정에서 중립, 기권도 가능하며 이견이 있는 경우, 담당 파트너가 설득을 시도하기도 합니다.

---

21 '매쉬업벤처스'는 본격적인 투자 검토시점부터 담당 파트너와 심사역 2인 1조로 구성하는 것을 원칙으로 함. 2인 1조 구성을 통해 포트폴리오사에 맞춤형 지원이 가능하며, 만약 심사역이 퇴사하는 경우에도 해당 포트폴리오사가 방치되지 않고 담당 파트너가 계속 관리 가능함

6.
투자자의 실제 사례 2
- 에이티넘인베스트먼트

'에이티넘인베스트먼트'(www.atinuminvest.co.kr)의 사례를 살펴보도록 하겠습니다. 2025년 기준이며, 일부 사항은 향후에 변경될 수도 있습니다.

개요

에이티넘인베스트먼트는 30년 이상 업력을 가진 1세대 VC로, 단일 펀드 기준 국내 최대 규모의 벤처펀드를 운용 중에 있습니다. 에이티넘은 대형펀드를 통해 시리즈 A 단계부터 시리즈 B~D 그로스 단계까지 후속 투자를 통해 스타트업의 성장을 장기간 지원하고 있습니다. 투자 분야로는 컨슈머 서비스, AI/SaaS, 딥테크, 바이오/헬스케어, 콘텐츠/IP 부문에 집중하고 있으며, 지역적으로는 국내를 포함하여 미국, 일본, 동남아, 이스라엘 등 글로벌 지역을 커버합니다. 리가켐바이오, 에이비엘바이오, 펄어비스, 두나무, 리디, 직방, 헤이딜러 등 600개 이상의 스타트업에 투자를 집행했습니다.

운용 펀드

펀드 종류

펀드명 | 에이티넘성장투자조합2023(Atinum Growth Fund 2023)
결성 연월 | 2023년 9월
펀드 규모 | 8,600억 원
존속 기간 | 8년(최장 2년까지 연장 가능)
투자 기간 | 4년

투자 단계 | 제약 없음. 초기 스타트업부터 성장 단계 스타트업까지 모두 투자

투자 분야

투자 단계나 산업에 대한 제약을 두지 않고 전 분야에 걸쳐 투자 기회를 모색합니다. 투자 조직은 분야별 하위 조직으로 구성되어, 개별 심사역이 산업에 대한 전문성과 시장에 대한 통찰력을 기반으로 투자를 검토하고 포트폴리오사의 성장을 지원합니다.

A 딥테크
로보틱스, AI기술, 반도체, 모빌리티, 이차전지, 신소재 등

B 서비스/플랫폼
AI 기반 서비스, 기업용 소프트웨어, 컨슈머 서비스 및 플랫폼, 소비재 등

C 바이오/헬스케어
신규 바이오 기술, 신약, 디지털 헬스케어 등

D 게임/콘텐츠
게임, 인터랙티브 콘텐츠/미디어, IP 등

투자 후보 발굴 채널

리서치, 투자/산업/학계 네트워크, 초기 투자자에 대한 펀드 출자를 통해 투자 후보를 발굴합니다. 자금력을 보유하고 있고 초기부터 성장 단계까지 다양한 투자를 집행할 수 있기 때문에, 기존 포트폴리오사와 연계한 후속 투자를 적극적으로 진행한다는 점에서 차별성을 가지고 있습니다

A 리서치
- 산업별 시장 동향 리서치
- 국가별 및 산업별 핵심 플레이어 및 경쟁 동향 모니터링

B 투자/산업/학계 네트워크
- 30년 이상의 투자 업력을 통해 확보한 네트워크 활용
- 대기업 R&D 조직 및 전략적 투자자

C 초기 투자자 출자
- 국내외 탑 티어 초기 단계 투자자 출자를 통해 유망 스타트업의 성장 단계에 투자

D 기존 포트폴리오사 후속 투자
- 첫 투자 이후, 기업 성장에 따른 적극적인 후속 투자
- 포트폴리오사의 자회사 또는 관계회사에 대한 신규 투자
- 포트폴리오사의 인수합병(M&A) 대상 발굴 후 공동 투자

투자 절차

에이티넘인베스트먼트 투자 절차

'에이티넘인베스트먼트'의 투자 절차는 다음과 같습니다.

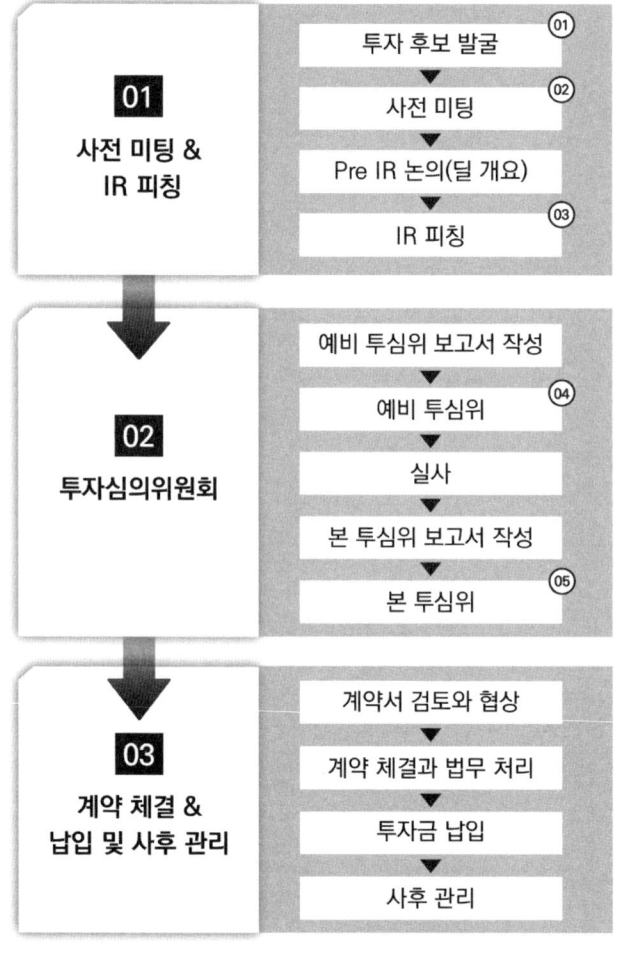

① ~ ⑤ 중간 의사 결정이 필요한 단계

A Pre IR 논의(딜 개요)

'IR 피칭'을 진행하기에 앞서, 담당 투자자가 투자사 내부(예비/본 투심위 위원)를 대상으로 어떤 배경에서 회사에 대한 투자를 검토하고자 하는지, 어떤 투자 구조를 기획하고 있는지 등 해당 투자 건의 개략적인 내용을 간단히 공유하는 내부 절차입니다.

B 실사

예비 투심위의 추가 질문 및 검증 사항에 대응하여 재무실사, 법률실사를 진행합니다. 이 과정에서 기본적인 회사의 회계적, 법률적 이슈 사항을 검증합니다.

전환율

연간 투자 프로세스별 전환율 사례를 보면 아래 도표와 같습니다. '에이티넘인베스트먼트'의 경우 유의미한 투자 기회라고 판단하여 초기 검토를 진행하는 기업 개수가 연간 약 2,500개 정도이며, 이 중 약 100개의 기업이 IR 피칭을 진행합니다. IR 피칭 이후에도 예비 투심위, 본 투심위 단계에서 다양한 관점에서 논의가 진행됩니다.

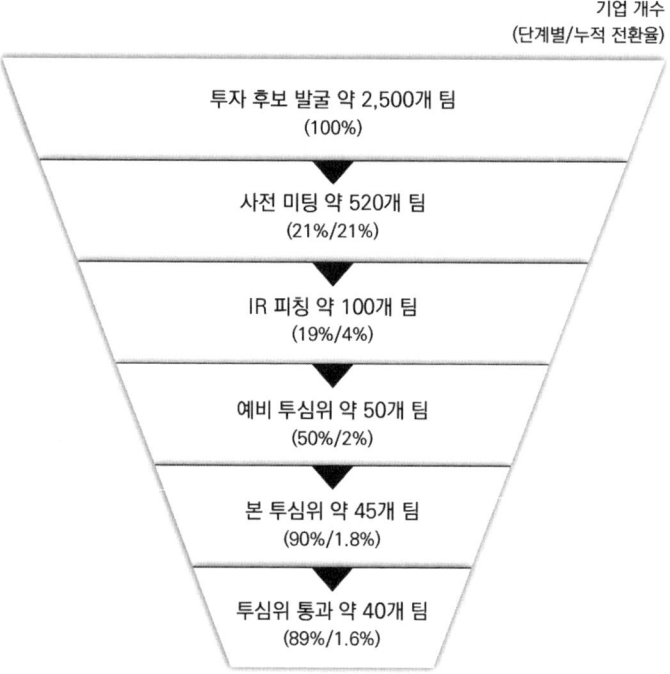

에이티넘인베스트먼트 단계별 누적 전환율

투자 절차 일정

'에이티넘인베스트먼트'는 해당 투자 단계 및 투자 규모에 따라 상이하지만 평균적으로 첫 미팅부터 투자 집행까지 3달 내외의 시간이 소요됩니다. 앞 단계에 가깝고 투자 규모가 작을수록 조금 더 간소한 절차를 거치기에 소요 기간이 짧아지고, 뒷 단계에 투자 규모가 커질수록 소요 기간이 길어지는 경향이 있습니다.

에이티넘인베스트먼트 투자 절차 일정

분류	절차	절차별 소요 기간	분류별 소요 기간
사전 미팅 & IR 피칭	투자 후보 발굴 & 사전 미팅	1~3주	1~4주
	Pre IR 논의 & IR 피칭	1주	
투자심의위원회	예비 투심위 보고서 작성	1~3주	4~8주
	예비 투심위	1주	
	실사 & 계약 조건 협의 & 본 투심위 보고서 작성	1~3주	
	본 투심위	1주	
계약 체결 & 납입	계약서 검토와 협상 & 계약 체결과 법무 처리 & 투자금 납입	1~2주	1~2주
총 투자 절차 소요 기간			7~14주

투자 기준

'에이티넘인베스트먼트'는 투자 검토 시 다음과 같은 요소를 중요하게 생각합니다.

스타트업이 정의하는 문제의 크기

스타트업이 해결하고자 하는 문제의 시장 규모와 파급력은 투자 판단의 핵심 기준입니다. 단순히 문제의 크기뿐 아니라, 문제를 해결함으로써 다양한 국가/지역 또는 산업에서 창출될 새로운 기회와 가치의 잠재성을 포함합니다. 시장의 성장 가능성과 문제의 긴급성, 해결해야 하는 절박함이 충분히 큰지 여부를 면밀히 검토합니다.

솔루션의 혁신성과 팀의 실행력

문제를 풀기 위한 회사의 솔루션은 기존 솔루션 대비 차별화되어야 하고 명확한 우위를 보여야 합니다. 그러나 혁신성만 갖춘 것으로는 부족하며, 이를 빠르게 제품화하고 시장에 선보일 수 있는 팀의 실행력과 구체적인 실행 전략이 중요합니다. 특히 글로벌 시장에서 요구되는 수준과 시장 적합성을 충족시키며, 빠른 솔루션 개발과 확산이 가능한 팀 역량을 중점적으로 봅니다.

글로벌 스케일업 가능성

글로벌 시장에서 빠르게 성장하며 시장 점유율을 넓힐 수 있는 문제 접근 방식과 확장성 있는 비즈니스 모델을 보유하고 있는지를 평가합니다. 글로벌 시장에서의 경쟁력 있는 팀의 네트워크, 파트너십 역량, 현지화 전략이 뒷받침되는지 확인합니다. 결과적으로 특정 국가나 지역에 국한되지 않고, 다양한 시장과 산업에서 빠른 진입과 고객 확보가 가능한 전략과 실행 로드맵을 가지고 있는지 종합적으로 검토합니다.

의사 결정 구조

예비 투심위

의결권 있는 투자 운용인력[22]의 2/3 이상이 참석해 과반수 이상 찬성으로 의결됩니다.

본(최종) 투심위

의결권 있는 참석위원[23]의 3/4 이상이 찬성해야 최종 투자가 결정됩니다.

22　투자부문 조직원, 통상 투자심사역이라고 부르는 인력과 투자 부문장을 포함
23　투자 부문장과 대표이사

별지

스타트업이 알아야 할 투자 계약서의 주요 항목

투자 계약서는 주식인수 계약서(SPA: Share Purchase Agreement)와 주주 간 합의서(SHA: Share Holder's Agreement)로 나눌 수 있는데, 국내에서는 관례상 하나의 계약서로 합쳐서 작성하는 경우가 많습니다. 일반적인 국내 기관투자자의 상환전환우선주 투자 계약서 분량은 보통 A4 문서 기준 총 20~40장 정도입니다.

해외 기관투자자의 투자 계약서는 국내와 달리 관례상 주식인수 계약서(SPA)와 주주 간 합의서(SHA)로 나누어 작성하는 경우가 많습니다. 용어를 하나씩 상세하게 정의하는 등 분량이 더 많은 편이기에, 두 가지 계약서를 합쳐서 A4 기준 총 100장을 넘어가는 경우가 많습니다.

이러한 투자 계약서를 처음 접하는 스타트업은 일반적인 내용임에도 불구하고 이해하기 힘들어하거나 당황하는 경우가 많습니다. 때로는 처음 보는 법적 조항에 대해 막연한 불안감과 함께 방어적인 태도를 취할 때도 있습니다. **이러한 불안감과 오해를 피하기 위해서는, 투자 유치 이전에 미리 투자 계약서의 주요 항목들과 업계 관례에 대해 공부해 둘 필요가 있습니다.**

이해를 돕기 위해 투자 계약서의 일부 주요 항목들에 대한 기본적인 내용들을 다음에 간단하게 정리하였으니 참고하기 바랍니다. **투자 계약서 관련된 항목들은 이외에도 많고 개별 투자 계약서별로 추가적인 조항들도 있으니, 각 상황에 대한 자세한 사항은 스타트업 투자 계약 전문 변호사나 기타 전문가와 상의할 필요가 있습니다.**

발행 주식/채권의 종류

엔젤 투자자나 일부 투자자가 보통주 형태로 투자하는 경우도 간혹 있지만, 대부분의 기관투자자는 보통주가 아닌 '종류주식' 형태나 주식과 연계된 채권 형태로 투자를 진행합니다. 투자 계약 시 발행하는 주식이나 채권의 종류는 대략 다음과 같습니다.

> **종류주식**
> 우선주를 비롯해 보통주보다 이익 배당, 잔여 재산 분배, 상환 및 전환, 의결권 행사 등과 관련해 별도의 권리를 부여한 주식을 총칭함. 다른 주주의 권리에 영향을 끼치므로 발행하기 전에 미리 관련 내용을 정관에 정해야 함.

① 보통주 Common Stock

보통주는 우선주와 달리 상법상 배당과 잔여 재산 분배에 있어 우선권을 가질 수 없기에, 일부 초기 투자자나 펀드의 속성상 의무적으로 보통주로 투자해야 하는 투자자를 제외하고는 많이 이용되지 않습니다.

② 우선주 Preferred Stock

기본적으로 상법상 이익 배당이나 잔여 재산 분배에 있어서 보통주에 우선하는 권리를 가질 수 있으며, 주주 총회에서는 의결권 행사가 제한됩니다. 투자자가 단순한 우선주로 투자하는 경우는 거의 없고, 일반적으로 다른 옵션을 추가한 전환우선주나 상환전환우선주 형태로 대부분 투자하며 의결권을 갖는 조건도 추가하게 됩니다.

③ 전환우선주 Convertible Preferred Stock

우선주에 전환권을 추가하여 투자자가 청구 시 보통주로 전환할 수 있게 한 주식입니다. 보통 전환권에 투자자가 투자한 주식의 가격을 하회하는 신규 주식이나 주식 연계 채권 발행 시, 전환 조건을 해당 가격에 맞추어 재조정(Down Round Refixing)하는 조항[1]을 명시합니다. 주로 초기 투자자나 일부 해외 투자자가 이용합니다.

case

기존 투자자가 스타트업 A에 기업가치 100억 원에 10억 원을 투자하였는데 이후 회사의 상황이 나빠져 100억 원 보다 낮은 기업가치인 50억 원에 후속 투자를 유치할 경우, 기존 투자자도 그에 맞춘 기업가치로 전환할 수 있게 조정합니다.

---

[1] 후속 투자자가 더 낮은 가격으로 투자를 진행할 경우, 기존 투자자의 전환 가격도 후속 투자자의 가격으로 일괄 조정되는 전액 하향(Full Ratchet) 방식과 후속 투자자의 투자 가격과 기존 투자자의 전환 가격을 가중 평균하여 새로운 전환 가격을 산출하는 가중 평균(Weighted Average) 방식 두 가지가 있음

④상환전환우선주 Redeemable Convertible Preferred Stock

전환우선주에 상환권을 추가하여 투자자가 투자금을 회수할 수 있는 한 가지 선택권을 더 가진 주식입니다. 기업공개나 M&A 가능성이 낮지만, 기업이 실적을 내고 이익을 꾸준히 낸다면, 상법상 배당가능한 이익 한도 안에서만 상환을 청구할 수 있습니다. **이는 조건 없이 상환 청구가 가능한 일반채권이나 전환사채와의 차이점으로, 채권과는 속성이 다릅니다.**

상환전환우선주는 전환사채와 달리 회계상 부채 대신 자본으로 잡히지만, 회계 기준과 계약 조건에 따라 부채로 잡히는 예도 있습니다. 국내 스타트업 투자 계약서에서 가장 많이 이용되는 형태죠.

⑤전환사채 Convertible Bond

주식과 연계된 채권 형태로, 일반채권에 주식으로 전환할 수 있는 선택권을 추가한 채권입니다. 투자자로서는 기업의 성과가 성공적이지 못하면 채권 상환을 요청하고, 기업의 성과가 성공적일 경우에는 정해진 가격으로 주식 전환하여 시세 차익을 노릴 수 있는 장점이 있죠. 기업 입장에서는 투자자에게 이런 이점을 주는 만큼 시중 채권 금리보다 낮은 금리로 발행이 가능하다는 장점이 있습니다.

주로 초기보다는 중기나 후기 투자에서 이용될 때가 많습니다. 간혹 기업이 자금이 꼭 필요할 경우, 투자자가 관련 법규상 투자가 아닌 일반 대출은 불가능하여 전환사채 형태로 대출을 대신하는 경우도 드물게 있습니다.

⑥ 신주인수권부사채 Bond with Warrant

전환사채가 채권 상환 청구와 주식 전환 두 가지 선택권 중 한 가지를 선택해야 한다면, 신주인수권부사채는 채권과 약정된 행사가에 신주를 받을 수 있는 두 가지 권리를 모두 가지고 있습니다. 일반적인 스타트업 투자에는 거의 이용되지 않는 형태죠.

⑦ 컨버터블 노트 Convertible Note, 조건부지분전환계약

컨버터블 노트는 전환사채와 유사한 측면이 있는데 사전에 약정된 금리로 상환받거나, 또는 향후 기업이 성과가 나서 후속 투자를 유치할 때 미리 정해진 전환 조건으로 주식 전환하게 되는데, 일반적으로 몇 가지 조건 중 투자자에게 유리한 조건으로 주식 전환하게 됩니다. 보통 후속 투자를 유치할 때 기업가치에서 미리 정해진 할인율(Discount Rate)이 적용된 기업가치와 사전에 합의된 기업가치 상한(Valuation Cap) 중 낮은 쪽으로 결정하게 되죠.[2] 국내에서는 상법상 제약이 있고 해외 법인에만 적용 가능한 형태입니다.

case

예를 들어 스타트업 B에 컨버터블 노트로 다음과 같은 전환 조건으로 투자하였다고 가정해 보겠습니다. "시리즈 A 후속 투자를 유치할 때, 주식 전환 조건을 기업가치 25% 할인율과 250억 원의 기업가치 상한 중 투자자에게 유리한 조건으로 주식 전환함." 이후 스타트업 B가 400억 원의 기업가치로 시리즈 A 투자 유치를 한다면, 25% 할인율이 적용된 300억 원의

---

2 주식으로 전환할 때, 해당 시점까지의 약정된 이자에 대해서도 추가로 주식을 발행하는 경우가 많음

기업가치보다 투자자에게 유리한 조건인 250억 원의 기업가치 상한으로 전환하게 됩니다.

일부 해외의 초기 투자 혹은 브릿지 투자 때 이용하는 편입니다. 적정 기업가치를 정하지 않더라도 최소한의 법에 따른 조건만으로 투자 계약을 비교적 빠르고 간단하게 진행할 수 있으며, 이후에 성과가 나온 뒤 후속 투자 유치를 진행할 때 전환 가격을 정하게 됩니다.

⑧ SAFE Simple Agreement for Future Equity, 조건부지분인수계약

SAFE는 미국 '와이콤비네이터(Y Combinator)'가 구상한 방식입니다. 채권형 조건부 주식인수 계약인 컨버터블 노트를, 상환 만기일이나 이자가 따로 없이 채권 요소를 배제하고 주식형 조건부 주식인수 계약으로 바꾼 형태로 해외의 초기 투자 시 자주 이용합니다. SAFE는 2020년 국내에서 법적으로 인정되었지만, 표준계약서를 똑같이 적용해 법률 검토 부하를 줄이는 편이 많은 해외와는 다르게 국내에서는 제각각의 계약서가 통용되는 편입니다.

SAFE와 같은 또 하나의 투자 선택권이 생겼다는 것은 기업과 투자자 모두 환영할 일이지만, 이에 대한 지나친 환상은 금물입니다. 시드나 프리 시리즈 A 라운드 같은 초기 투자 외에 더 뒤의 라운드인 중기 투자도 미래에 대한 불확실성을 가지고 명확하지 않은 적정 기업가치를 정해 투자를 진행하고 있습니다. 해외에서도 컨버터블 노트나 SAFE가 만능으로 쓰이지는 않고 제한적으로 이용되는 편입니다.

앞에서 언급한 여덟 가지의 주식/채권 종류를 비교해보면, 컨버터블 노트와 SAFE를 제외하고³ 보통주부터 신주인수권부사채까지 위에서 아래로 갈수록 투자자에게 조금씩 유리하고 반대로 아래에서 위로 갈수록 기업에 조금씩 유리한 편입니다. 다만 발행 주식/채권의 종류를 제외한 나머지 투자 계약서의 조건이 모두 동일하다는 전제하에 그렇다는 것이지, 까다로운 조건의 보통주 계약서가 우호적인 조건의 상환전환우선주 계약서보다 기업에 불리할 수도 있으니 유의해야 합니다.

이후 주요 항목은 주로 상환전환우선주를 기준으로 알아보겠습니다.

신주의 발행과 인수 조건, 기업가치 재조정

합의된 기업가치와 투자 금액에 맞추어 발행할 신주의 종류, 주식수, 주당 발행 가격, 총 인수 금액, 납입기일 등이 기재됩니다.

그리고 주당 발행 가격 관련하여 초기 투자 유치 계약서에서는 보기 힘들지만, **중기나 후기 투자 유치 시 향후 기업의 실적에 따라 기업가치를 재조정(Refixing)하는 별도의 조항을 계약서에 추가하기도 합니다.** 이는 지분 희석방지(Anti-Dilution)를 위한 재조정(Down Round Refixing)과는 별개로, 매출이나 영업이익과 같은 실적에 연동하여 기업가치를 낮출 수 있도록 기업과 투자자가 미리 합의하는 것입니다.[4] 기업공개나[5]

---

3 컨버터블 노트와 SAFE는 후속 투자 유치 시 주식 종류를 따르므로 제외함

4 상향 재조정은 관련 법규상 복잡하고 힘들기에, 일반적으로 기업가치를 조금 더 높게 잡고 하향 재조정 조항을 넣음

5 기업공개 이전에 미리 보통주로 전환해야 하는 경우가 많아, 재조정 조항 실효성에 이슈가 있음

M&A 시[6] 주당 가격의 일정 수준(예: 70%)까지 전환할 수 있는 재조정 조항을 넣는 경우도 많습니다.

case

예를 들어 500억 원의 기업가치로 스타트업 C에 투자를 진행하였는데, 이 조항을 통해 다음 해의 매출이 목표 이하라면 400억 원이나 300억 원으로 재조정할 수도 있습니다.

선행조건, 진술과 보장

투자금 납입 이전에 진행돼야 할 선행조건들을 명시하며, 이해관계인의 진술과 보장(Representations and Warranties)이 정확한 사실이라는 사항도 포함됩니다. 실제 투자금 납입 이전에 기존 투자자의 동의, 이사회 결의, 정관 변경 등이 필요할 수도 있습니다.

진술과 보장은 투자자에 대해, 현재 사업 진행에 법적인 문제가 없고, 보고된 내용 외 부채나 진행 중인 소송이 없으며, 재무제표는 충실하고 정확하게 작성되었고, 미납된 세금은 없다는 등 기업의 여러 현황에 대한 보고가 허위가 아니라는 것을 의미합니다. **만약 진술이 허위일 경우에는 투자자가 주식매수 청구권을 행사할 수도 있으니 각별히 주의해야 합니다.**

---

6 M&A 재조정 조항의 경우 문구가 명확하지 않으면, 청산 시 우선권 조항과 충돌이 있거나 중복될 여지도 있음

배당과 청산 시 우선권

우선주는 보통주보다 배당을 먼저 받을 수 있고, 청산 시에 잔여재산을 먼저 분배받을 수 있습니다. 초기 스타트업이 배당 가능한 이익을 내는 경우는 많지 않기 때문에, 보통 투자자 입장에서는 배당 시 우선권보다는 청산 시 잔여재산 우선분배권(Liquidation Preference)이 더 의미가 큽니다. 청산 시 투자자의 우선주가 채권보다는 후순위지만 창업자나 경영진의 보통주보다 우선해 자금을 분배받게 되는데, 이때 투자 금액에 추가로 이율을 설정하기도 합니다. **청산 시 잔여재산 우선 분배권은 상법상 보장된 우선주의 권리를 통해, 보통주에 우선하여 투자원금을 보호하는 안전장치 역할을 합니다.**

`case`

만약 청산 시 주주들이 받을 금액이 충분치 않고 복수의 우선주 투자자가 존재할 경우, 정해진 계약 조항에 따라 우선주 주주들에게 먼저 배분하게 됩니다.

그리고 국내 투자 계약서에서 언급하는 청산은 일반적인 청산 외에 M&A 등 의제 청산(Deemed Liquidation)도 포함하는 경우가 많으니, 별도로 확인이 필요합니다. 보통 의제 청산으로 M&A, 지분 50% 이상의 구주매각, 영업권 양수도 등을 포함합니다. 우선으로 분배 받는 투자 금액 배수는 국내에서는 일반적으로 1X입니다. 보통 잔여재산 우선 분배권과 관련해 주로 다음과 같은 두 가지 방식을 적용합니다. **특히 후자의 경우는 창업자나 경영진의 보통주 입장에서는 불리한 조건이므로 이에 대해 명확하게 이해하고 투자자와 협상할 필요가 있습니다.**

① 1X 비참가적 Non Participating

투자자는 투자 금액만큼 우선으로 분배받거나 혹은 보통주로 전환했을 때 지분율에 따라 받을 수 있는 금액 중 큰 쪽으로 받을 수 있으며, 추가로 받지는 않습니다.

case

투자자가 포스트 머니 100억 원 가치에 10억 원을 투자하여 10%의 지분을 가졌는데, 기업 운영 상황이 어려워져 투자 당시보다 낮은 30억 원의 기업가치로 인재 인수(Talent Acquisition)가 진행되었다고 가정해 보겠습니다. 1X 비참가적인 경우 투자자는 지분율로 계산한 3억 원이 아니라 투자원금인 10억 원을 선택해 먼저 받게 되고, 나머지 20억 원을 보통주 주주들이 지분율대로 나누게 됩니다. 그러나 만약 200억 원에 M&A가 될 경우, 지분율에 따라 받는 것이 유리하므로 10%에 맞춰 20억 원을 받게 됩니다.

② 1X 완전 참가적 Full Participating

투자자는 투자 금액만큼 먼저 분배받고, 남은 금액에 대해 다시 추가로 보통주와 함께 지분율에 따라 나누게 됩니다. 창업자나 경영진의 보통주 입장에서는 때로는 조금 더 높은 기업가치로 1X 완전참가적으로 투자 유치하는 것이, 조금 더 낮은 기업가치로 1X 비참가적으로 투자 유치하는 것보다 불리할 수도 있습니다.[7]

---

7 해외가 아닌 국내의 경우, 의제 청산(예: M&A 등) 시 완전 참가적 잔여재산 우선 분배권은 상법상 적용이 힘든 이슈가 있음

case

투자자가 1X 완전참가적인 조건으로 포스트 머니 100억 원 기업가치에 20억 원을 투자하여 20%의 지분을 가진 상태에서, 해당 기업이 200억 원에 M&A가 되었다고 가정해 보겠습니다. 1X 완전참가적인 경우 투자 원금인 20억 원을 먼저 받고 다시 남은 180억 원의 20%인 36억 원을 추가로 분배받아, 투자자는 총 56억 원을 받게 되고 보통주가 나머지 144억 원을 분배 받게 되죠.

이번엔 투자자가 1X 비참가적인 조건으로 포스트머니 80억 원 기업가치에 20억 원을 투자하여 25%의 지분을 가진 상태에서, 해당 기업이 역시나 200억 원에 M&A가 되었다고 가정해 보겠습니다. 1X 비참가적일 때 지분율인 25%에 맞춰 투자자는 총 50억 원을 받게 되고, 보통주가 나머지 150억 원을 분배하게 됩니다. 즉 이 경우 창업자나 경영진의 보통주 입장에서는, 오히려 더 낮은 80억 원의 기업가치로 20억 원을 1X 비참가적으로 투자 유치하는 것이 결과적으로 더 유리합니다.

전환권과 상환권

전환권(Conversion Right)은 보통주로 전환할 수 있는 권리입니다. 국내에선 관례로 투자자가 요청하거나 혹은 10년이 지나면 자동으로 전환되도록 계약서에 명시하는 경우가 많습니다. 이는 기업이 향후 더 낮은 가격으로 신주를 발행할 때에 대비하여 지분 희석방지를 위한 것이죠.

상환권(Redemption Right)은 상법상 배당 가능한 이익 내에서만 진행할 수 있으며, 회사가 이익이 남에도 불구하고 ▲ 상장 ▲ M&A ▲ 구주매각 등으로 회수가 힘들 경우에 활용됩니다. 투자 원금에 정해진 이율을 추가하거나, 간혹 PER로 산정한 기업가치에 지분율을 반영하여 상환을 청구합니다. 실제로 적용되는 경우는 그리 많지는 않습니다.

지분 관련 항목들

투자자 입장에서 지분과 관련한 이슈는 민감하기 때문에 다음과 같은 항목들을 계약서에 넣게 됩니다.

①이해관계인의 주식 처분 제한

투자자는 대표나 공동창업자와 같은 핵심 멤버의 역량과 가능성을 보고 투자를 진행하기에, 경영에 책임이 있는 이해관계인이 주식을 처분하는 것을 제한하게 됩니다. 보통 이해관계인이 주식을 처분할 경우 투자자의 사전 동의가 있어야 하는 조항을 넣게 됩니다.

②우선매수권 Right of First Refusal

이해관계인의 주식 처분은 일반적으로 제한되지만, 때에 따라 투자자가 이해관계인의 주식을 우선 매수할 필요가 있을 수 있습니다.[8] '우선매수권'은 이해관계인이 보유 주식을 제3자에게 처분할 경우, 투자자에게 같은 조건으로 해당 주식을 인수할 수 있는 우선권을 주는 것입니다. 투자자의 인수 의향을 일정 기간 확인해 보고 투자자의 인수 의향이 없을 때만 제3자에게 처분이 가능합니다.

---

8   반대로 투자자의 보유 주식 처분 시 이해관계인에게 우선매수권을 주기도 함

③공동매도권 Tag Along Right/Co-Sale Right

이해관계인의 주식 처분 시 투자자가 우선매수권 대신에 공동매도권을 행사할 수도 있습니다. '공동매도권'은 이해관계인이 보유 주식을 제3자에게 처분할 경우, 투자자에게도 보유 주식을 같은 조건으로 제3자에게 처분할 수 있는 권리를 주는 것입니다. 공동매도권은 대주주인 이해관계인에 비해 상대적으로 소액주주인 투자자의 권리를 보호하는 조항이라 볼 수 있죠.

④동반매도요구권 Drag Along Right

'동반매도요구권'은 공동매도권과 반대로, 투자자가 보유 주식을 제3자에게 처분할 경우 이해관계인도 의무적으로 함께 처분해야 하는 권리를 투자자에게 주는 조항입니다. **동반매도요구권은 기업의 경영권을 위협할 수 있는 조항이 될 수도 있으니, 주의해서 협상해야 합니다.** 보통은 동반매도요구권을 계약서에 넣더라도 제한적으로만 행사가 가능한 형태로 조항을 구성하여 넣는 편입니다. 예를 들어 아주 높은 기업가치와 전체 투자자의 상당수가 동의하는 제한적인 상황에서만 조건부로 행사되게 할 수 있습니다.[9]

---

9 최근에는 반대로 창업자를 포함한 경영진과 투자자 대다수가 M&A에 동의함에도 불구하고, 소액주주가 소위 '알박기' 형태로 반대할 경우를 대비한 동반매도요구권 조항을 넣기도 함

⑤ 증자참여 우선권 Pro-Rata Investment Right

상법에 의해 기존 주주들이 신주인수권을 가지기에, 주주배정 유상증자를 하는 경우 투자자도 기본적으로 참여할 수 있는 권리가 인정됩니다. '증자참여 우선권'은 투자대상 기업이 제3자배정 유상증자를 할 경우에도 기존 투자자가 지분율에 비례하여 참여할 수 있는 권리를 가지는 조항이죠.

⑥ 스톡옵션 풀 Stock Option Pool, 주식매수 선택권 풀

스톡옵션 부여는 기본적으로 경영상 사전 동의 조항에 들어가지만, 이외에도 스톡옵션 풀에 대해 제한을 둡니다. 국내에서 스톡옵션은 상법상 일반기업의 경우 발행주식 총수의 10%까지 부여가 가능하며, 상장회사라면 최대 20%까지, 그리고 벤처기업인증을 받으면 벤처기업은 최대 50%까지의 상당한 양의 스톡옵션을 부여할 수 있습니다. **만약 이에 대한 별도의 제한이 없으면 투자자의 지분이 상당히 희석되는 피해를 볼 수 있기 때문에 투자 계약 시 스톡옵션 풀의 상한선을 두게 됩니다.**

보통 계약 시 발행된 주식의 10%나, 혹은 향후 발행될 주식까지 포함하여 전체 발행주식 총수의 10%로 제한을 두는 경우가 많습니다.[10] 전자는 스톡옵션 풀의 주식 수가 고정되는 반면, 후자는 후속 투자를 유치할 경우 스톡옵션 풀이 늘게 되는 구조입니다.

---

10 꼭 필요한 인재를 영입해야 하는데 스톡옵션 풀이 부족한 경우, 좋은 인재 영입은 궁극적으로 투자자에게도 이익이기에 투자자의 양해를 얻어 풀을 더 늘리는 경우도 간혹 있음

고액의 연봉 대신 스톡옵션을 제안할 경우, 동기 부여 측면에서 스톡옵션 행사 가격을 액면가로 낮게 정하는 경우도 많습니다. 그러나 스톡옵션 행사 가격은 상황에 맞추어 적절하게 정할 필요가 있습니다. 때로는 투자자가 주식 가치 희석과 향후 기업공개 시 지분 구조와 스톡옵션 행사에 따른 회계상 비용 등을 고려해, 투자 당시 인수단가에서 어느 정도 할인된 가격 이상으로만 스톡옵션 행사 가격을 정해야 하는 의무 조항을 추가하기도 합니다.[11]

⑦ 콜 옵션 Call Option

간혹 정해진 기간에 미리 정한 행사 가격으로 주식을 살 수 있는 권리인 '콜 옵션(Call Option)' 조항이 투자 계약서에 추가되는 경우도 있습니다. 보통은 창업자나 경영진이 구주에 대해 콜 옵션을 가지지만, 드물게는 투자자가 신주에 대한 콜 옵션을 가지는 경우도 있습니다.

정책자금으로 운용되는 매칭 펀드에서, 창업자나 경영진의 낮은 지분율을 보완할 방법으로 배려 차원에서 콜 옵션을 창업자나 경영진에게 부여하기도 합니다. 보통 정해진 기간에 투자자의 지분 중 일부를 투자 당시 인수단가에 복리 이율을 적용한 가격에 매수할 수 있는 권리를 가지게 됩니다. 매칭 펀드 외에 일반 투자자도 창업자나 경영진에게 우호적인 차원에서 콜 옵션을 부여하는 예외적인 경우도 있습니다.

이와 반대로, 드물지만 초기 투자자가 창업 프로그램에 참여하는 기업에

---

11 이 외에도 상속/증여세법의 평가 기준에 따라 산정된 주식가치 이하로 정할 경우, 세무적인 이슈가 발생할 때도 있음

대해 미리 정해진 가격으로 신주를 인수할 수 있는 콜 옵션이나, 기존 투자자가 성과와 연동되지 않은 일방적인 가격으로 향후 신주를 인수할 수 있는 콜 옵션을 계약서에 넣는 경우도 있습니다. **기업 입장에서 투자자의 콜 옵션은 반대로 불리한 조건이기에, 관련된 계약 조항을 제대로 이해하고 주의할 필요가 있습니다.**[12]

경영상 보고/동의/협의

개인사업자와 달리 주식회사는 대표 개인의 소유가 아니며, 이사회를 통해 경영하게 되고 투자자를 포함한 주주의 이해관계도 고려해야만 합니다. 투자자는 이사로서 경영에 직접 참여하기도 하고 경영상 주요 사항에 대한 보고/동의/협의 등을 통해 간접적으로 참여하기도 하며, 투자대상 기업에 대해 관리를 하게 되죠. 투자자는 단순히 자금만 투자하기보다는 조력자 역할을 함께 하기도 하고, 투자자의 이익에 영향을 미치는 경영상 결정이 있는지를 점검할 필요도 있기 때문입니다. 보통 기관투자자는 1인의 비상무이사[13] 임명권 을 요구하는 경우가 많습니다.

---

12 후자의 경우 실제 후속 투자자가 실사 과정에서 기존 투자자의 콜 옵션을 독소조항으로 판단하여 투심위에서 탈락한 사례도 있음

13 회사의 상시적인 업무에 종사하지 않는 이사를 뜻하며, 사외이사에 비해 자격 제한이 없음. 여러 투자자가 공동투자를 진행한 경우 리드 투자자가 대표로 1인 비상무이사가 되기도 함

①보고

주요 인력 현황의 변동 등과 같은 사전 동의/협의까지는 필요하지 않은 주요 사항에 대한 보고를 요구합니다. 이외에도 이사회나 주주총회와 별개로 정보 공유를 위해 경영 활동에 대한 보고를 월/분기/반기/연 단위로 요구하는데, 초기 스타트업의 경우 간단한 월간 보고를 넘어서는 재무제표 등을 포함한 제대로 된 보고는, 가급적 분기보다는 반기 이상 장기로 하는 것이 부하가 적을 것입니다. 또한 큰 이슈가 있는 경우에는 투자자가 실사를 요청할 수도 있습니다.

②사전 동의

정관 변경, 주식이나 채권 발행, 스톡옵션 부여, 사업 변경이나 중단, 특수관계인과의 거래, 그리고 이해관계인의 일정기간 이내 퇴사나 경쟁회사 창업/취업 등과 관련해서[14] 투자자의 사전 동의가 필요하게 됩니다. 이외에도 투자금의 사용 용도에도 제한이 있는데, 일반적인 인건비/임대료/마케팅 등의 비용을 제외한 예를 들어 주식 매입, 부동산 매입, 대출금 상환, 큰 규모의 금액 지출 등에 대해서는 투자자의 사전 동의가 필요한 경우가 많습니다.

사전 동의권 관련하여 기업 입장에서는 자율 경영에 대한 제약이라고 느낄 수도 있지만, 일반적인 동의 사항에 대해서는 상식적인 투자자라면 무작정 반대를 하는 것은 아니니 너무 걱정하지 않아도 됩니다. 하지만 너무 세세한 경영 활동까지 일일이 동의를 받아야 하면 경영 효율이 떨어질 수

---

14 '퇴사 금지', '경업 및 겸업 금지', '신회사 설립 금지' 조항에 해당

있으니, 투자자와 적당한 수준에서 협의할 필요가 있습니다.[15]

③사전 협의

경영상 주요 사항에 대해 사전에 투자자와 함께 협의할 것을 명시합니다. 예를 들어 이사회/주주총회 안건, 기업공개 관련 사항 등이 해당합니다. **기업은 특히 사전 동의/협의와 관련된 계약 조항들을 충분히 인지하고 있어야 합니다. 투자금 사용을 비롯해 계약에 명시된 사항을 사전 동의 없이 진행할 경우 법적인 책임을 져야 할 수 있습니다.**

주식매수 청구권

투자자는 진술 보장에 허위가 있거나, 중대한 경영상 사전 동의를 지키지 않거나, 기타 심각한 계약 위반이 있을 때 주식매수 청구권을 행사할 수 있습니다. 국내에서 투자자가 실제로 주식매수 청구권을 행사하는 경우는 단순히 계약 위반을 한 경우보다는 주로 신뢰를 깨는 심각한 행위를 하였을 때 실행에 옮길 때가 많습니다. 투자자 간에도 온도 차이가 있어, 때로는 같은 계약 위반 사항에 대해 어떤 투자자는 주식매수 청구권을 행사하는 반면, 다른 투자자는 행사하지 않을 수도 있습니다.

---

15 여러 라운드의 투자 유치를 거치면서 투자자의 수가 많아 질 경우 모든 투자자에게 전원 동의를 받기 힘들 수도 있기에, 예를 들어 '우선주 지분(투자자 지분)의 3/4 이상의 동의'와 같은 형태로 변경하기도 함

기업에 대한 주식매수 청구는 상법상 자기주식 취득에 해당하여 배당 가능 이익이 충분히 있고 기타 적법한 요건을 갖추어야 실행이 가능합니다. 그러므로 투자자는 기업 외에 이해관계인도 주식매수 청구 대상에 포함하는 편입니다. **이때 이해관계인의 고의 또는 중대한 과실로 인해 계약을 위반한 경우는 본인에게 귀책사유가 있으므로 자기 책임이 맞지만, 일반적인 경영 실패에 대한 연대 책임까지 지는 것은 과할 수 있으니 주의해야 합니다.** 그리고 사소한 계약 위반까지 주식매수 청구권을 행사하는 것은 바람직하지 않을 수 있으니, 기업 입장에서는 상대적으로 중대한 과실에만 적용되게 협상하는 것이 좋습니다.

이외에도 계약 불이행에 대한 징벌적인 위약벌이나 지체할 경우에 대한 지연배상금이 추가되기도 합니다.

주주 간 합의서 재작성

기업이 후속 투자 유치를 진행하면서 기존 투자자와 신규 투자자, 이해관계인 간 권리관계의 조정 및 명확한 명시가 필요하기도 합니다. 계약상 충돌되는 부분과 우선순위 조정, 그리고 기타 조율에 대한 항목을 신규 주주 간 합의서(SHA)를 작성하거나 기존 주주 간 합의서(SHA)를 수정하는 형태로 진행하게 되죠. 보통 후속 투자 유치가 누적되는 경우, 주주 간 합의서(SHA)를 다시 작성하기도 합니다.

`case`

스타트업이 투자자 1곳으로부터 시드 투자를 유치하고, 다시 다른 1곳의 투자자로부터 프리 시리즈 A 후속 투자를 유치하고, 마지막으로 다른 2곳의 투자자로부터 시리즈 A 후속 투자를 유치하였다고 가정해 보겠습니다. 그렇다면 시리즈 A 투자 유치를 진행할 때 누적된 세 라운드의 투자 계약을 정리하는 측면에서, 4곳의 투자자와 이해관계인 사이의 권리관계를 명확하게 조정하는 주주 간 합의서(SHA)를 신규 작성할 수 있습니다.

앞에서 설명한 주요 항목 외에도 다양한 항목들이 투자 계약서에 기재되므로 관련해 미리 공부해 둘 필요가 있습니다. **투자 계약서에 날인하기 전, 계약서의 항목들을 이해하고 필요하면 일부 문구를 사전에 협의하여 조정하는 것은 어디까지나 창업자의 책임입니다.**

※ 참고: 벤처기업을 위한 투자 계약 해설서

스타트업 투자유치
: 창업자 출신 VC가 알려주는 스타트업 펀딩가이드

초판 1쇄 발행 2025년 9월 10일

지은이 매쉬업벤처스 이택경, 한국벤처투자, 스타트업얼라이언스
편집 나무PR · 유태양
펴낸이 김해환

펴낸곳 해더일
등록번호 제2023-000073호
등록일자 2023년 5월 24일
주소 수원시 영통구 광교호수공원로20, 104-412
전화 (0507) 0178-6518   **팩스** (031) 8038-4564
이메일 haetheilbooks@gmail.com

ISBN 979-11-985309-8-1 (03320)

- 책값은 뒷표지에 있습니다.
- 잘못된 책은 구입처에서 교환해 드립니다.
- 본 도서의 판매 수익은 공저기관에 귀속되지 않으며,
  스타트업 생태계 발전을 위한 비영리적 목적으로 발간되었습니다.